顧問　董洪運　策劃　趙參軍

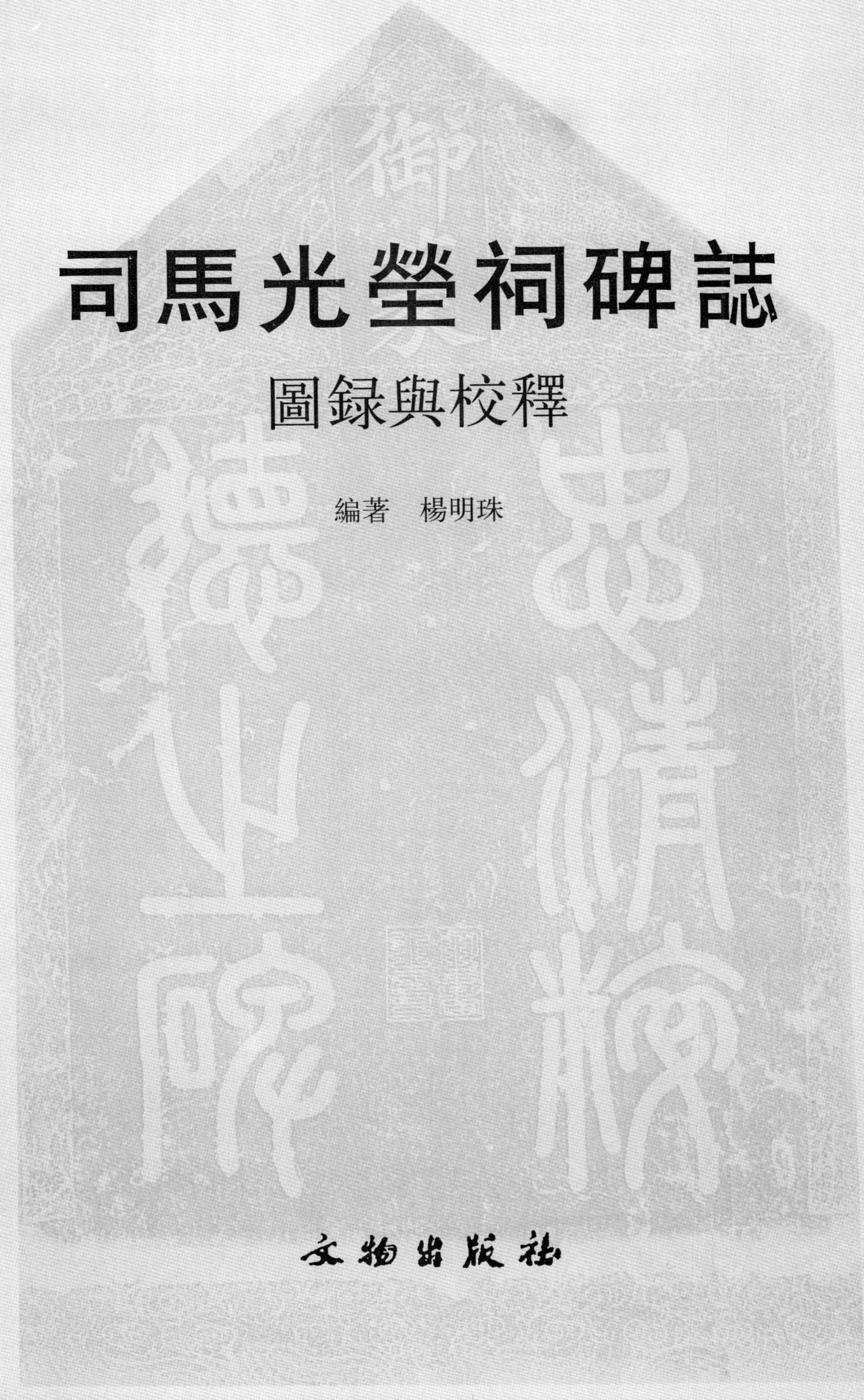

司馬光塋祠碑誌

圖録與校釋

編著　楊明珠

文物出版社

司馬光像

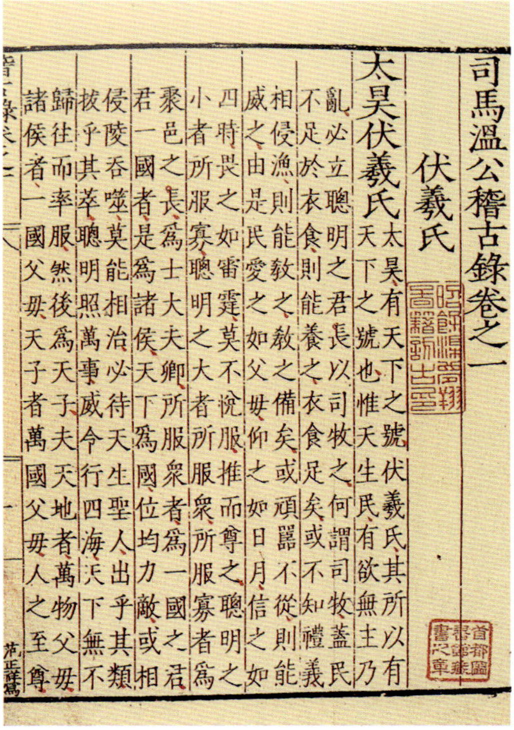

司馬温公稽古録卷之一

伏羲氏

太昊伏羲氏 太昊有天下之號伏羲氏其所以有天下之號也惟天生民有欲無主乃亂必立聰明之君長以司牧之何謂司牧蓋民不足於衣食則能養之衣食足矣或不知禮義相侵漁則能敎之敎之備矣或頑嚚不從則能威之由是民愛之如父母仰之如日月信之如四時畏之如雷霆莫不悦服推而尊之聰明之小者所服寡聰明之大者所服衆所服寡者爲衆邑之長爲士大夫卿所服衆者爲一國之君君一國者是爲諸侯天下爲國位均力敵或相侵陵吞噬莫能相治必待天生聖人出乎其類拔乎其萃聰明照萬事威令行四海天下無不歸往而率服然後爲天子夫天地者萬物父母諸侯者一國父母天子者萬國父母人之至尊

明 天一閣版《司馬温公稽古録》

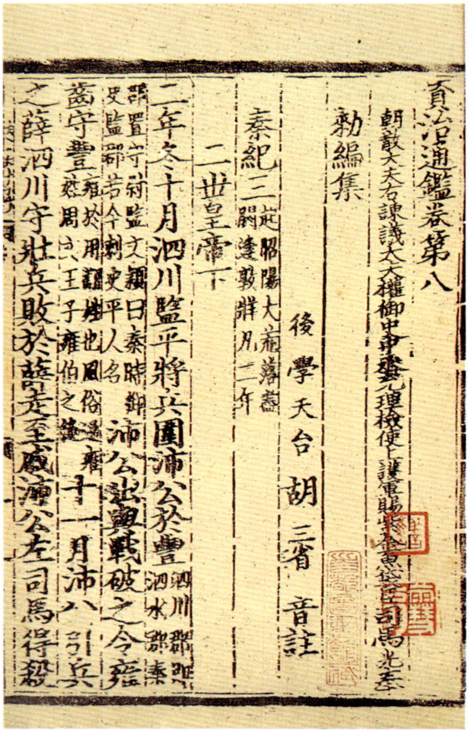

資治通鑑卷第八

朝散大夫右諫議大夫權御史中丞充理檢使上護軍賜紫金魚袋臣司馬光奉

勅編集

後學天台胡三省音註

秦紀三 起昭陽大荒落，盡閼逢敦牂，凡二年。

二世皇帝下

二年冬十月泗川監平將兵圍沛公於豐 沛公出與戰破之 令雍齒守豐 十一月沛公引兵之薛泗川守壯兵敗於薛走至戚沛公左司馬得殺

元興文署刊 明遞修本《資治通鑑》

《夏縣志》温公墓圖

司馬光墓園

墓園

墓園

墓園

石獸

司馬光墓

石獸

石人

司馬池墓

司馬旦墓

石獸

石人像

司馬光著書像

司馬光像

司馬光砸缸像

司馬光祠

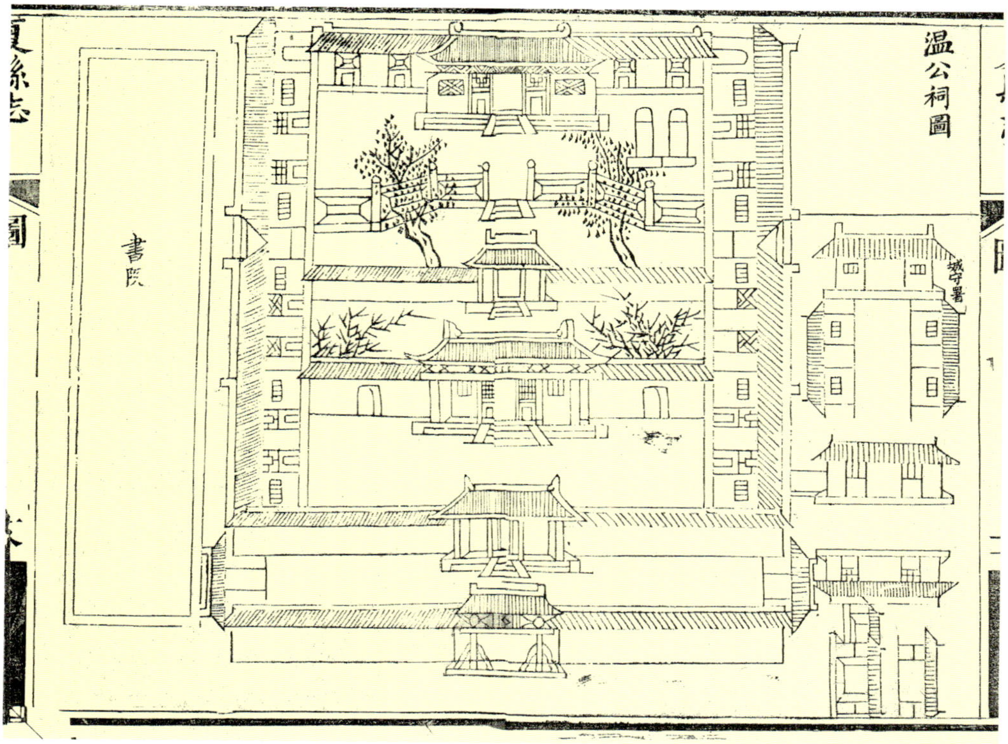

《夏縣志》
温公祠圖

司馬光祠堂

司馬光祠堂

禪院

佛像

别有天地匾

佛像

佛像

忠清粹德碑樓

碑樓門

忠清粹德之碑碑額

贔屓

忠清粹德之碑

司馬沂墓表

司馬浛墓表

司馬浩墓表

司馬故里坊碑記

碑園

司馬侯墓表額

朱御史修復司馬碑祠記額

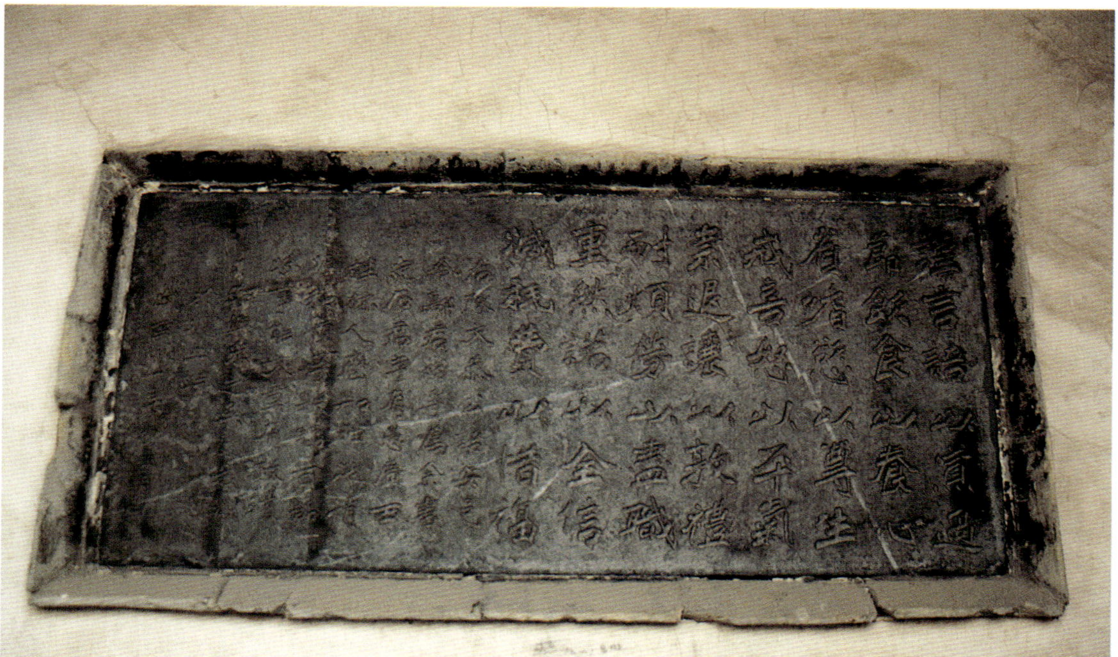

陳文慕箴言碑

司馬光像

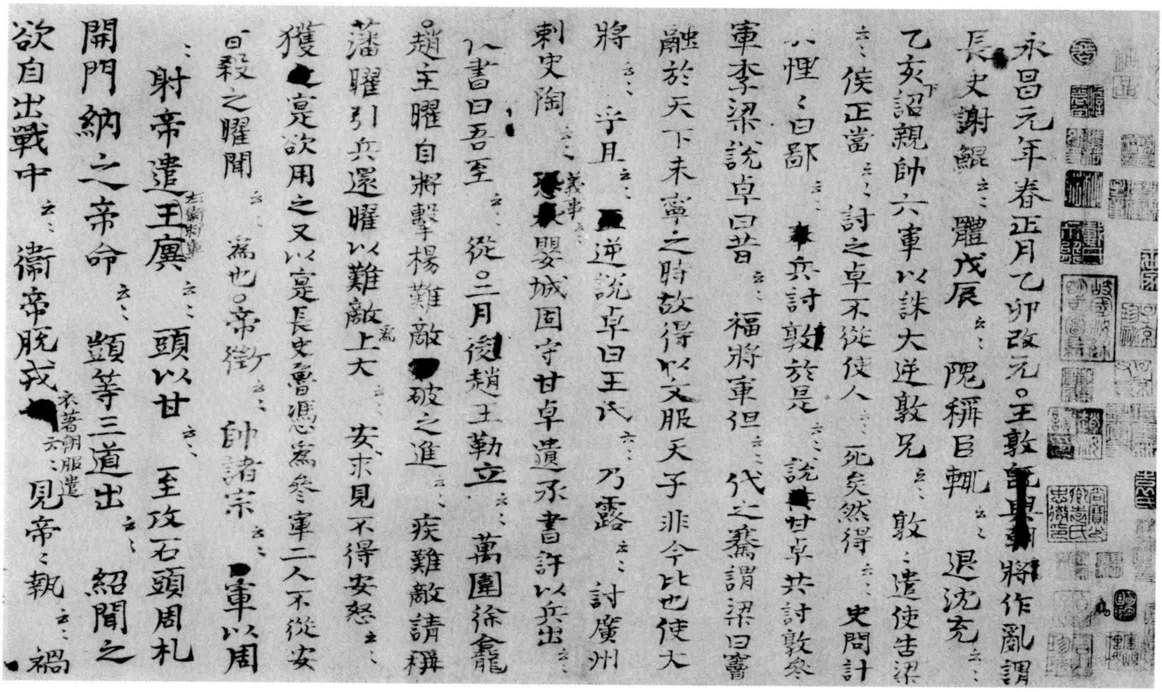

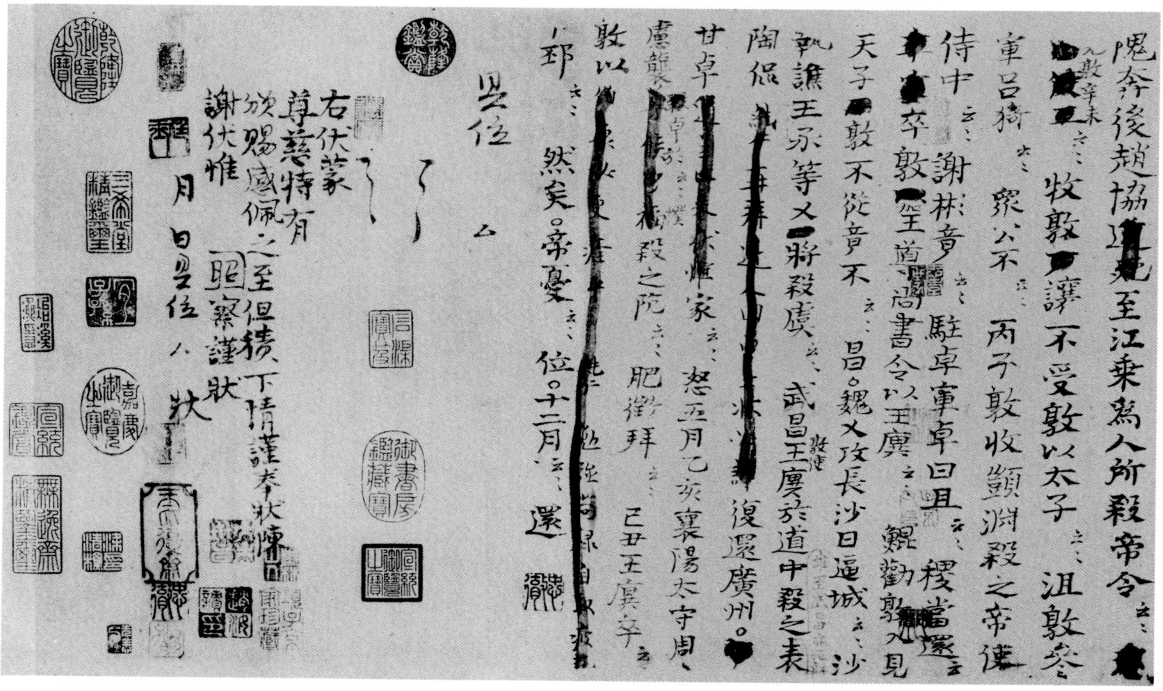

司馬光《資治通鑑稿》

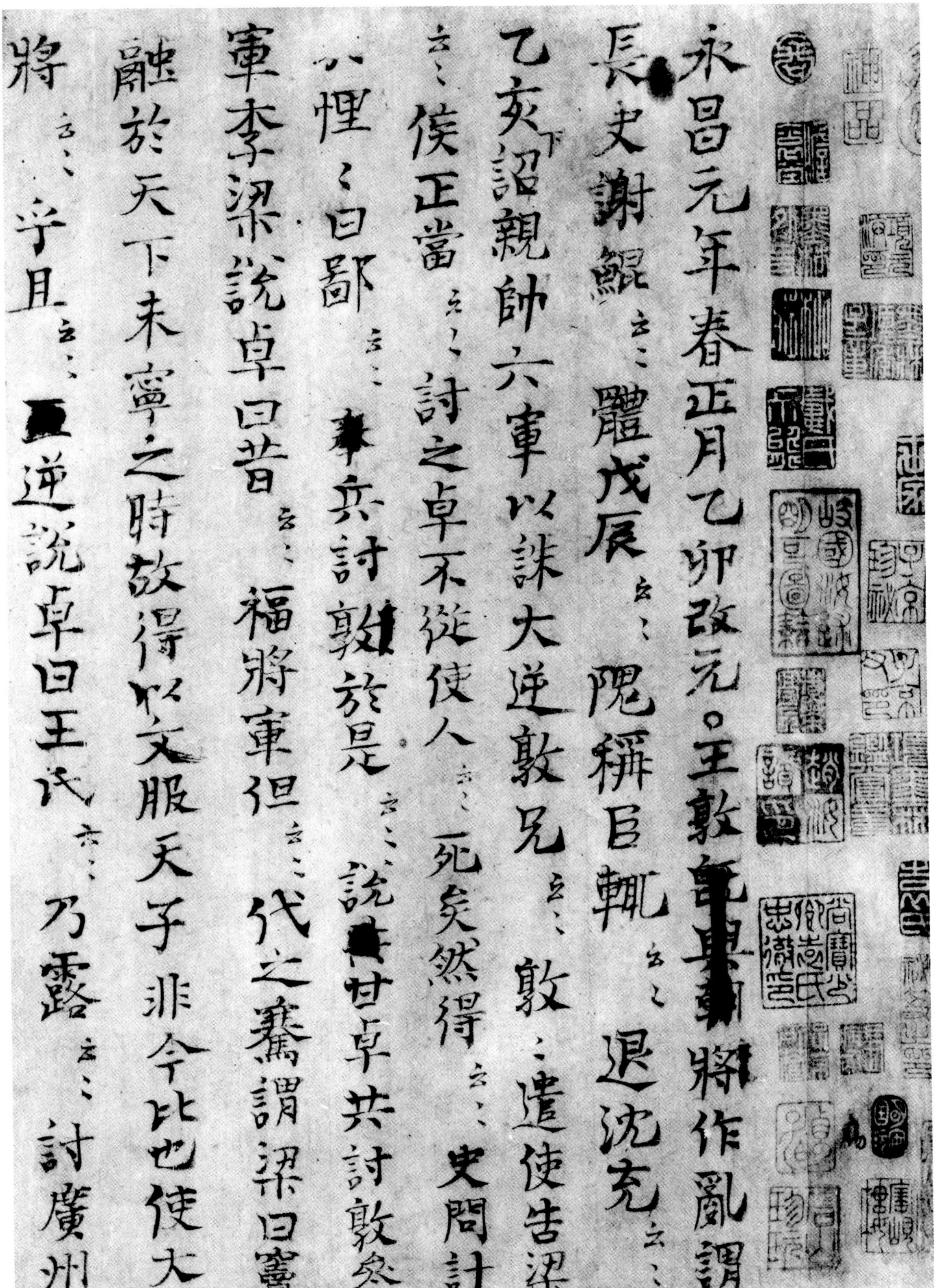
永昌元年春正月乙卯改元。王敦將作亂謂
長史謝鯤云云體戊辰云云隗稱巨輒云云退沈充云云
乙亥詔下親帥六軍以誅大逆敦兄云云敦云云遣使告梁
云云侯正當云云討之卓不從使人云云死矣然得云云史問計
小悝云云曰鄙云云兵討敦於是云云說甘卓共討敦參
軍李梁說卓曰昔云云福將軍但云云代之騫謂梁曰竇
融於天下未寧之時故得以文服天子非今比也使大
將云云辛丑云云逆說卓曰王氏云云乃露云云討廣州

（局部）

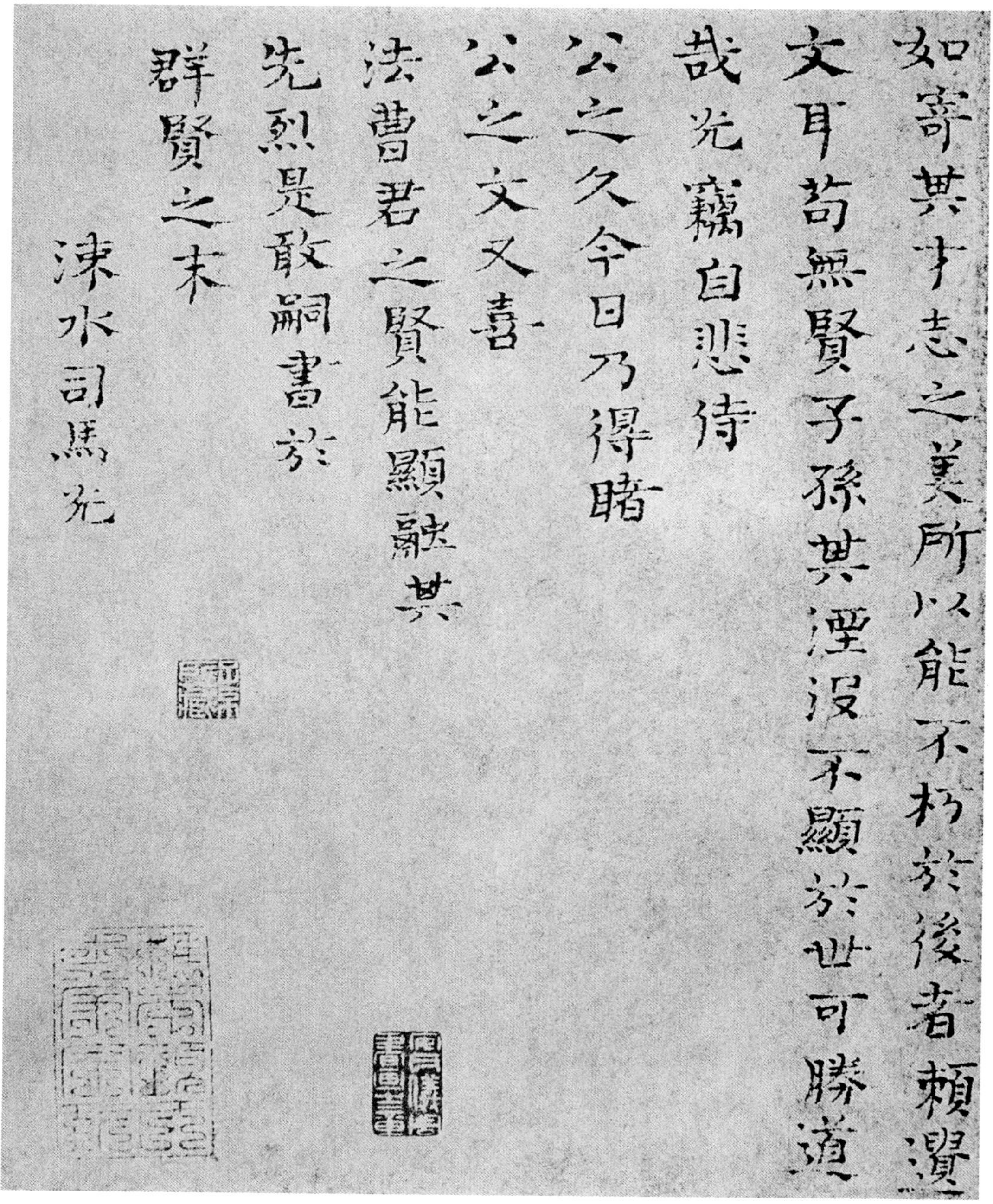
如寄其才志之美所以能不朽於後者賴遺
文耳苟無賢子孫其湮沒不顯於世可勝道
哉光竊自悲侍
公之久今日乃得睹
公之文又喜
法曹君之賢能顯融其
先烈是敢嗣書於
群賢之末
涑水司馬光

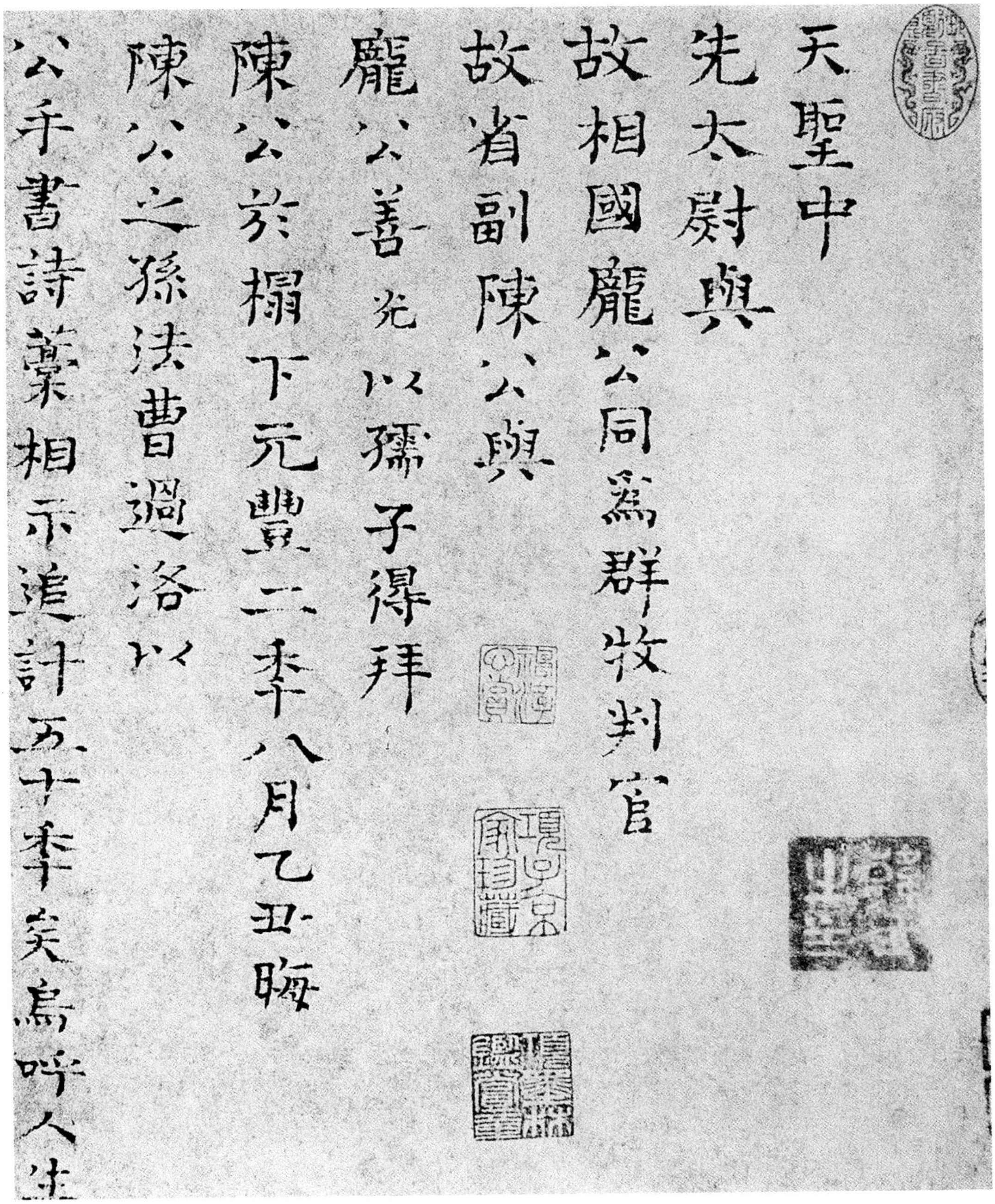

天聖中
先太尉與
故相國龐公同爲群牧判官
故省副陳公與
龐公善光以孫子得拜
陳公於榻下元豐二年八月乙丑晦
陳公之孫法曹過洛以
公手書詩藁相示追計五十年矣烏呼人

司馬光《天聖帖》

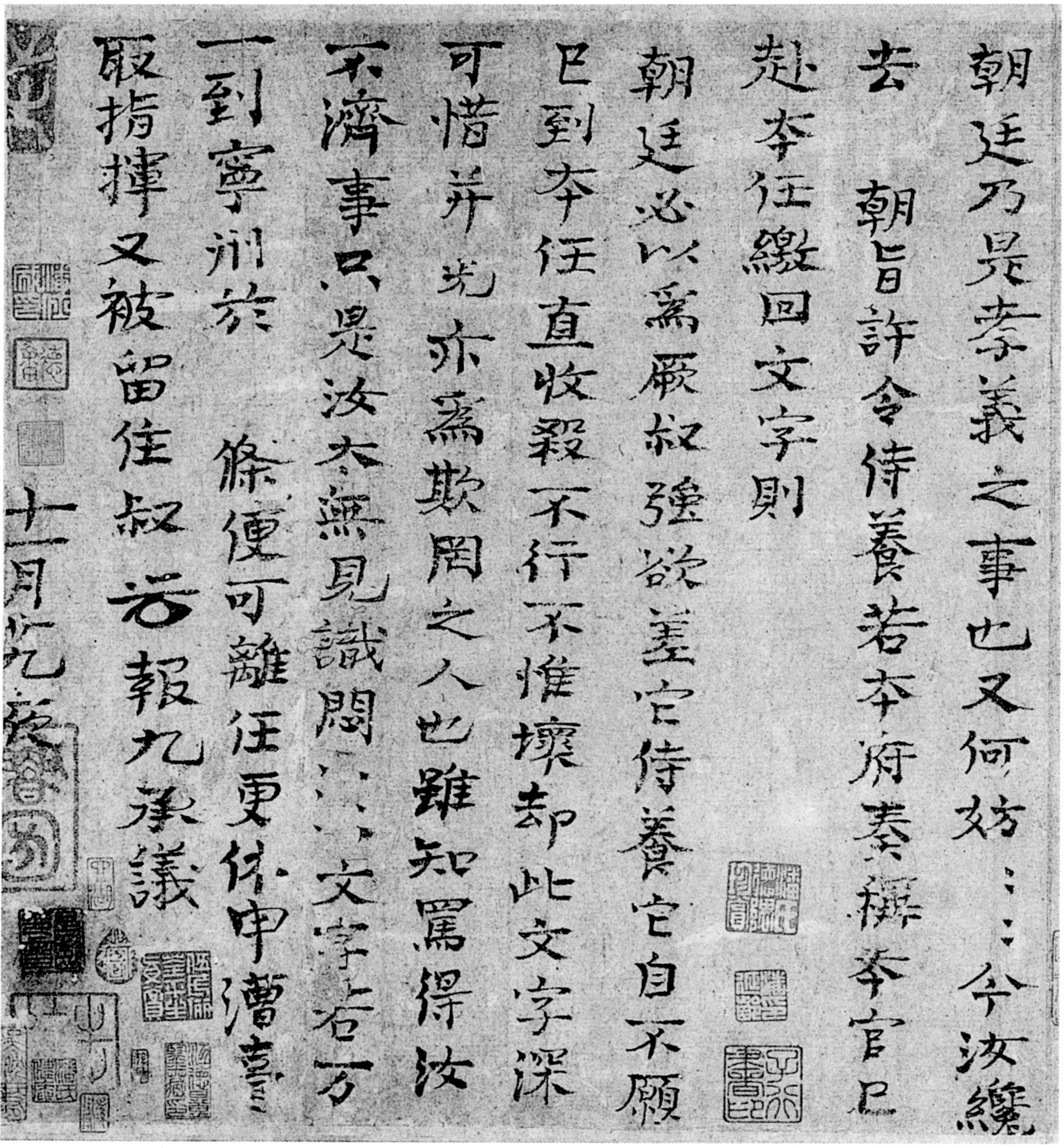
朝廷乃是孝義之事也又何妨：：今汝纔
去 朝旨許令侍養若本府奏辟本官已
赴本任繳回文字則
朝廷必以為厥叔強欲差它侍養它自不願
已到本任直收殺不行不惟壞却此文字深
可惜并先亦為欺罔之人也雖知罵得汝
不濟事只是汝太無見識悶：：文字右方
一到寧州於 條便可離任更休申漕臺
取指揮又被留住叔 若 報九承議
十一月九夜

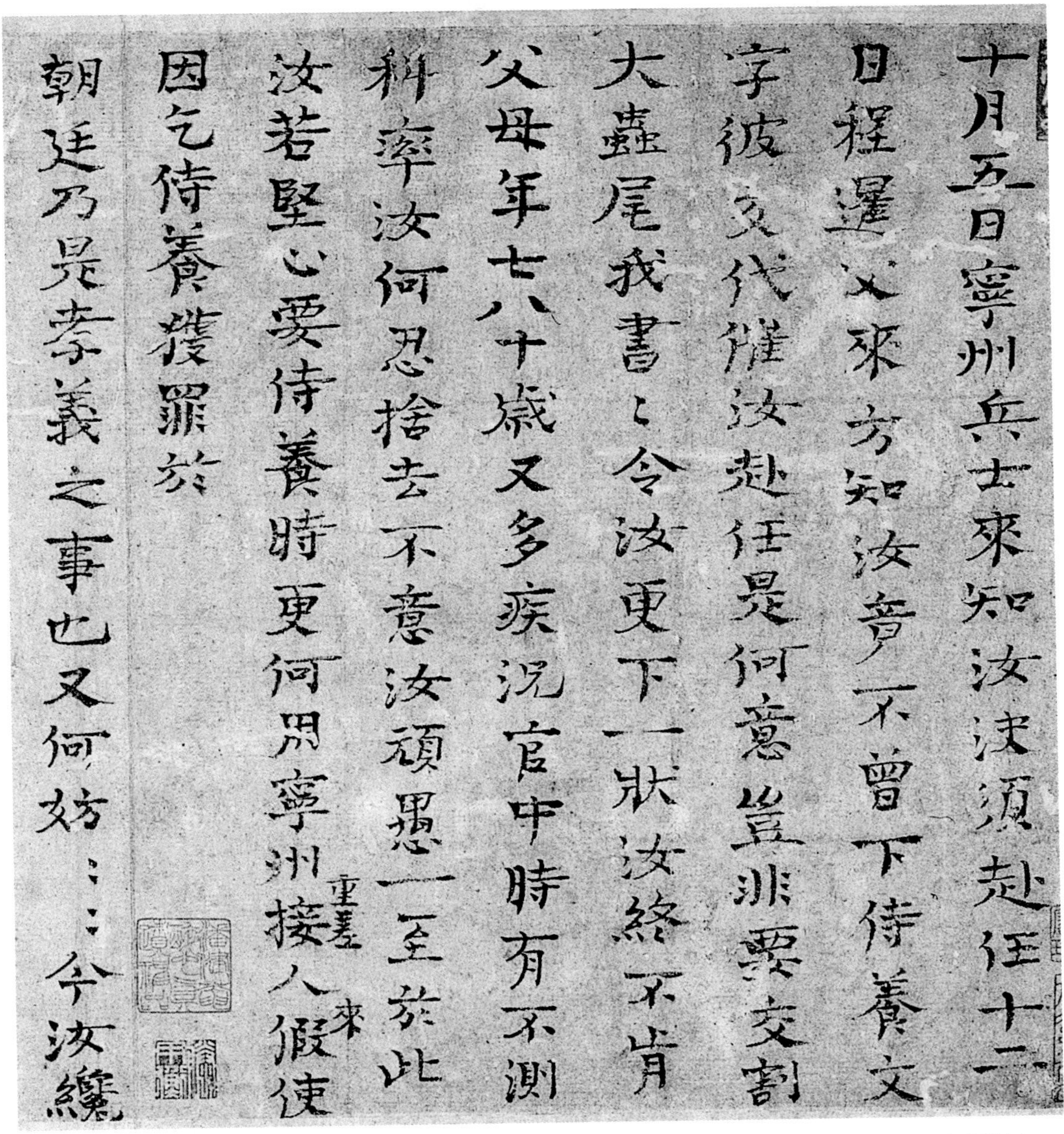
十月五日寧州兵士來知汝決須赴任十二
日程遲又來方知汝竟不曾下侍養文
字彼支代催汝赴任是何意豈非要支割
大蟲尾我書之令汝更下一狀汝終不肯
父母年七八十歲又多疾況官中時有不測
科率汝何忍捨去不意汝頑愚一至於此
汝若堅心要侍養時更何用寧州接人來假使
因乞侍養獲罪於
朝廷乃是孝義之事也又何妨〻〻令汝纔

司馬光《寧州帖》

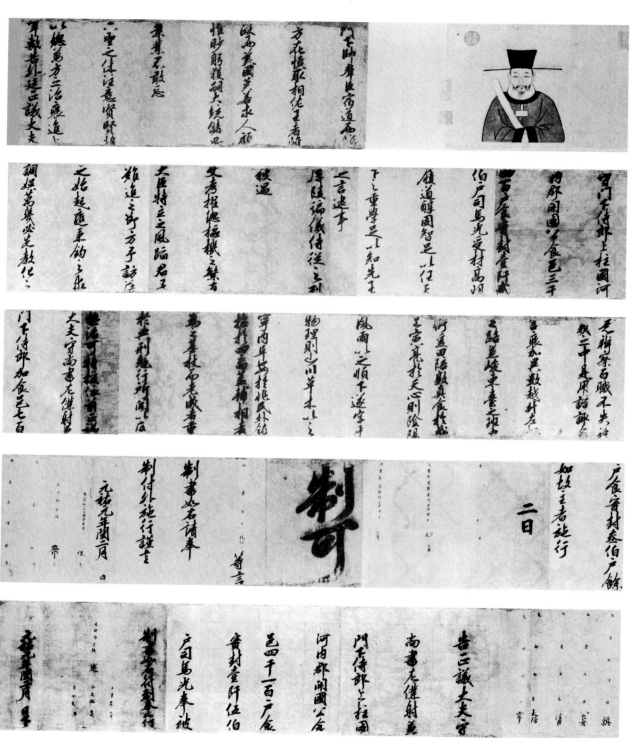

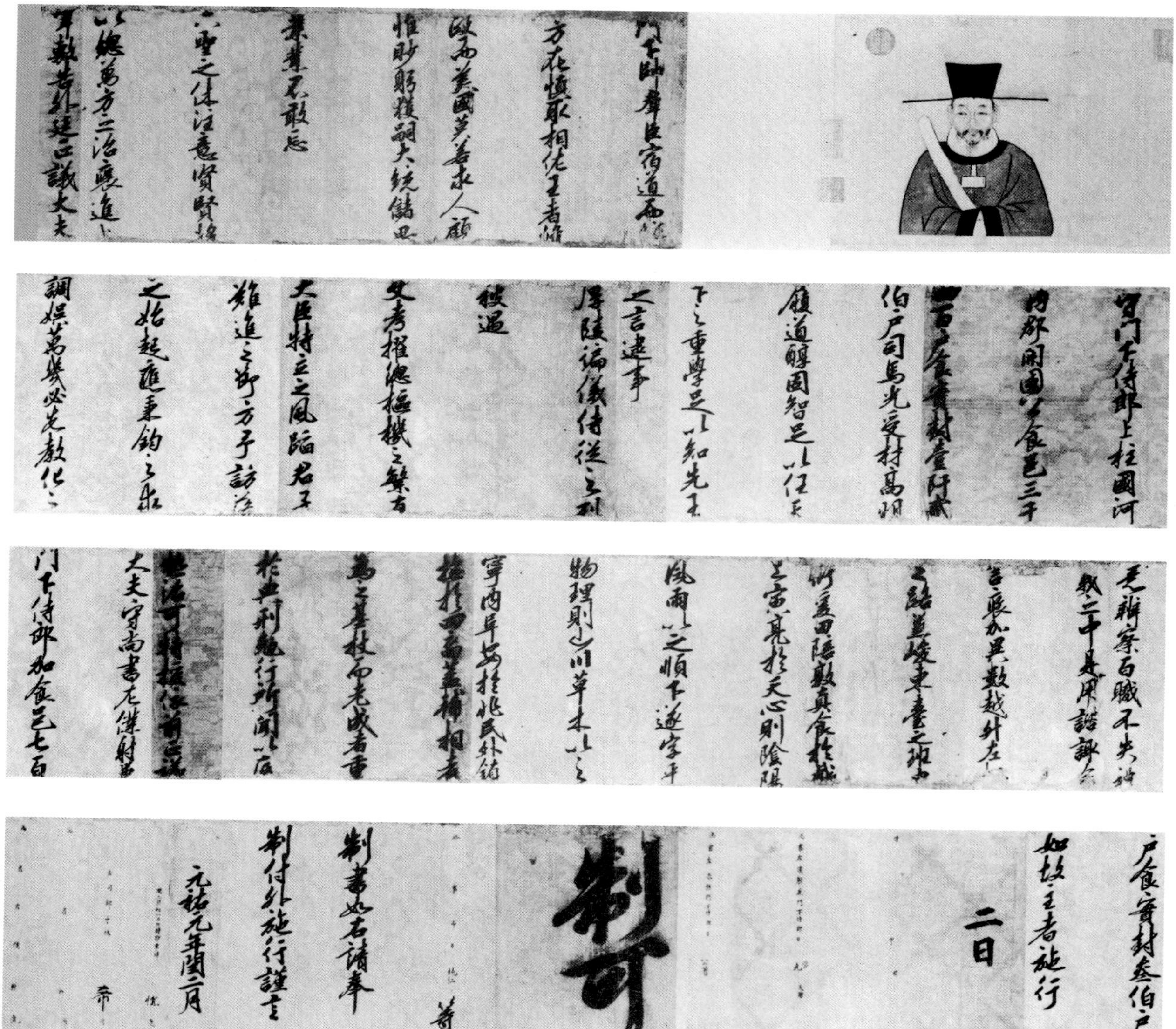

司馬光拜右僕射告身卷

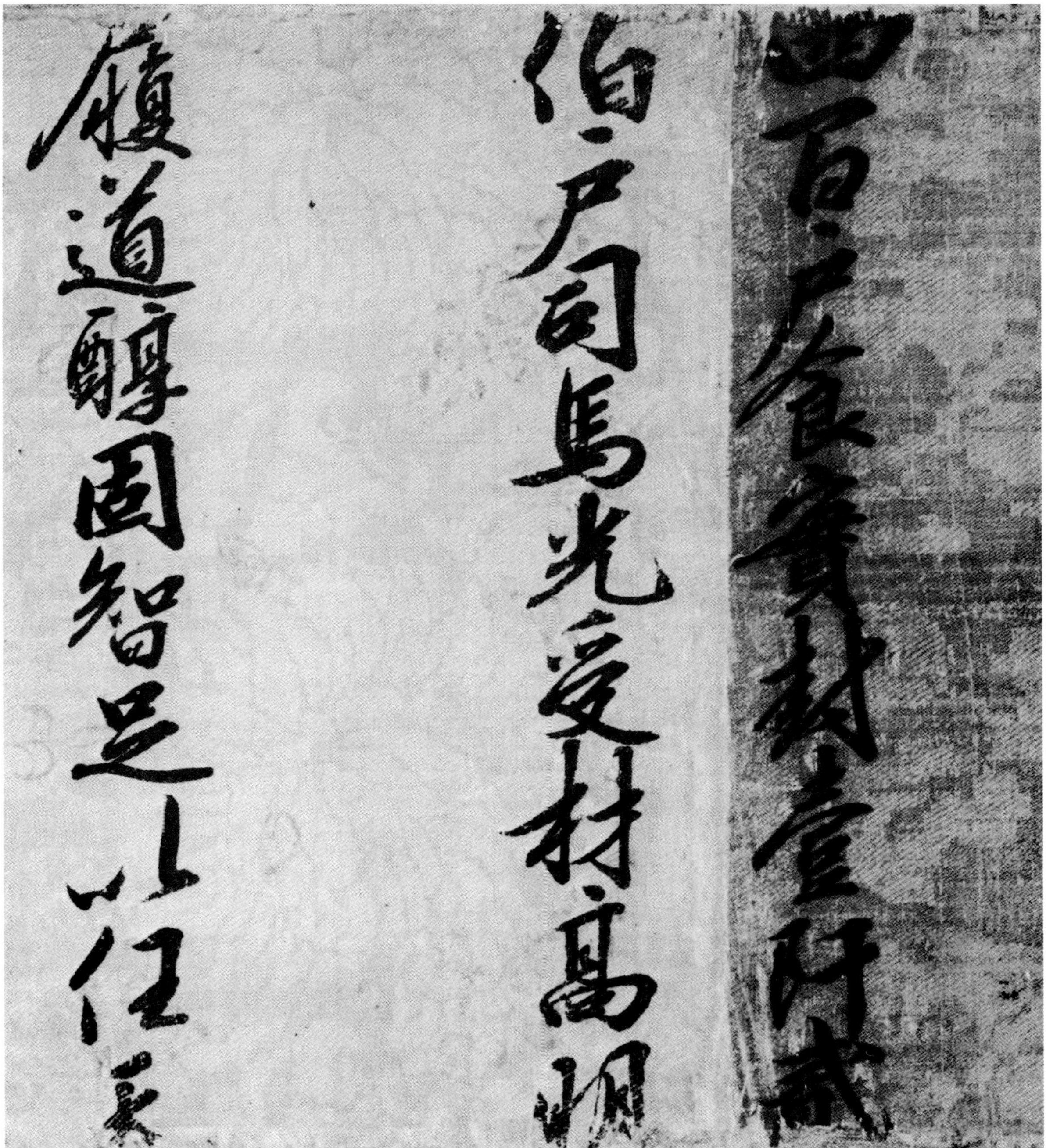

（局部）

司馬炫墓碑

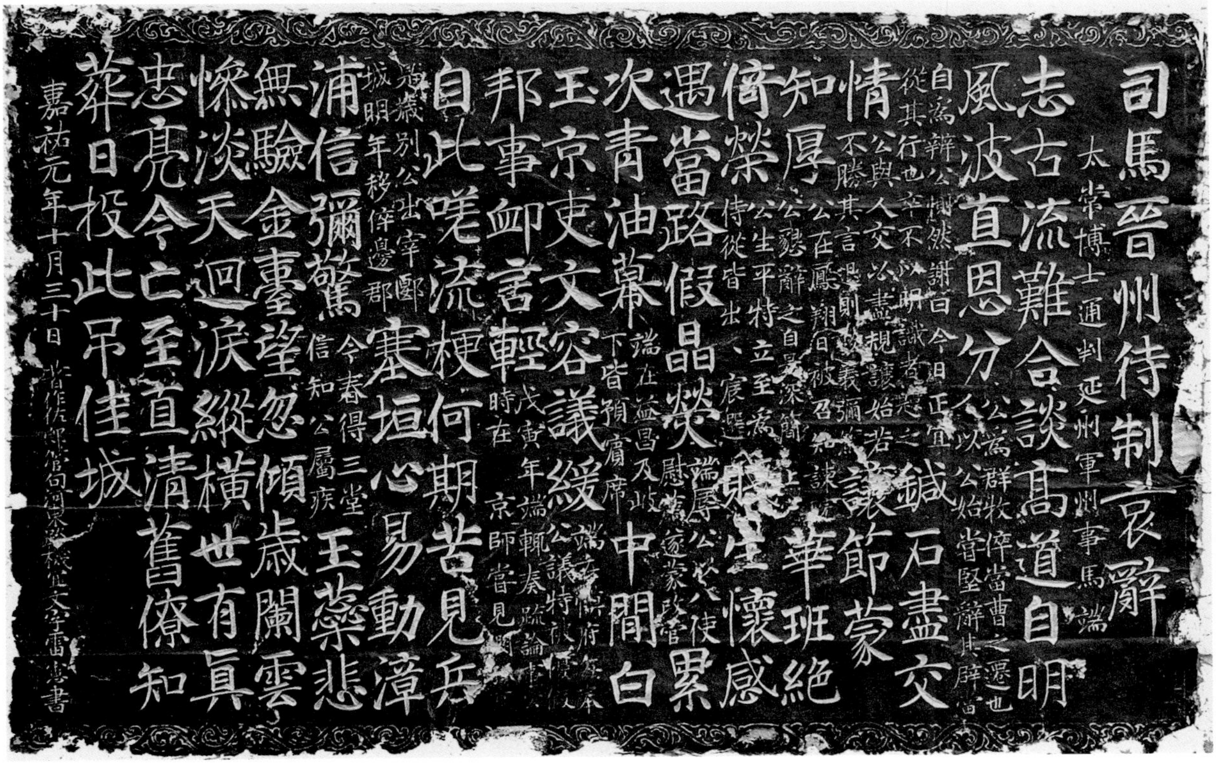
司馬晉州待制哀辭
志古流難合談高道自明
玉京吏文容議緩
邦事卹言輕
自此嗟流梗何期苦見兵
無驗金臺望忽傾歲闌雲
慘淡天迴淚縱橫世有真
忠亮今亡至直清舊僚知
葬日投此吊佳城
嘉祐元年十月三十日

司馬池輓詩

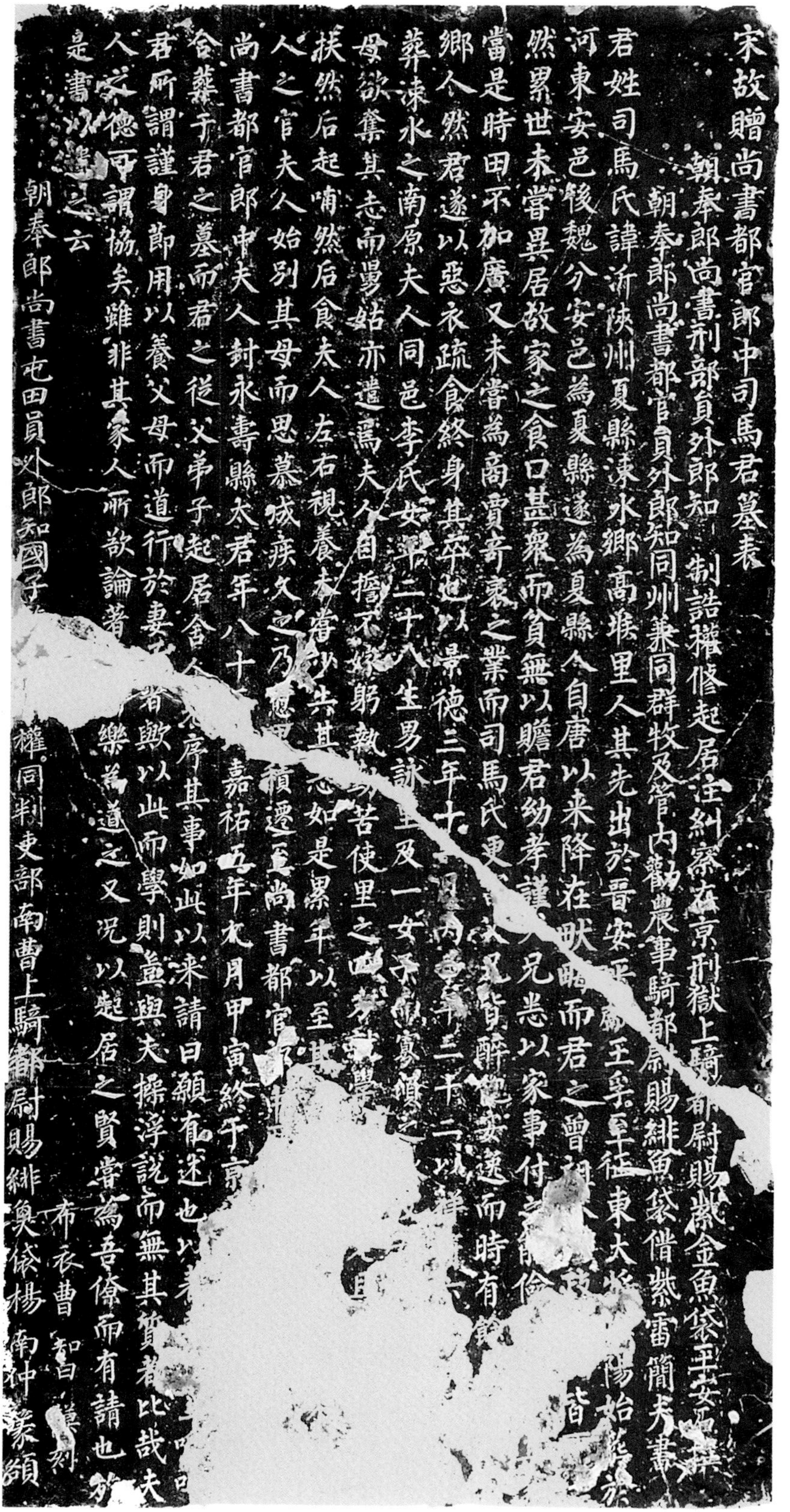

司馬沂墓表

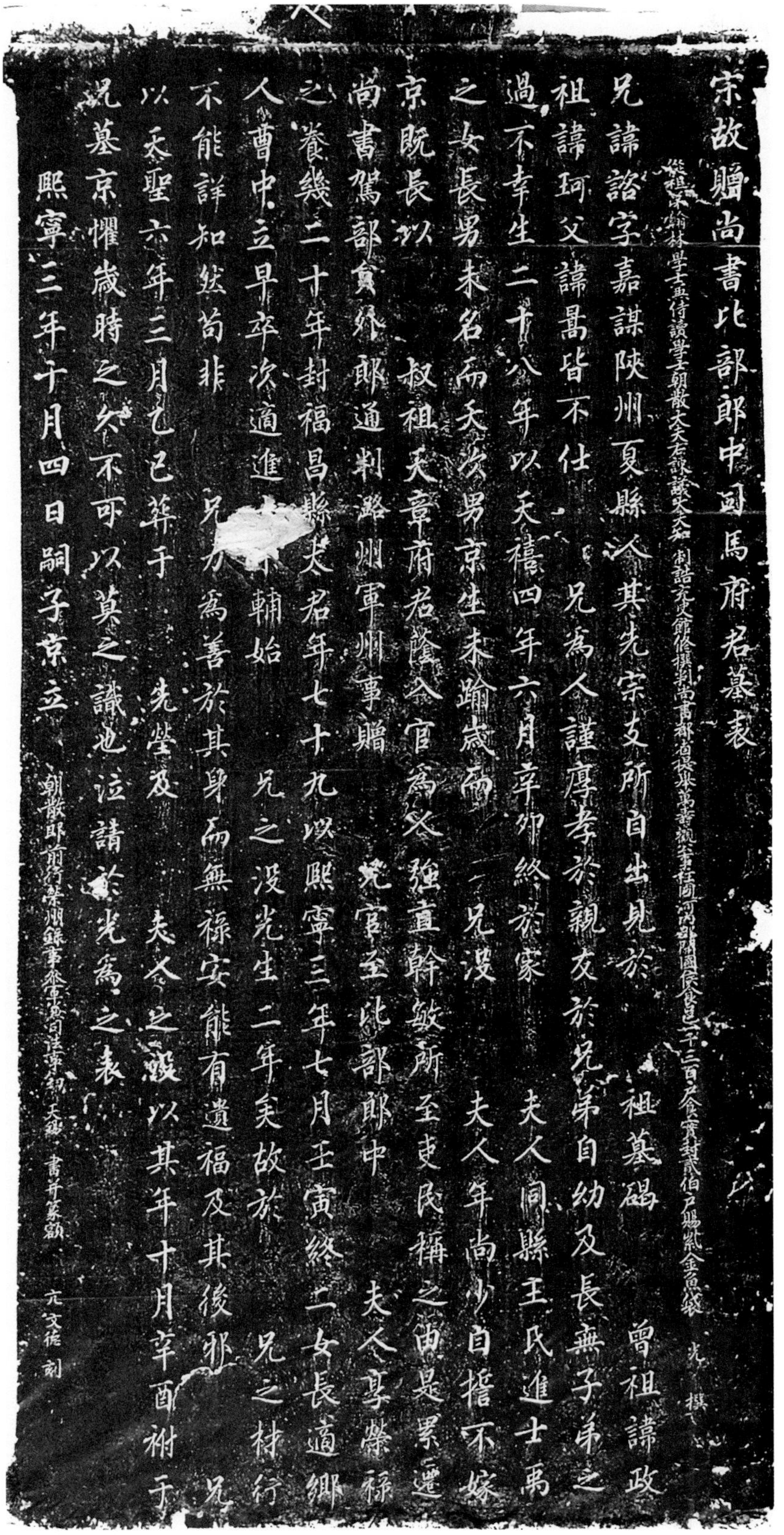

宋故贈尚書比部郎中司馬府君墓表

從祖弟翰林學士兼侍讀學士朝散大夫右諫議大夫知制誥充史館修撰判尚書都省提舉萬壽觀公事柱國河内郡開國侯食邑一千三百戶食實封貳伯戶賜紫金魚袋 光 撰

兄諱諮字嘉謀陝州夏縣人其先宗支所自出見於 祖墓碣 曾祖諱政 祖諱珂父諱咼皆不仕 兄爲人謹厚孝於親友於兄弟自幼及長無子弟之過不幸生二十八年以天禧四年六月辛卯終於家 夫人同縣王氏進士禹之女長男未名而夭次男京生未踰歲而 兄沒 夫人年尚少自誓不嫁京既長以 叔祖天章府君蔭入官爲人强直幹敏所至吏民稱之由是累遷尚書駕部員外郎通判潞州軍州事贈 兄官至比部郎中 夫人享榮禄之養幾二十年封福昌縣太君年七十九以熙寧三年七月壬寅終二女長適鄉人曹中立早卒次適進[illegible]輔始 兄之沒先生二年矣故於 兄之材行不能詳知然苟非 兄力爲善於其身而無禄安能有遺福及其後邪 兄以天聖六年三月乙巳葬于 先塋及 夫人之殁以其年十月辛酉祔于兄墓京懼歲時之久不可以莫之識也泣請於光爲之表

熙寧三年十月四日嗣子京立

朝散郎前行榮州錄事參軍權司法事[illegible]天錫 書并篆額　元文德 刻

司馬諮墓表

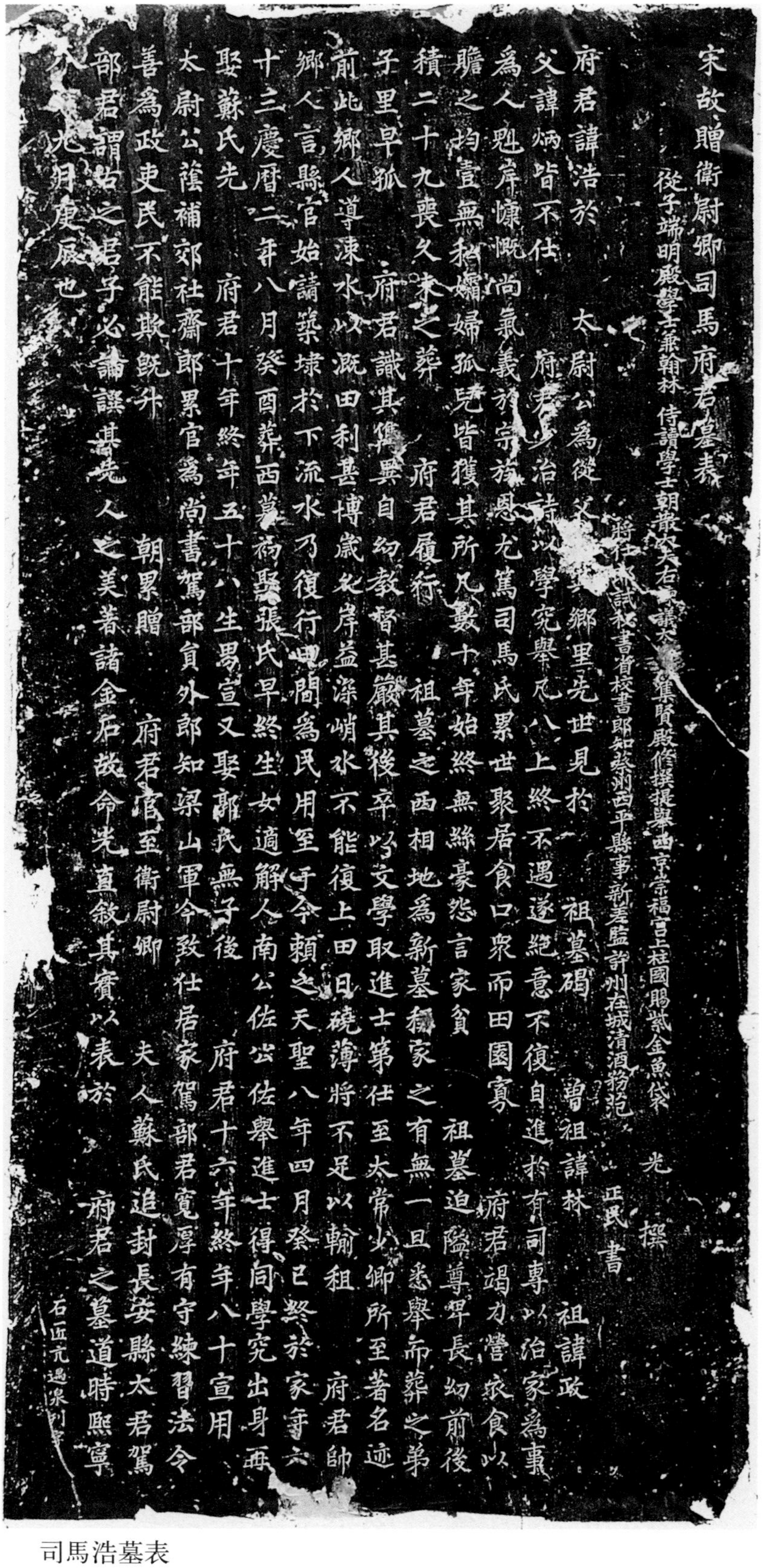
宋故贈衛尉卿司馬府君墓表
從子端明殿學士兼翰林侍讀學士朝散大夫右諫議大夫充集賢殿修撰提舉西京崇福宮上柱國賜紫金魚袋 光 撰
將仕郎試秘書省校書郎知蔡州西平縣事新差監許州在城清酒務 正民 書
府君諱浩於 太尉公為從父兄鄉里先世見於 祖墓碣 曾祖諱林 祖諱政
父諱炳皆不仕 府君少治詩以學究舉凡八上終不遇遂絕意不復自進於有司專以治家為事
為人魁岸慷慨尚氣義於宗族恩尤篤司馬氏累世聚居食口衆而田園寡 府君竭力營衣食以
贍之均壹無私孀婦孤兒皆獲其所凡數十年始終無絲豪怨言家貧 祖墓迫隘尊卑長幼前後
積二十九喪久未之葬 府君履行 祖墓之西相地為新墓稱家之有無一旦悉舉而葬之弟
子里早孤 府君識其俊異自幼教督甚嚴其後卒以文學取進士第仕至太常少卿所至著名迹
前此鄉人導涑水以溉田利甚博歲久岸益深峭水不能復上田日磽薄將不足以輸租 府君帥
鄉人言縣官始請築埭於下流水乃復行田間為民用至于今賴之天聖八年四月癸巳終於家年六
十三慶曆二年八月癸酉葬西墓祔娶張氏早終生女適解人南公佐公佐舉進士得同學究出身再
娶蘇氏先 府君十年終年五十八生男宣又娶郭氏無子後 府君十六年終年八十宣用
太尉公蔭補郊社齋郎累官為尚書駕部員外郎知梁山軍令致仕居家駕部君寬厚有守練習法令
善為政吏民不能欺既升 朝累贈 府君官至衛尉卿 夫人蘇氏追封長安縣太君駕
部君謂古之君子必論譔其先人之美著諸金石故命光直敘其實以表於 府君之墓道時熙寧
八年 月庚辰也
石匠元遇泉刊

司馬府
君墓表

司馬浩墓表

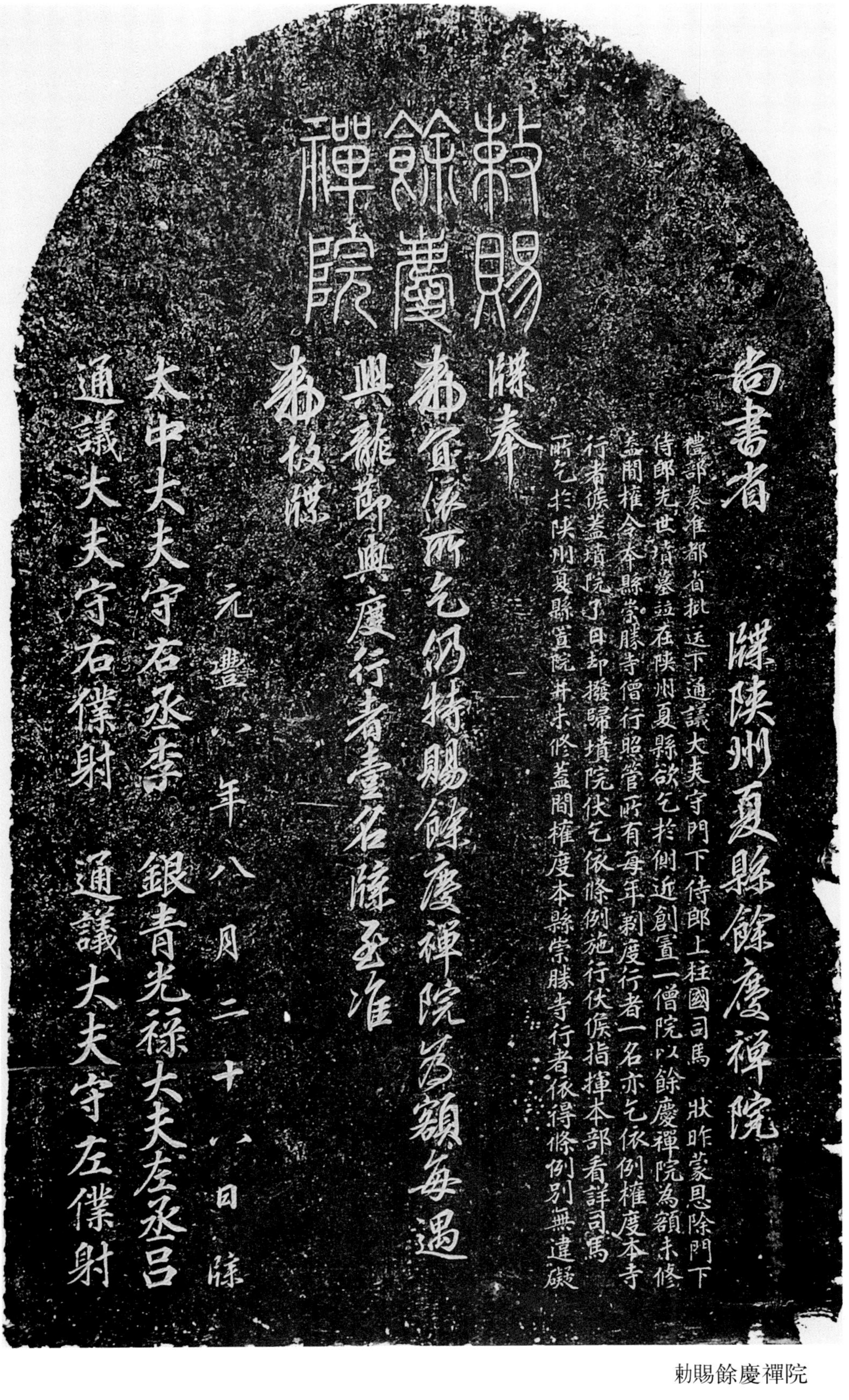
勅賜餘慶禪院
尚書省 牒陝州夏縣餘慶禪院
禮部奏准都省批送下通議大夫守門下侍郎上柱國司馬 狀昨蒙恩除門下
侍郎先世墳墓並在陝州夏縣欲乞於側近創置一僧院以餘慶禪院為額未修
蓋間權令本縣崇勝寺僧行照管所有每年剃度行者一名亦乞依例權度本寺
行者候蓋墳院了日却撥歸墳院伏乞依條例施行伏候指揮本部看詳司馬
所乞於陝州夏縣置院并未修蓋間權度本縣崇勝寺行者依得條例別無違礙
牒奉
勅宜依所乞仍特賜餘慶禪院為額每遇
興龍節與度行者壹名牒至准
勅故牒
元豐八年八月二十八日牒
太中大夫守右丞李 銀青光祿大夫左丞呂
通議大夫守右僕射 通議大夫守左僕射

勅賜餘慶禪院

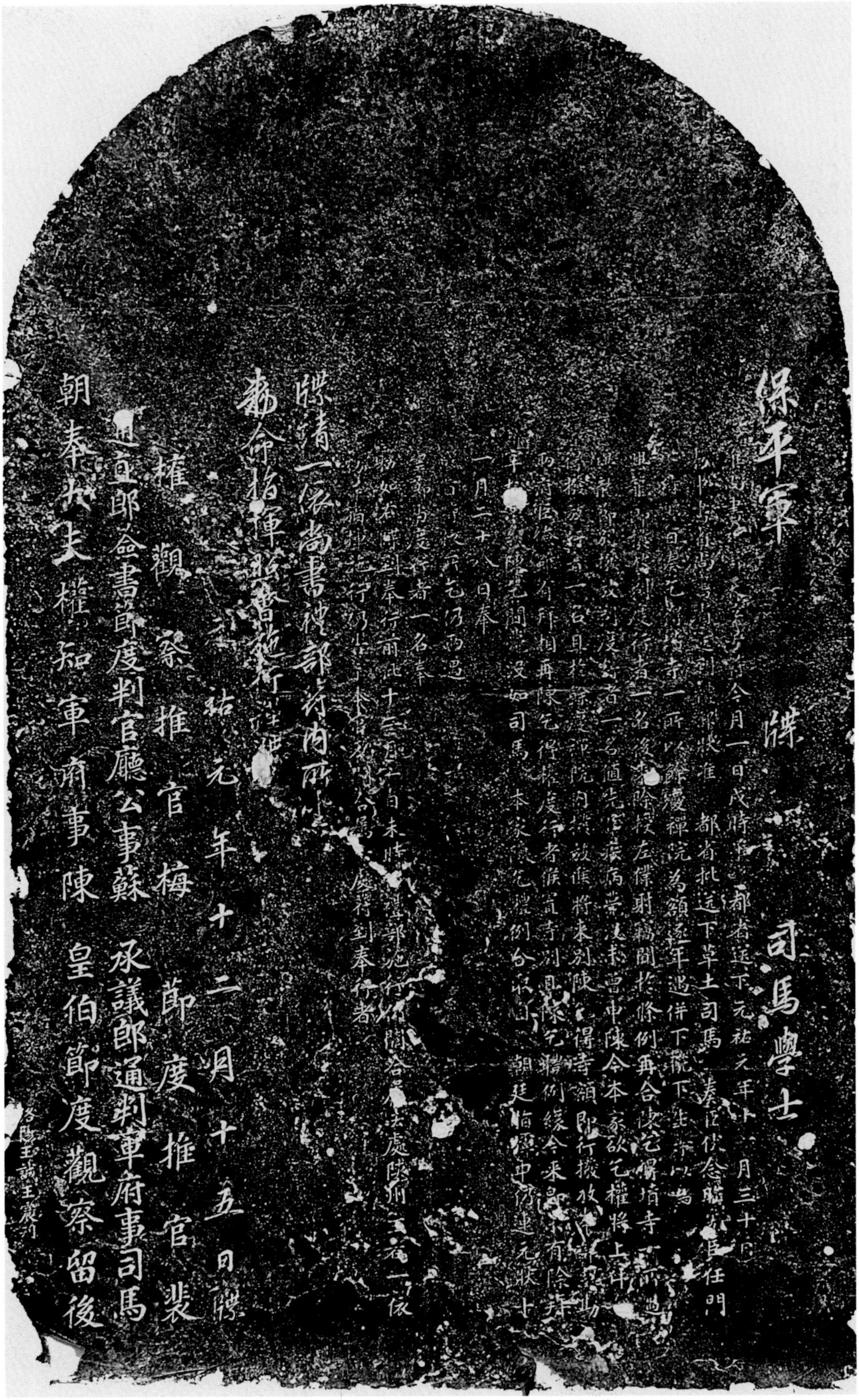
保平軍 牒 司馬學士
牒請一依尚書禮部符內處分
敕命指揮照會施行
祐元年十二月十五日牒
權觀察推官梅 節度推官裴
通直郎僉書節度判官廳公事蘇 承議郎通判軍府事司馬
朝奉大夫權知軍府事陳 皇伯節度觀察留後

牒司馬學士

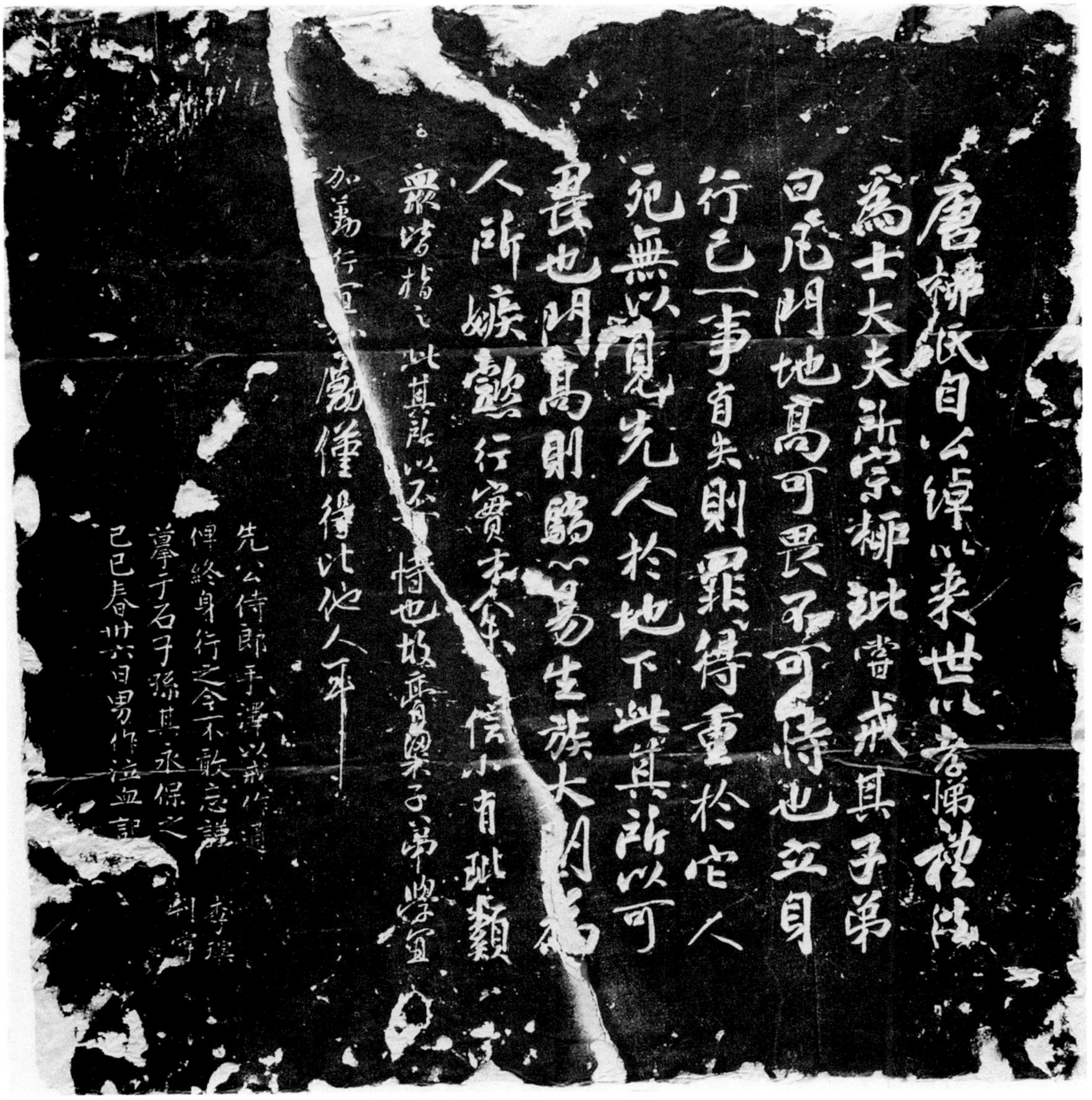
唐柳氏自公綽以來世以孝悌禮法
為士大夫所宗柳玭嘗戒其子弟
曰門地高可畏不可恃也立身
行己一事有失則罪得重於它人
死無以見先人於地下此其所以可
畏也門高則驕心易生族大則為
人所嫉懿行實才人未之信小有玼纇
眾皆指之此其所以不可恃也故膏粱子弟學宜
加勤行宜加勵僅得比他人耳

摹刻柳氏家訓

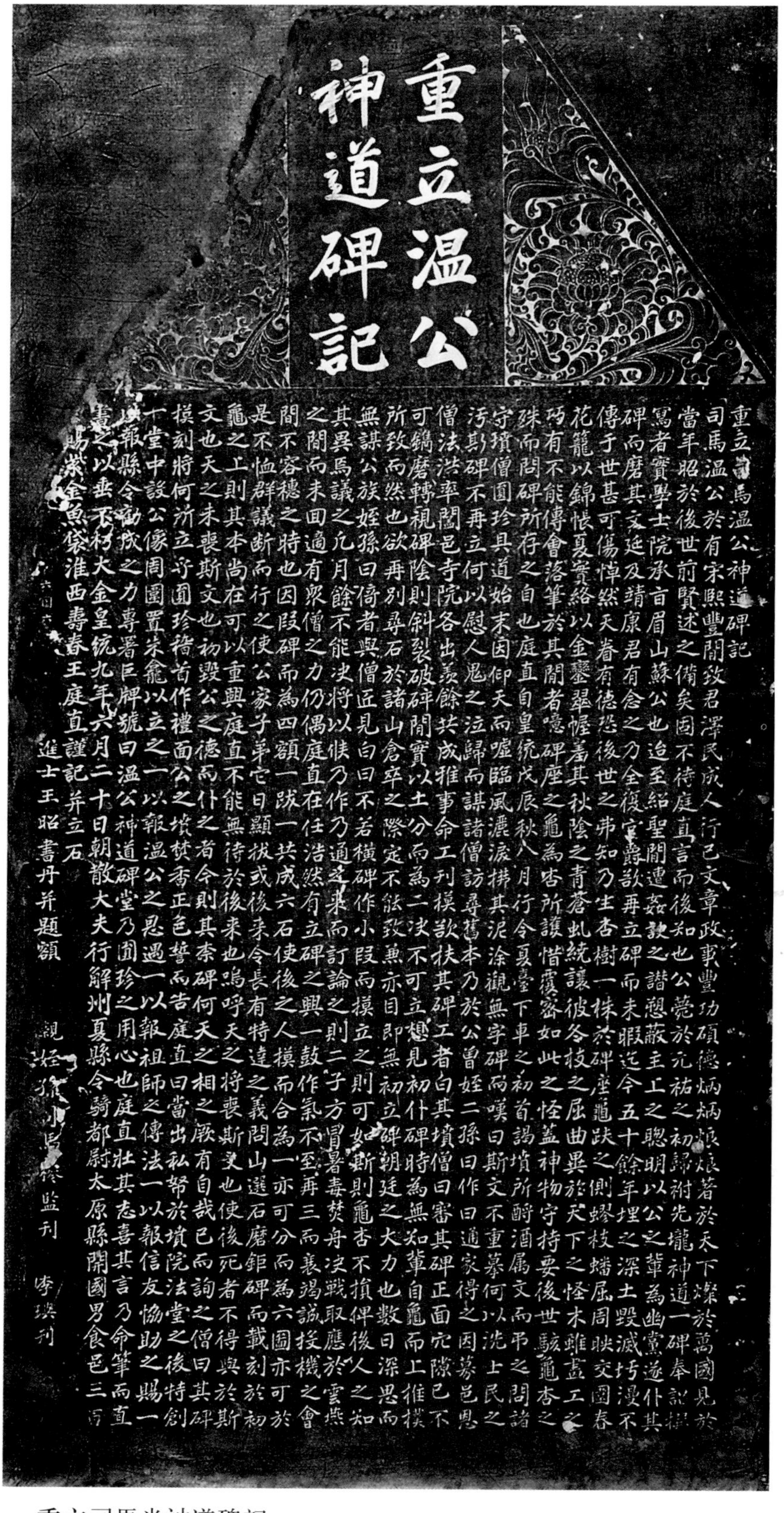

重立司馬光神道碑記

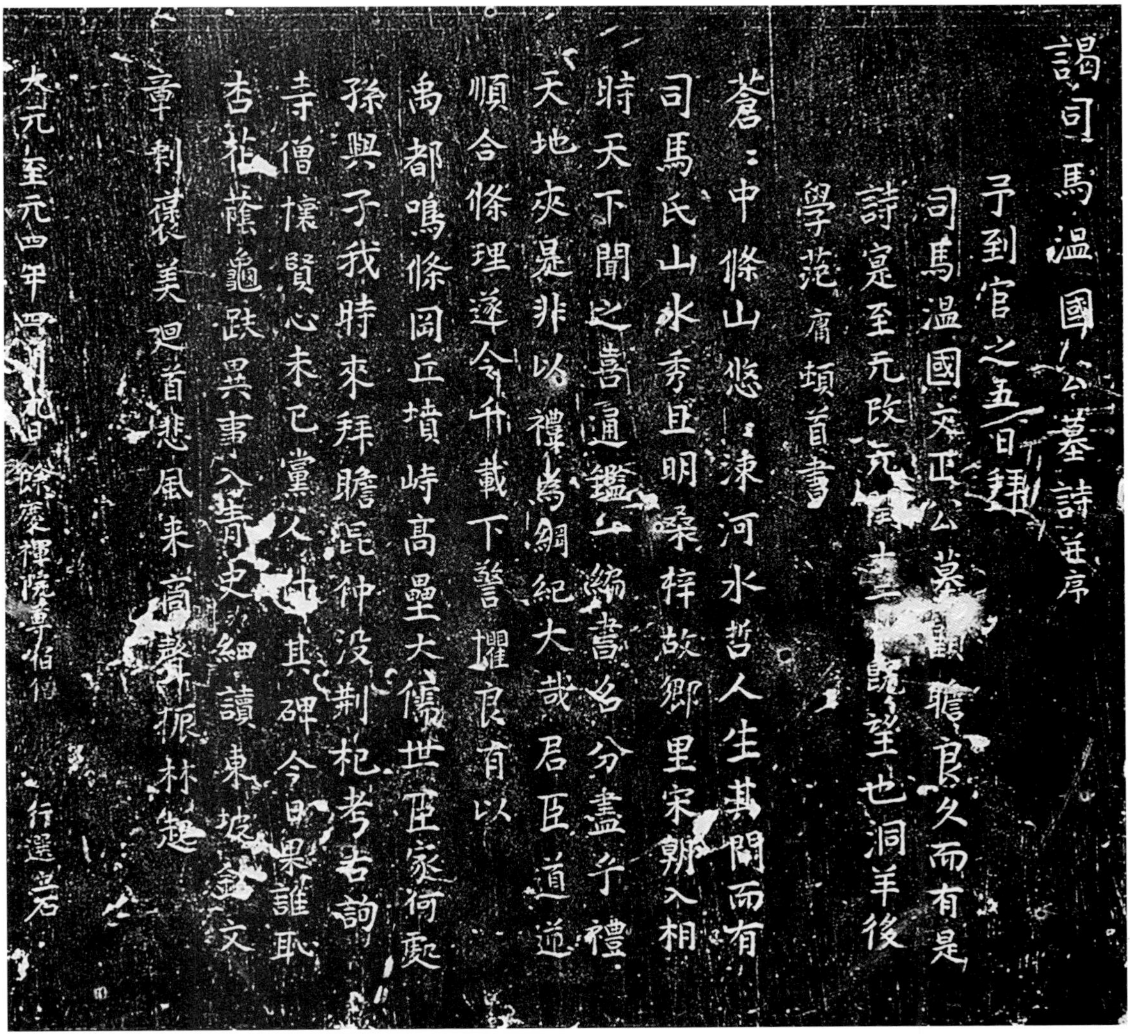
謁司馬温國公墓詩并序
予到官之五日拜
司馬温國文正公墓顧瞻良久而有是
詩寔至元改元[illegible]既望也洞羊後
學范膺頓首書
蒼蒼中條山悠悠涑河水哲人生其間而有
司馬氏山水秀且明桑梓故鄉里宋朝入相
時天下聞之喜通鑑編書名分盡乎禮
天地爽是非以禮爲綱紀大哉君臣道
順合條理逢今千載下警擢良有以
禹都鳴條岡丘墳峙高壘大儒世臣家何處
孫與子我時來拜瞻昆仲没荆杞考古詢
寺僧懷賢心未已黨人[illegible]其碑今日果誰恥
杏花蔭龜趺異事入青史細讀東坡銘文
章剩褒美迴首悲風來高聲振林起
大元至元四年[illegible]九日餘慶禪院尊宿侶侶 行選立石

謁司馬光墓詩

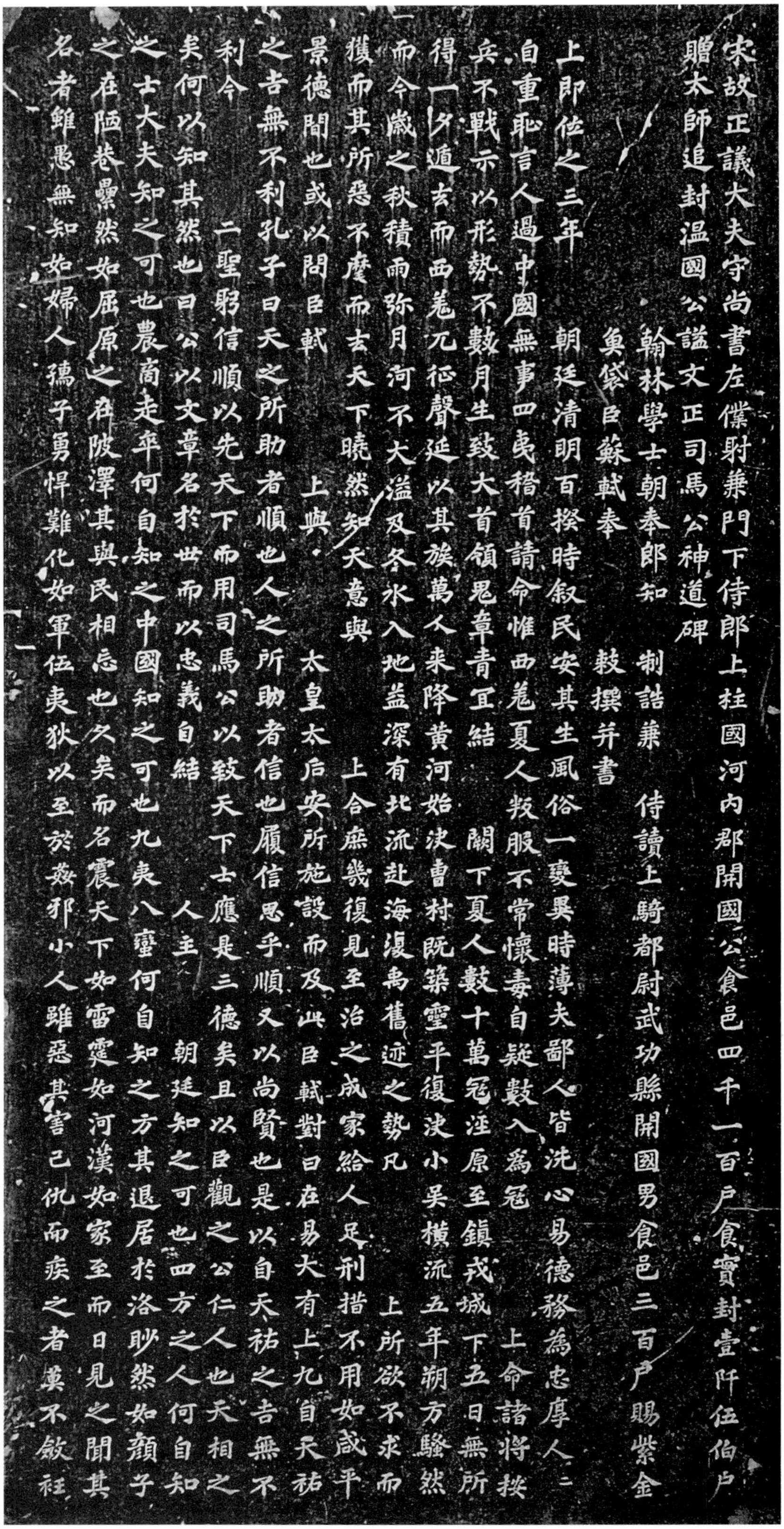
宋故正議大夫守尚書左僕射兼門下侍郎上柱國河内郡開國公食邑四千一百户食實封壹阡伍伯户
贈太師追封温國公謚文正司馬公神道碑
翰林學士朝奉郎知　制誥兼　侍讀上騎都尉武功縣開國男食邑三百户賜紫金
魚袋臣蘇軾奉　敕撰并書
上即位之三年　朝廷清明百揆時叙民安其生風俗一變異時薄夫鄙人皆洗心易德務為忠厚人二
自重恥言人過中國無事四夷稽首請命惟西羌夏人叛服不常懷毒自疑數入為寇　上命諸將按
兵不戰示以形勢不數月生致大首領鬼章青宜結　闕下夏人數十萬寇涇原至鎮戎城下五日無所
得一夕遁去而西羌兀征聲延以其族萬人来降黄河始決曹村既築靈平復決小吴横流五年朔方騷然
而今歲之秋積雨弥月河不大溢及冬水入地益深有北流赴海復禹舊迹之勢凡　上所欲不求而
獲而其所惡不麾而去天下曉然知天意與　上合庶幾復見至治之成家給人足刑措不用如咸平
景德間也或以問臣軾　上與　太皇太后安所施設而及此臣軾對曰在易大有上九自天祐
之吉無不利孔子曰天之所助者順也人之所助者信也履信思乎順又以尚賢也是以自天祐之吉無不
利今　二聖躬信順以先天下而用司馬公以致天下士應是三德矣且以臣觀之公仁人也天相之
矣何以知其然也曰公以文章名於世而以忠義自結　人主　朝廷知之可也四方之人何自知
之士大夫知之可也農商走卒何自知之中國知之可也九夷八蠻何自知之方其退居於洛眇然如顔子
之在陋巷纍然如屈原之在陂澤其與民相忘也久矣而名震天下如雷霆如河漢如家至而日見之聞其
名者雖愚無知如婦人孺子勇悍難化如軍伍夷狄以至於姦邪小人雖惡其害己仇而疾之者莫不斂衽

重刊司馬光神道碑 ①

戚色咨嗟太息或至於流涕也元豐之末臣自登州入朝過八州以至京師民知其與公善也所
在數千人聚而號呼於馬首曰寄謝司馬丞相慎毋去朝廷厚自愛以活百姓如是者蓋千餘里不絶
至　京師聞士大夫言公初入　朝民擁其馬至不得行衛士見公擎跽流涕者不可勝數公懼而歸
洛遼人夏人遣使入　朝與吾使至虜中者虜必問公起居而遼人敕其邊吏曰中國相司馬矣慎毋生
事開邊隙其後公薨　京師之民罷市而往弔粥衣以致奠巷哭以過車者蓋以千萬數　上命戶
部侍郎趙瞻内侍省押班馮宗道護其喪歸葬瞻等既還皆言民哭公哀甚如哭其私親四方來會葬者蓋
數萬人而嶺南封州父老相率致祭且作佛事以薦公者其詞尤哀炷香於手頂以送公葬者凡百餘人而
畫像以祠公者天下皆是也此豈人力也哉天相之也匹夫而能動天亦必有道矣非至誠一德其孰能使
之記曰惟天下之至誠為能盡其性能盡其性則能盡人之性能盡人之性則能盡物之性能盡物之性則
可以贊天地之化育矣書曰惟尹躬暨湯咸有一德克享天心又曰德惟一動罔不吉德二三動罔不凶或
以千金與人而人不喜或以一言使人而人死之者誠與不誠故也稽天之潦不能終朝而一縷之溜可以
達石者一與不一故也誠而一古之聖人不能加毫末於此矣而況公乎故臣論公之德至於感人心動天
地巍巍如此而蔽之以二言曰誠曰一公諱光字君實其先河内人晋安平獻王孚之後王之裔孫征東大
將軍陽始葬今陝州夏縣涑水鄉子孫因家焉曾祖諱政以五代衰亂不仕贈太子太保祖諱炫舉進士試
祕書省校書郎終於耀州富平縣令贈太子太傅考諱池寶元慶歷間名[illegible]終於兵部郎中天章閣待制贈
太師溫國公曾祖妣薛氏祖妣皇甫氏妣聶氏皆封溫國太夫人公始以進士甲科事　仁宗皇帝至
天章閣待制知諫院始發大議乞立宗子為後以安　宗廟宰相韓琦等因其言遂定大計事

英宗皇帝為諫議大夫龍圖閣直學士論陝西刺義勇為民患及內侍任守忠姦蠹乞斬以謝天下守忠竟
以譴死又論 濮安懿王當準 先朝封贈期親尊屬故事天下義之事 神宗皇帝為翰林
學士御史中丞西戎部將嵬名山欲以橫山之衆降公極論其不可納後必為邊患已而果然勸 帝
不受尊號遂為萬世法及王安石為相始行青苗助役農田水利謂之新法公首言其害以身爭之當時士
大夫不附安石言新法不便者皆倚公為重 帝以公為樞密副使公以言不行不受命乃以為端明
殿學士出知永興軍遂以留司御史臺及提舉崇福宮退居於洛十有五年及 上即位 太皇
太后攝政起公為門下侍郎遷正議大夫遂拜左僕射公首更 詔書以開言路分別邪正進退其甚者
十餘人旋罷保甲保馬市易及諸道新行鹽鐵茶法最後遂罷助役青苗方議取士擇守令監司以養民期
於富而教之凜凜嚮至治矣而公卧病以元祐元年九月丙辰朔薨于位享年六十八 太皇太后聞
之慟 上亦感涕不已時方祀明堂禮成不賀 二聖皆臨其喪哭之哀甚輟視朝贈太師溫國
公襚以一品禮服謚曰文正官其親屬十人公娶張氏禮部尚書存之女封清河郡君先公卒追封溫國夫
人子三人童唐皆早夭康今為祕書省校書郎孫二人植桓皆承奉郎以元祐二年正月辛酉葬于陝之夏
縣涑水南原之晁村 上以御篆表其墓道曰忠清粹德之碑而其文以命臣軾臣蓋嘗為公行狀而
端明殿學士范鎮取以志其墓矣故其詳不復再見而獨論其大方議者徒見 上與 太皇太
后進公之速用公之盡而不知 神宗皇帝知公之深也自士庶人至于卿大夫相與為賓師朋友道
足以相信而權不足以相休戚然猶同己則親之異己則踈之未有聞過而喜受誨而不怒者也而況於君
臣之間乎方熙寧中 朝廷政事與公所言無一不相違者書數十上皆盡言不諱蓋自敵以下所不能

重刊司馬光神道碑 ③

堪而　先帝安受之非特不慭而已乃欲以為左右輔弼之臣至為敘其所著書讀之於迩英閣不深
知公而能如是乎　二聖之知公也知之於既同而　先帝之知公也知之於方異故臣以
先帝為難昔齊神武皇帝寢疾告其子世宗曰侯景專制河南十四年矣諸將皆莫能敵惟慕容紹宗可以
制之我故不貴留以遺汝而唐太宗亦謂高宗汝於李勣無恩我今責出之汝當授以僕射乃出勣為疊州
都督夫齊神武唐太宗雖未足以比隆　先帝而紹宗與勣亦非公之流然古之人君所以為其子孫
長計遠慮者類皆如此寧其身不受知人之名而使其子專享得賢之利　先帝知公如此而卒不盡
用安知其意不出於此乎臣既書其事乃拜手稽首而作詩曰

於皇上帝　子惠我民　孰堪顧天　惟聖與仁　聖子受命
如堯之初　神母詔之　匪亟匪徐　聖神無心　孰左右之
民自擇相　我興授之　其相惟何　太師溫公　公來自西
一馬二童　萬人環之　如渴赴泉　孰不見公　莫如我先
二聖忘己　惟公是式　公亦無我　惟民是度　民曰樂哉
既相司馬　尒賈于途　我耕于野　士曰時哉　既用君實
我後子先　時不可失　公如麟鳳　不鷙不搏　羽毛畢朝
雄狡率服　為政一年　疾病半之　功則多矣　百年之思
知公于異　識公于微　匪公之思　神考是懷　天子萬年
四夷來同　薦于清廟　神考之功　玉冊官臣王磻奉　聖旨摹刻

山東順德路唐山縣　孫安重刊

四

重刊司馬光神道碑 ④

老杏圖詩

御篆忠清粹德之碑碑額

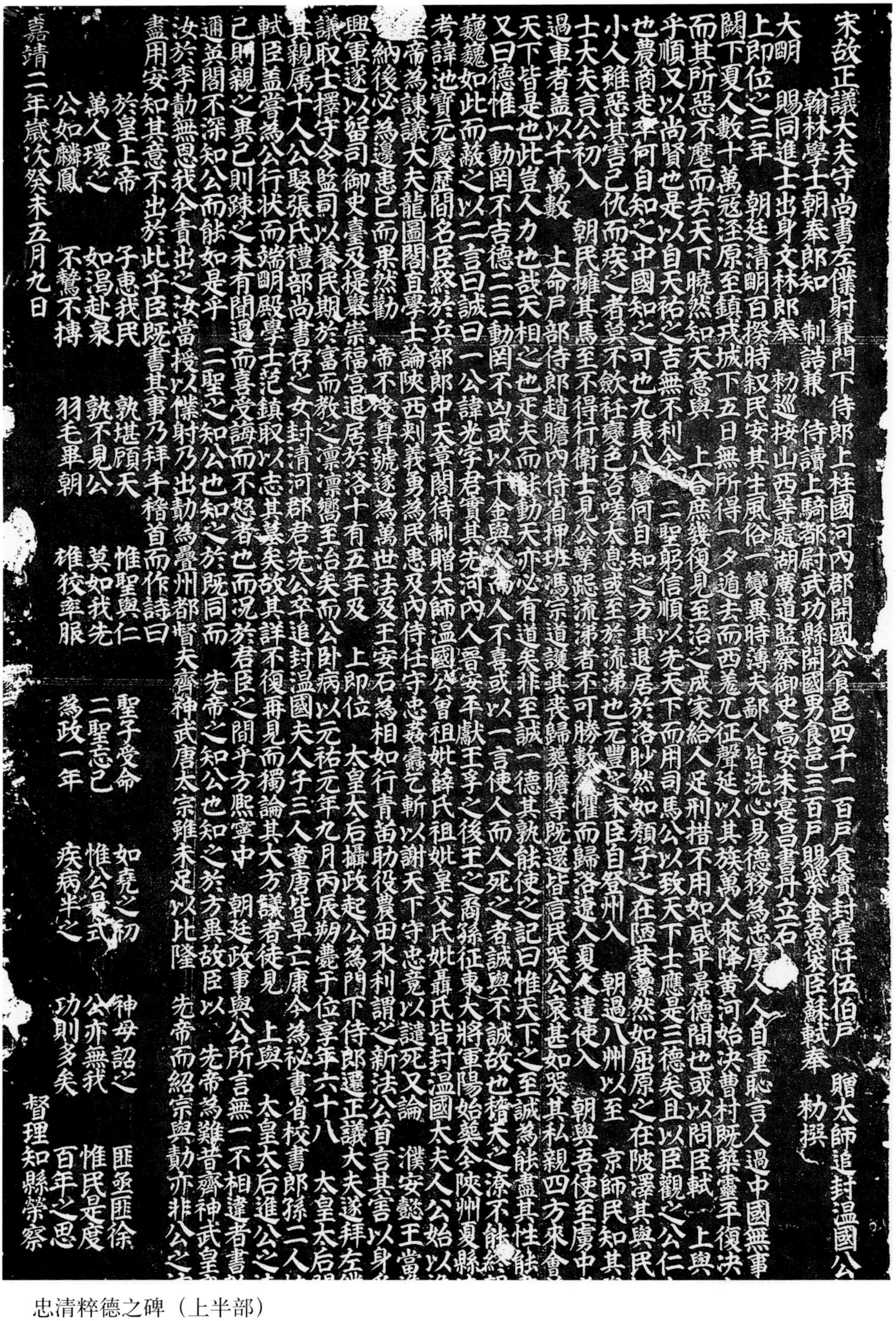
宋故正議大夫守尚書左僕射兼門下侍郎上柱國河內郡開國公食邑四千一百戶食實封壹阡伍伯戶 贈太師追封溫國公
翰林學士朝奉郎知 制誥兼 侍讀上騎都尉武功縣開國男食邑三百戶賜紫金魚袋臣蘇軾奉 勑撰
大明 賜同進士出身文林郎奉 勑巡按山西等處湖廣道監察御史高安朱寔昌書丹立石
上即位之三年 朝廷清明百揆時叙民安其生風俗一變異時薄夫鄙人皆洗心易德務為忠厚人人自重恥言人過中國無事
闕下夏人數十萬寇涇原至鎮戎城下五日無所得一夕遁去而西羌乃征聲延以其族萬人來降黃河始決曹村既築靈平復決
而其所惡不麾而去天下曉然知天意與 上合庶幾復見至治之成家給人足刑措不用如咸平景德間也或以問臣軾 上與
乎順又以尚賢也是以自天祐之吉無不利今 二聖躬信順以先天下而用司馬公以致天下士應是三德矣且以臣觀之公仁
也農商走卒何自知之中國知之可也九夷八蠻何自知之方其退居於洛眇然如顏子之在陋巷纍然如屈原之在陂澤其與民
小人雖惡其害己仇而疾之者莫不斂衽變色咨嗟太息或至於流涕也元豐之末臣自登州入 朝過八州以至 京師民知其
士大夫言公初入 朝民擁其馬至不得行衛士見公擎跽流涕者不可勝數公懼而歸洛遼人夏人遣使入 朝與吾使至虜中
過車者蓋以千萬數 上命戶部侍郎趙瞻內侍省押班馮宗道護其喪歸葬瞻等既還皆言民哭公哀甚如哭其私親四方來會
天下皆是也此豈人力也哉天相之也疋夫而能動天亦必有道矣非至誠一德其孰能使之記曰惟天下之至誠為能盡其性能
又曰德惟一動罔不吉德二三動罔不凶或以千金與人而人不喜或以一言使人而人死之者誠與不誠故也稽天之潦不能終
巍巍如此而蔽之以二言曰誠曰一公諱光字君實其先河內人晉安平獻王孚之後王之裔孫征東大將軍陽始葬今陝州夏縣
考諱池寶元慶歷間名臣終於兵部郎中天章閣待制贈太師溫國公曾祖妣薛氏祖妣皇父氏妣聶氏皆封溫國太夫人公始以
皇帝為諫議大夫龍圖閣直學士論陝西刺義勇為民患及內侍任守忠姦蠹乞斬以謝天下守忠竟以譴死又論 濮安懿王當
納後必為邊患已而果然勸 帝不受尊號遂為萬世法及王安石為相如行青苗助役農田水利謂之新法公首言其害以身
興軍遂以留司御史臺及提舉崇福宮退居於洛十有五年及 上即位 太皇太后攝政起公為門下侍郎遷正議大夫遂拜左僕
議取士擇守令監司以養民期於富而教之凜凜嚮至治矣而公臥病以元祐元年九月丙辰朔薨于位享年六十八 太皇太后
其親屬十人公娶張氏禮部尚書存之女封清河郡君先公卒追封溫國夫人子三人童唐皆早亡康今為祕書省校書郎孫二人
軾臣蓋嘗為公行狀而端明殿學士范鎮取以志其墓矣故其詳不復再見而獨論其大方議者徒見 上與 太皇太后進公之
己則親之異己則踈之未有聞過而喜受誨而不怒者也而況於君臣之間乎方熙寧中 朝廷政事與公所言無一不相違者書
邇並闇不深知公而能如是乎 二聖之知公也知之於既同而 先帝之知公也知之於方異故臣以 先帝為難昔齊神武皇
汝於李勣無恩我今責出之汝當授以僕射乃出勣為疊州都督夫齊神武唐太宗雖未足以比隆 先帝而紹宗與勣亦非公之
盡用安知其意不出於此乎臣既書其事乃拜手稽首而作詩曰
於皇上帝 子惠我民 孰堪顧天 惟聖與仁 聖子受命 如堯之初 神母詔之 匪亟匪徐
萬人環之 如渴赴泉 孰不見公 莫如我先 二聖忘己 惟公是式 公亦無我 惟民是度
公如麟鳳 不鷙不搏 羽毛畢朝 雄狡率服 為政一年 疾病半之 功則多矣 百年之思
嘉靖二年歲次癸未五月九日 督理知縣榮察

忠清粹德之碑（上半部）

國公謚文正司馬公神道碑

國無事四夷稽首請命惟西羌夏人叛服不常懷毒自疑數入為寇　上命諸將按兵不戰示以形勢不數月生致大首領鬼章青宜結
復決小吳橫流五年朔方騷然而今歲之秋積雨彌月河不大溢及冬水入地益深有北流赴海復禹舊迹之勢凡　上所欲不求而獲
上與　太皇太后安所施設而及此臣軾對曰在易大有上九自天祐之吉無不利孔子曰天之所助者順也人之所助者信也履信思
公仁人也天相之矣何以知其然也曰公以文章名於世而以忠義自結　人主　朝廷知之可也四方之人何自知之士大夫知之可
其與民相忘也久矣而名震天下如雷霆如河漢如家至而日見之聞其名者雖愚無知如婦人孺子勇悍難化如軍伍夷狄以至於姦邪
民知其與公善也所在數千人聚而號呼於馬首曰寄謝司馬丞相慎毋去　朝廷厚自愛以活百姓如是者蓋千餘里不絕至　京師聞
生虜中者虜必問公起居而遼人敕其邊吏曰中國相司馬矣慎毋生事開邊隙其後公薨　京師之民罷市而往弔粥衣以致奠巷哭以
方來會葬者蓋數萬人而嶺南封州父老相率致祭且作佛事以薦公者其詞尤哀炷香於手頂以送公葬者凡百餘人而畫像以祠公者
其性能盡其性則能盡人之性能盡人之性則能盡物之性能盡物之性則可以贊天地之化育矣書曰惟尹躬暨湯咸有一德克享天心
不能終朝而一縷之溜可以達石者一與不一故也誠而一古之聖人不能加毫末於此矣而況公乎故臣論公之德至於感人心動天地
州夏縣涑水鄉子孫因家焉曾祖諱政以五代衰亂不仕贈太子太保祖諱炫舉進士試秘書省校書郎終於耀州富平縣令贈太子太傅
公始以進士甲科事　仁宗皇帝至天章閣待制知諫院始發大議乞立宗子為後以安　宗廟宰相韓琦等因其言遂定大計事　英宗
懿王當準　先朝封贈期親尊屬故事天下義之　神宗皇帝為翰林學士御史中丞西戎部將嵬名山欲以橫山之衆降公極論其不
言以身爭之當時士大夫不附安石言新法不便者皆倚公為重　帝以公為樞密副使公以言不行不受命乃以為端明殿學士出知永
遂拜左僕射公首更　詔書以開言路分別邪正進退其甚者十餘人旋罷保甲保馬市易及諸道新行鹽鐵茶法最後遂罷助役青苗
皇太后聞之慟　上亦感涕不已時方祀明堂禮成不賀　二聖皆臨其喪哭之哀甚輟視朝贈太師溫國公襚以一品禮服謚曰文正官
孫二人植桓皆承奉郎以元祐二年正月辛酉葬于陝之夏縣涑水南原之晁村　上以御篆表其墓道曰忠清粹德之碑而其文以命臣
進公之速用公之盡而不知　神宗皇帝知公之深也自士庶人至於卿大夫相與為賓師朋友道足以相信而權不足以相休戚然猶
進者書數十上皆盡言不諱蓋自敵以下所不能堪而　先帝安受之非特不怒而已乃欲以為左右輔弼之臣至為叙其所著書讀之
神武皇帝寢疾告其子世宗曰俟景專制河南十四年矣諸將皆莫能敵惟慕容紹宗可以制之我故不貴留以遺汝而唐太宗亦謂高
非公之流然古之人君所以為其子孫長計遠慮者類皆如此寧其身不受知人之名而使其子專享得賢之利　先帝知公如此而卒

匪徐
是度
之思
宗察

聖神無心　孰左右之　民自擇相　我興授之　其相惟何　太師溫公　公來自西　一馬二童
民曰樂哉　既相司馬　爾賈于途　我耕于野　士曰時哉　既用君實　我後子先　時不可失
知公于異　識公于微　匪公之思　神考是懷　天子萬年　四夷來同　薦于清廟　神考之功

校對生員种雲漢
鐫匠王

忠清粹德之碑(下半部)

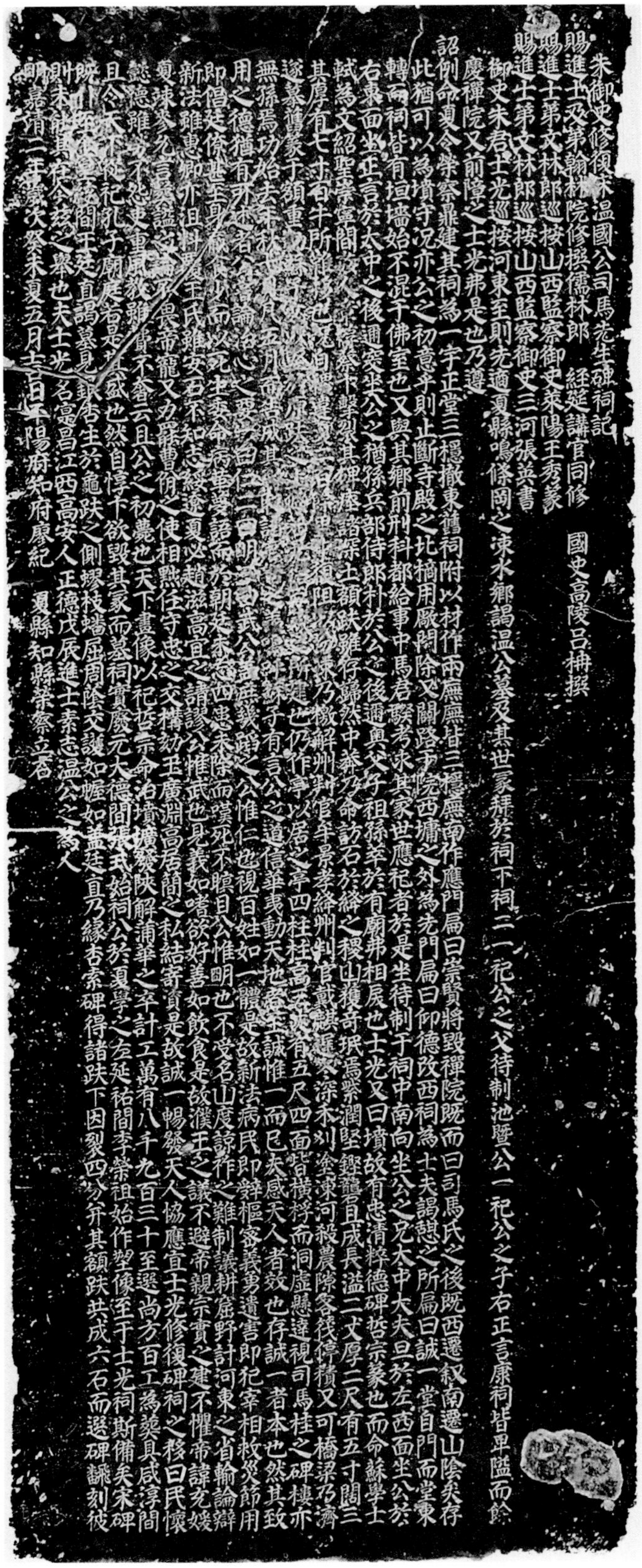

修復司馬温公碑祠記

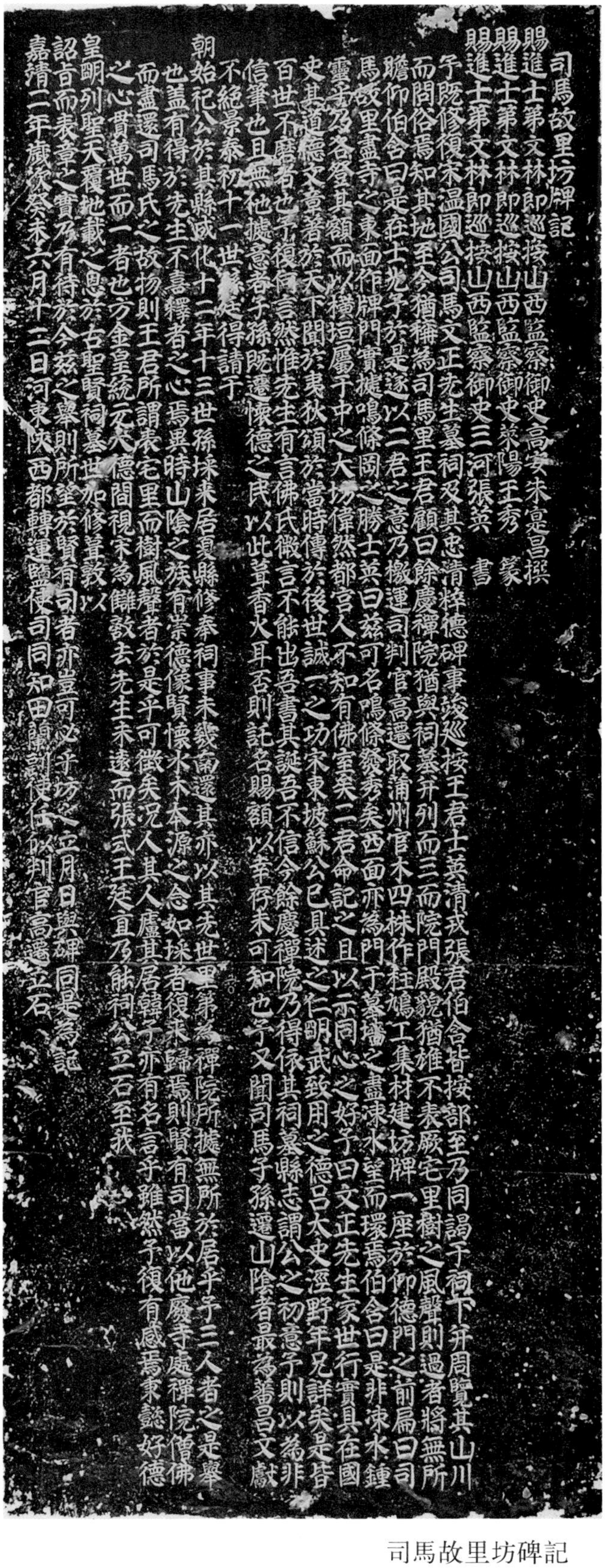
司馬故里坊碑記
賜進士第文林郎巡按山西監察御史高安朱寔昌撰
賜進士第文林郎巡按山西監察御史萊陽王秀篆
賜進士第文林郎巡按山西監察御史三河張英書
予既修復宋温國公司馬文正先生墓祠及其忠清粹德碑事竣巡按王君士英清戎張君伯舍皆按部至乃同謁于祠下并周覽其山川
而問俗焉知其地至今猶稱爲司馬里王君顧曰餘慶禪院猶與祠墓并列而三而院門殿貌猶雄不表厥宅里樹之風聲則過者將無所
瞻仰伯舍曰是在士先予於是遂以二君之意乃檄運司判官高邉取蒲州官木四株作柱鳩工集材建坊牌一座於仰德門之前扁曰司
馬故里盡寺之東面作牌門實據鳴條岡之勝士英曰茲可名鳴條發秀矣西面亦爲門于墓墻之盡涑水望而環焉伯舍曰是非涑水鍾
靈乎乃各登其額而以横垣屬于中之大坊偉然都宫人不知有佛室矣二君命記之且以示同心之好予曰文正先生家世行實具在國
史其道德文章著於天下聞於夷狄頌於當時傳於後世誠一之功宋東坡蘇公已具述之仁明武致用之德呂太史涇野年兄詳矣是皆
百世不磨者也予復何言然惟先生有言佛氏微言不能出吾書其誕吾不信今餘慶禪院乃得依其祠墓縣志謂公之初意予則以爲非
信筆也且無他據意者子孫既遷懷德之民以此葺香火耳否則託名賜額以幸存未可知也予又聞司馬子孫遷山陰者最爲蕃昌文獻
不絕景泰初十一世孫廷得請于
朝始祀公於其縣成化十二年十三世孫琛來居夏縣修奉祠事未幾南還其亦以其先世里第爲禪院所據無所於居乎予三人者之是舉
也蓋有得於先生不喜釋者之心焉異時山陰之族有崇德像賢懷水木本源之念如琛者復來歸焉則賢有司當以他廢寺處禪院僧佛
而盡還司馬氏之故物則王君所謂表宅里而樹風聲者於是乎可徵矣況人其人廬其居韓子亦有名言乎雖然予復有感焉秉彝好德
之心貫萬世而一者也方金皇統元大德間視宋爲讎敵去先生未遠而張式王廷直乃能祠公立石至哉
皇明列聖天覆地載之恩於古聖賢祠墓世加修葺敦以
詔旨而表章之實乃有待於今茲之舉則所望於賢有司者亦豈可必乎坊之立月日與碑同是爲記
嘉靖二年歲次癸未六月十三日河東陝西都轉運鹽使司同知田韶副使任敬判官高邉立石
司馬故里坊碑記

謁司馬光祠詩

維嘉靖四年十一月丁亥
平陽知府開州王溱廼
偕解州判官高陵呂柟
謹以瓣香清酒敢告于
宋丞相太師温國文正公
神道前曰溱等晨拔霜露
來自安邑敬申瞻拜謦
玆仰止
謁公祠墓
涑水縈環司馬林長松綠上晝陰陰
石麟無語自終古相業多光逈到今
荊國何心偏見左宣仁雖女亦知欽
鄉高此日登臨者萬畔條山幾翠岑
嘉靖乙酉菊秋蘭陽張文魁書
知縣畢文□刻

謁司馬光祠墓詩并序

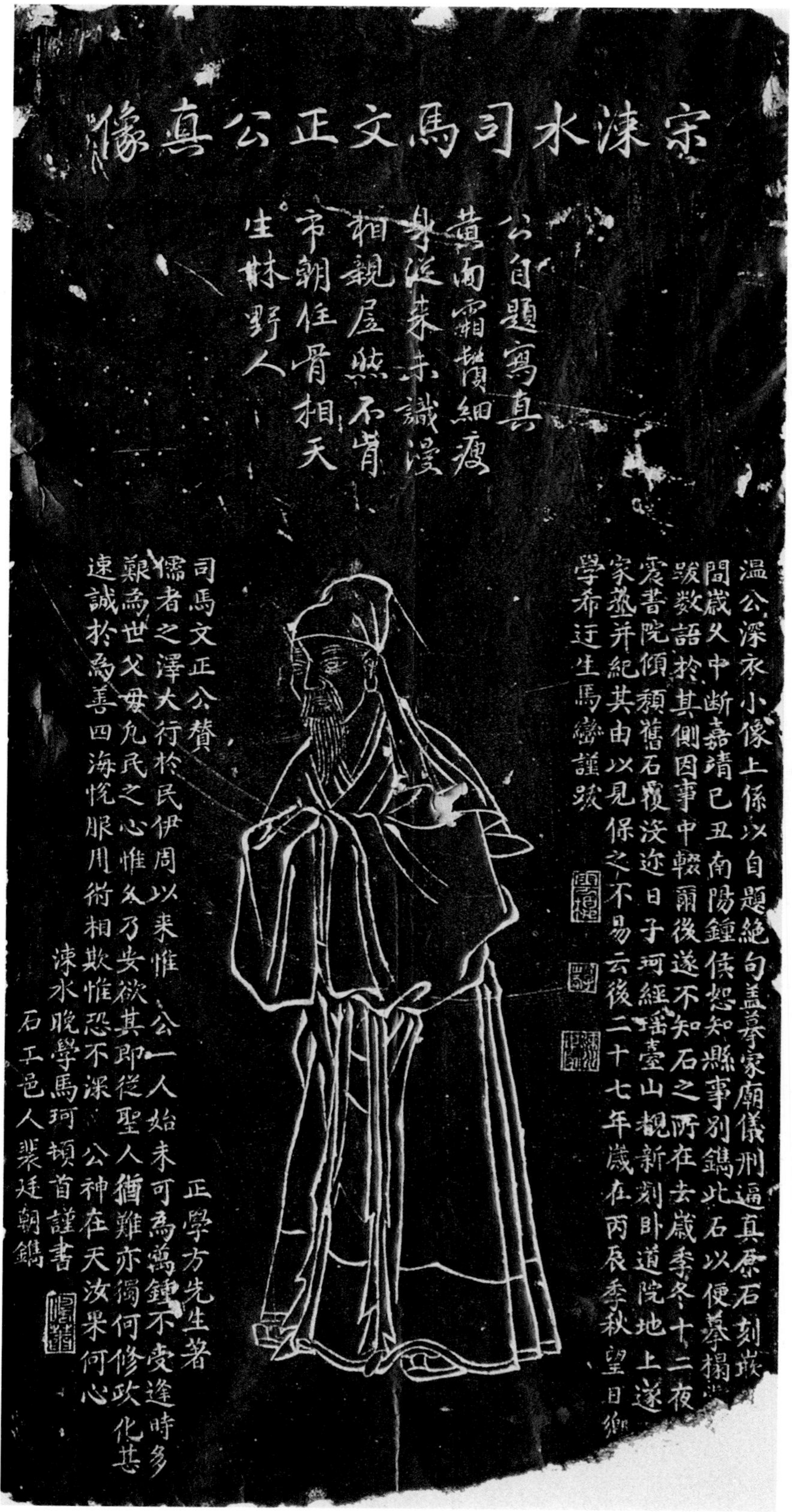
宋涑水司馬文正公真像
公自題寫真
黄面霜鬚細瘦
身從來未識漫
相親居然不肯
市朝住骨相天
生林野人
温公深衣小像上係以自題絶句盖摹家廟儀刑逼真原石刻嵌
間歲久中断嘉靖己丑南陽鍾侯恕知縣事别鐫此石以便摹搨
跋数語於其側因事中輟爾後遂不知石之所在去歲季冬十二夜
震書院傾頹舊石覆没迩日子珂經瑶臺山觀新刻卧道院地上遂
家爇并紀其由以見保之不易云後二十七年歲在丙辰季秋望日鄉
學希迂生馬巒謹跋
司馬文正公贊　正學方先生著
儒者之澤大行於民伊周以来惟公一人始未可爲萬鍾不受逢時多
艱爲世父母凡民之心惟久乃安欲其即從聖人猶難亦獨何修政化甚
速誠於爲善四海悦服用術相欺惟恐不深公神在天汝果何心
涑水晚學馬珂頓首謹書
石工邑人裴廷朝鐫

司馬光像贊刻石

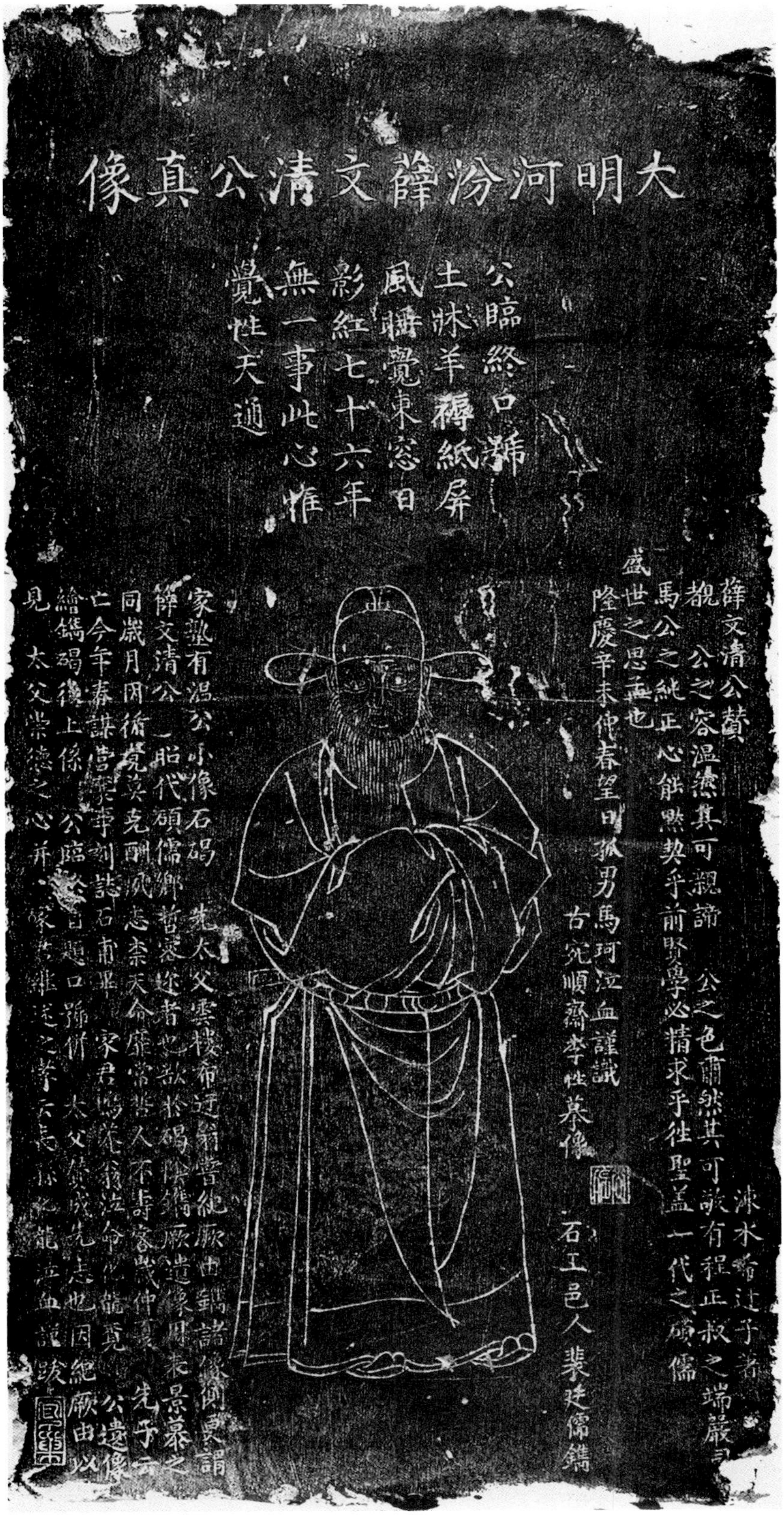
大明河汾薛文清公真像
公臨終口號
土牀羊褥紙屏
風睡覺東窗日
影紅七十六年
無一事此心惟
覺性天通
薛文清公贊
覩公之容溫然其可親諦公之色肅然其可敬有程正叔之端嚴
馬公之純正心能默契乎前賢學必精求乎往聖蓋一代之碩儒
盛世之思無也
隆慶辛未仲春望日孤男馬珂泣血謹識
古兗順齋李性摹像
石工邑人裴廷儒鐫

薛瑄像贊刻石

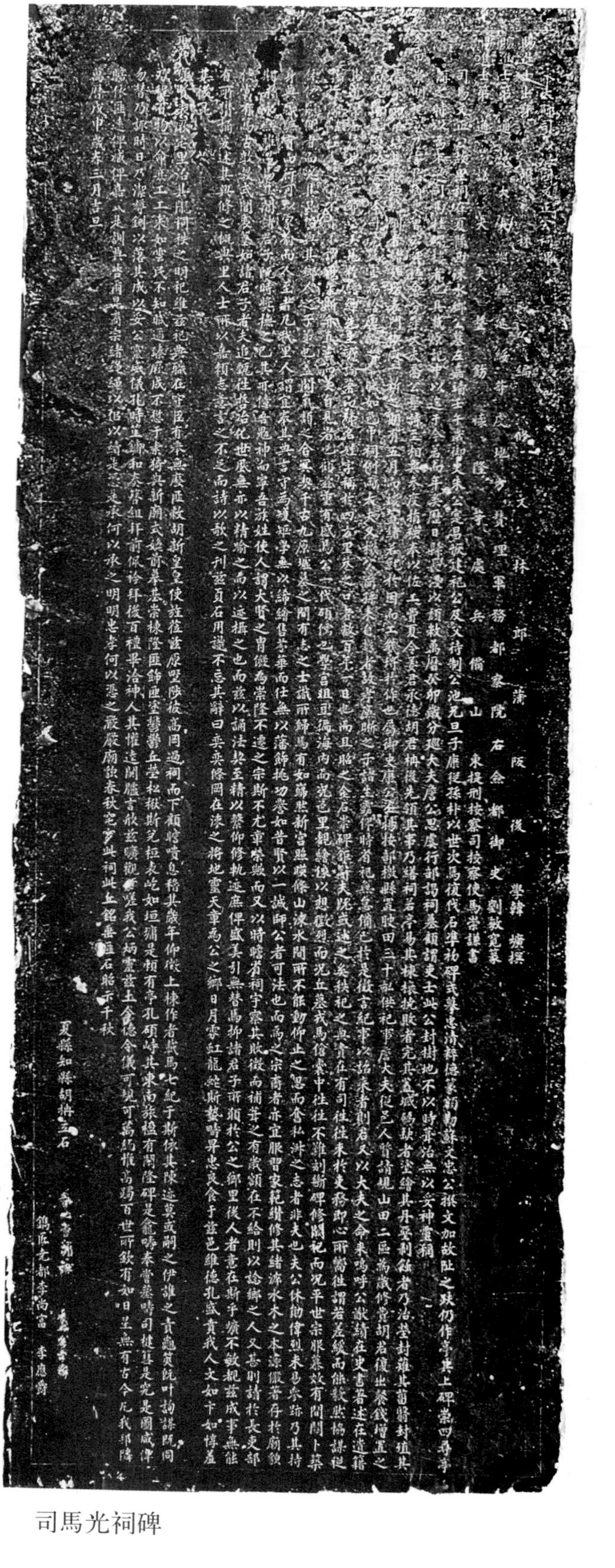

司馬光祠碑

司馬光祖塋周垣記

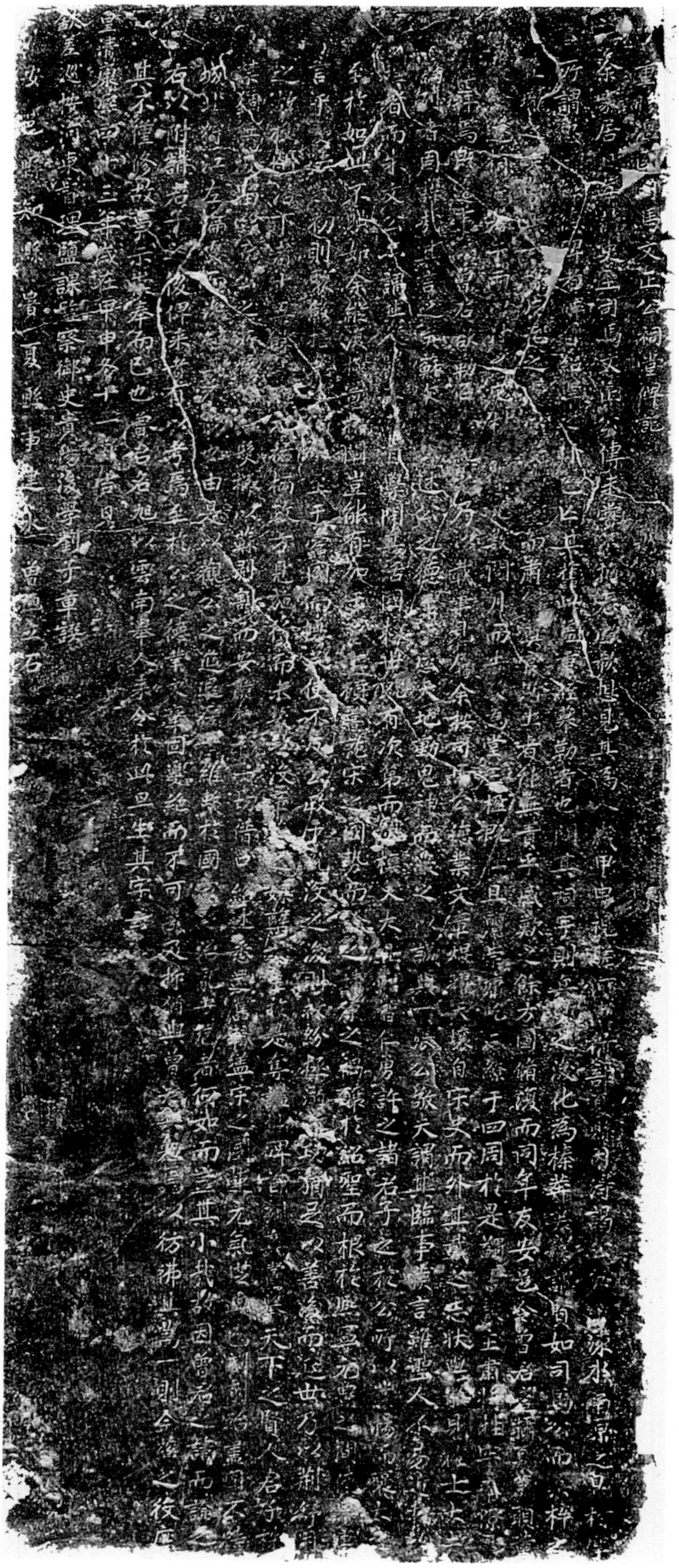

重修司馬光祠堂碑記

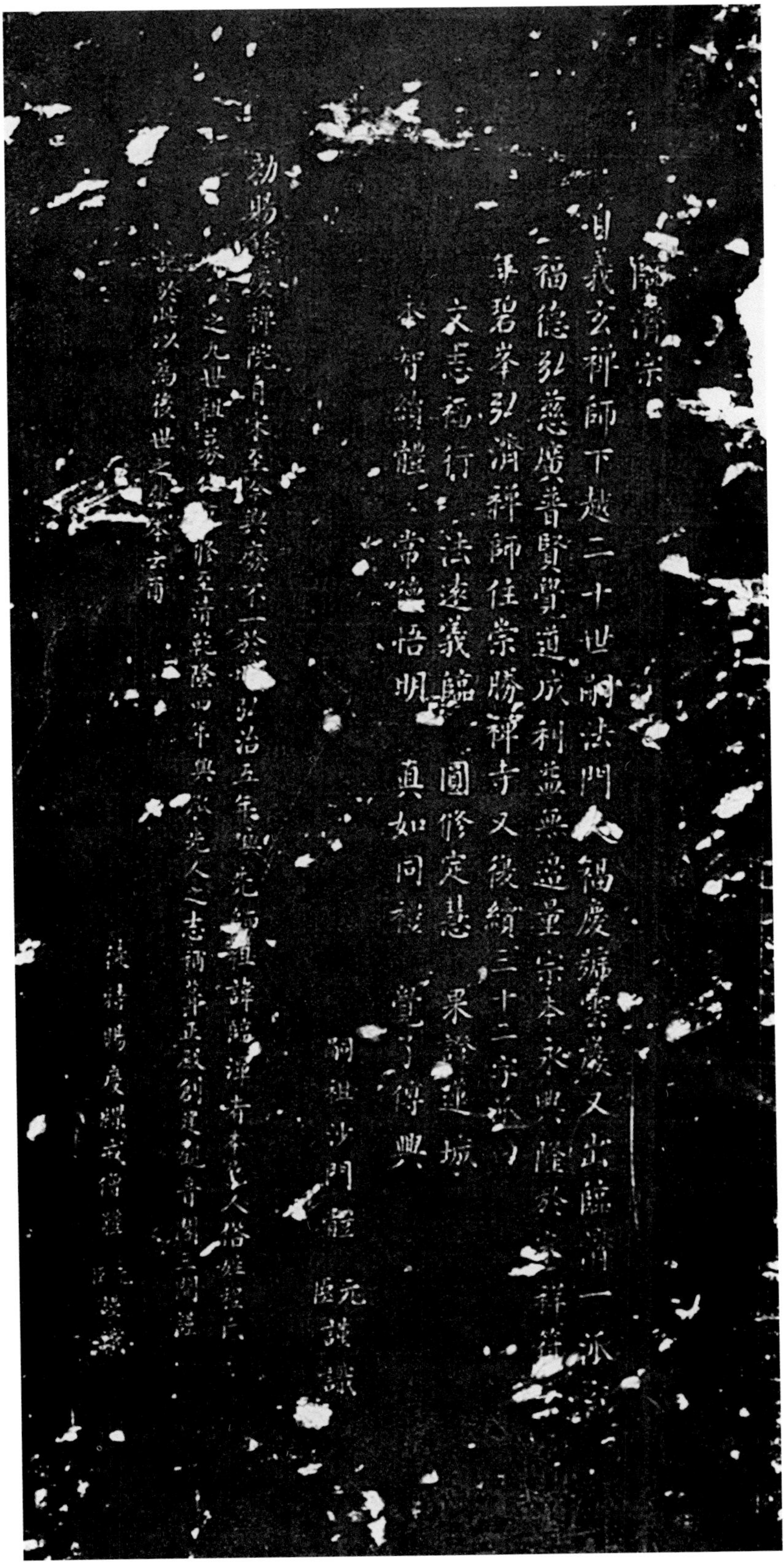
臨濟宗
自義玄禪師下越二十世嗣法門人福慶無雲菴又出臨濟一派
福德弘慈廣普賢覺道成利益無邊量宗本永興隆於[illegible]禪[illegible]
第碧峯弘濟禪師住崇勝禪寺又後續三十二字流[illegible]
文惠福行法遠義臨圓修定慧果證蓮域
本智錫體常[illegible]悟明真如同被覺了傳興
嗣祖沙門龍[illegible] 元臨謹識
敕賜修慶禪院自宋至今興廢不一於弘治五年[illegible]光師祖諱臨濟者本[illegible]人俗姓程氏
[illegible]之九世祖募化修至清乾隆四年與[illegible]先人之志爾茲正殿創建觀音閣三閣
記於此以爲後世之[illegible]本云爾
後[illegible]賜慶[illegible]戒僧[illegible] [illegible]謹識

臨濟宗序贊

重修水口碑記

重修餘慶禪院記

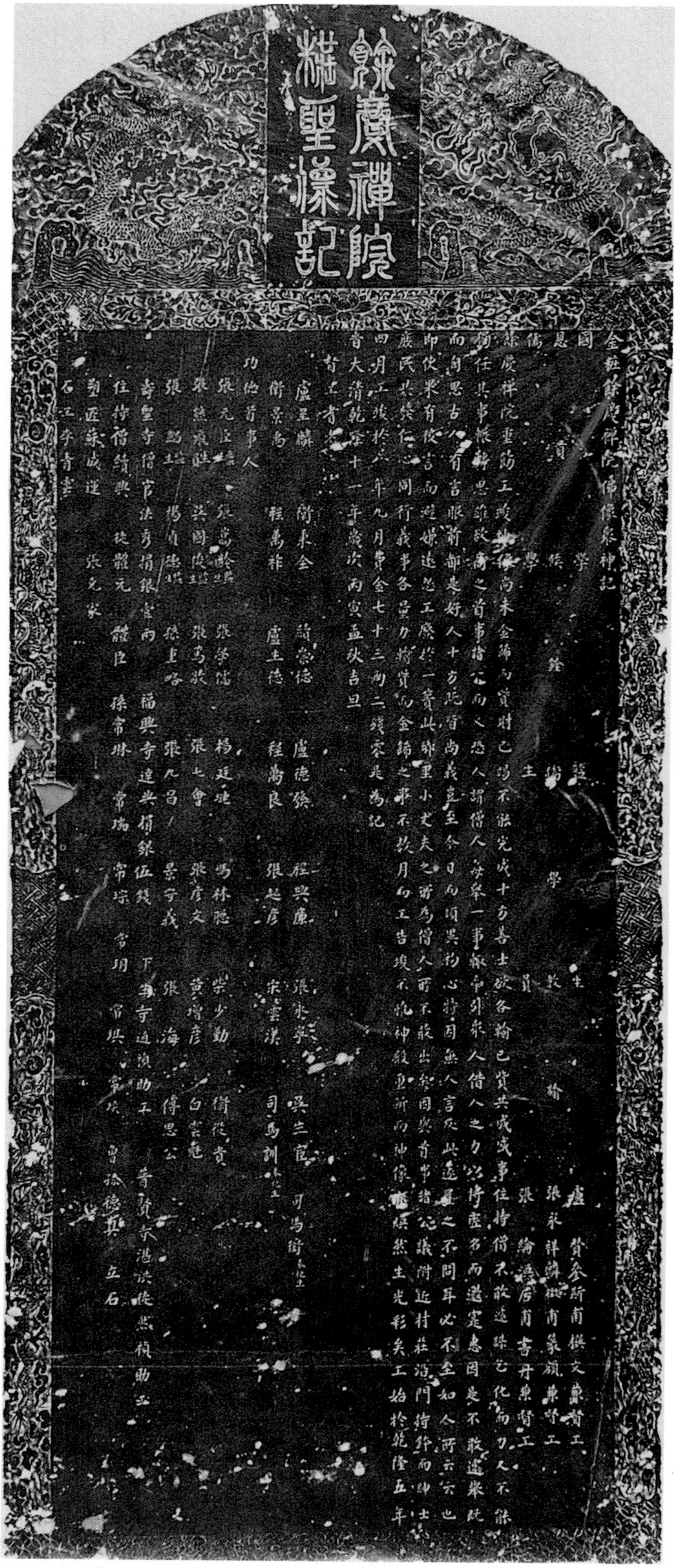

餘慶禪院粧聖像記

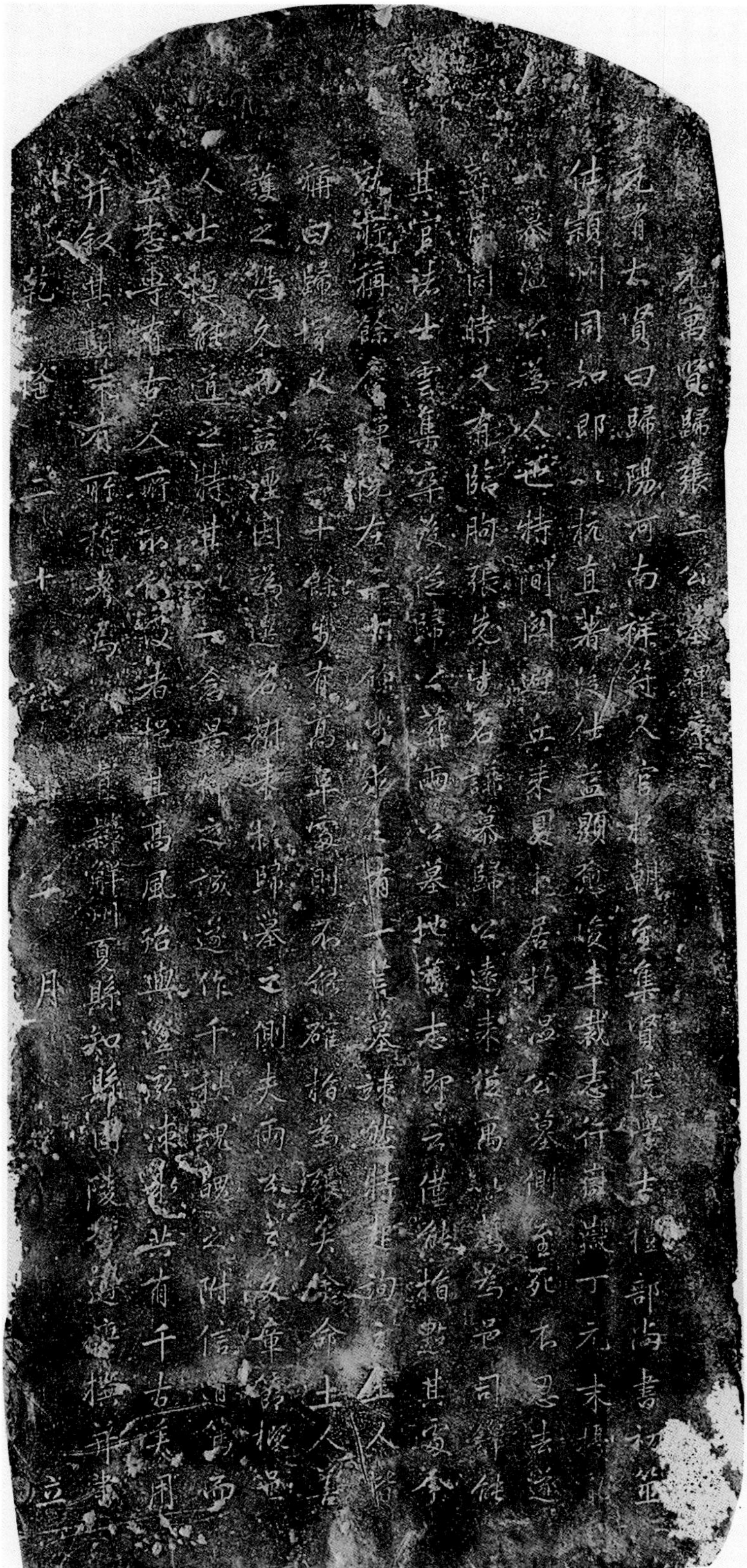

歸暘并張謙墓碑序

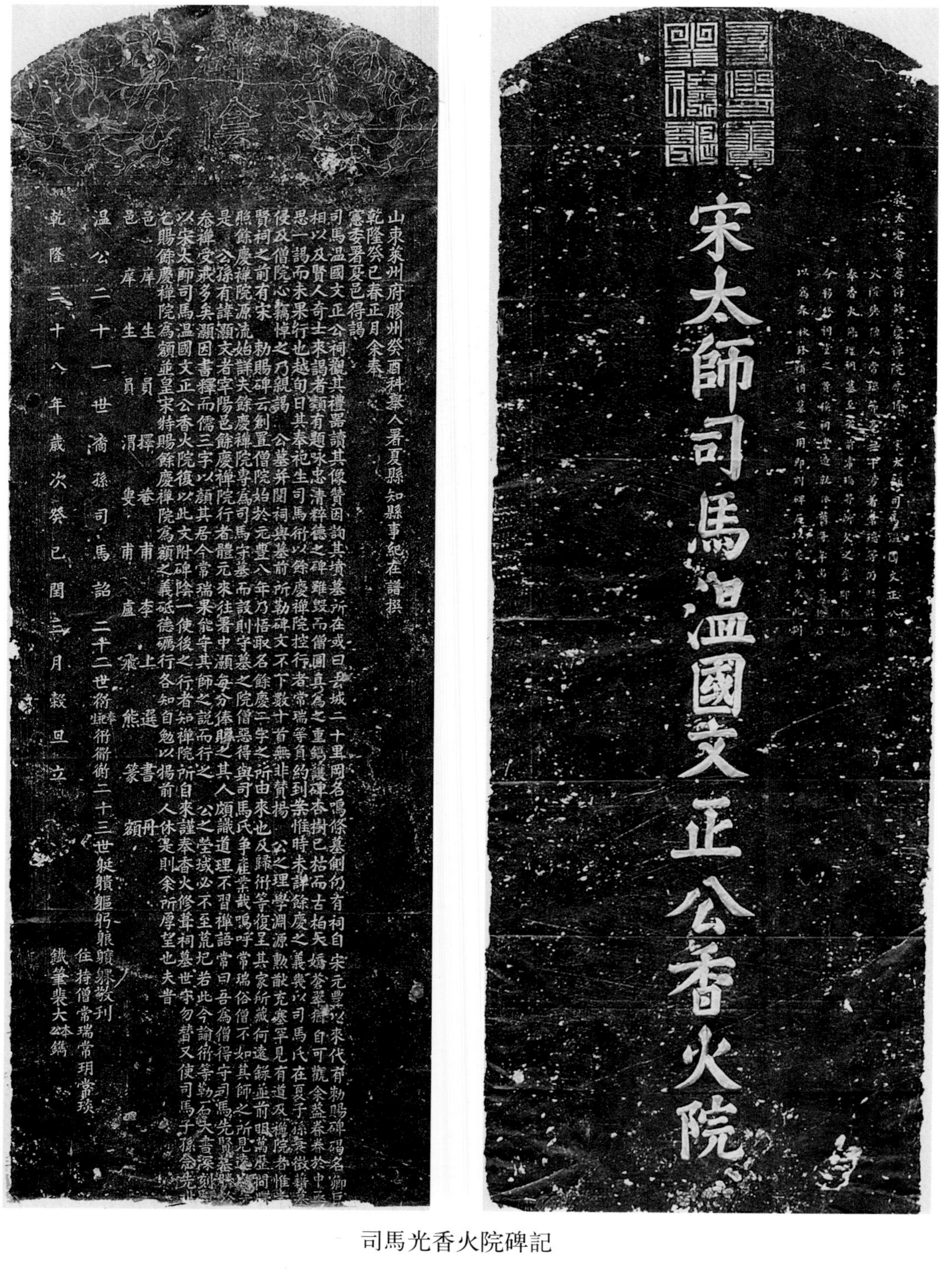

司馬光香火院碑記

移建司馬光祠堂碑記

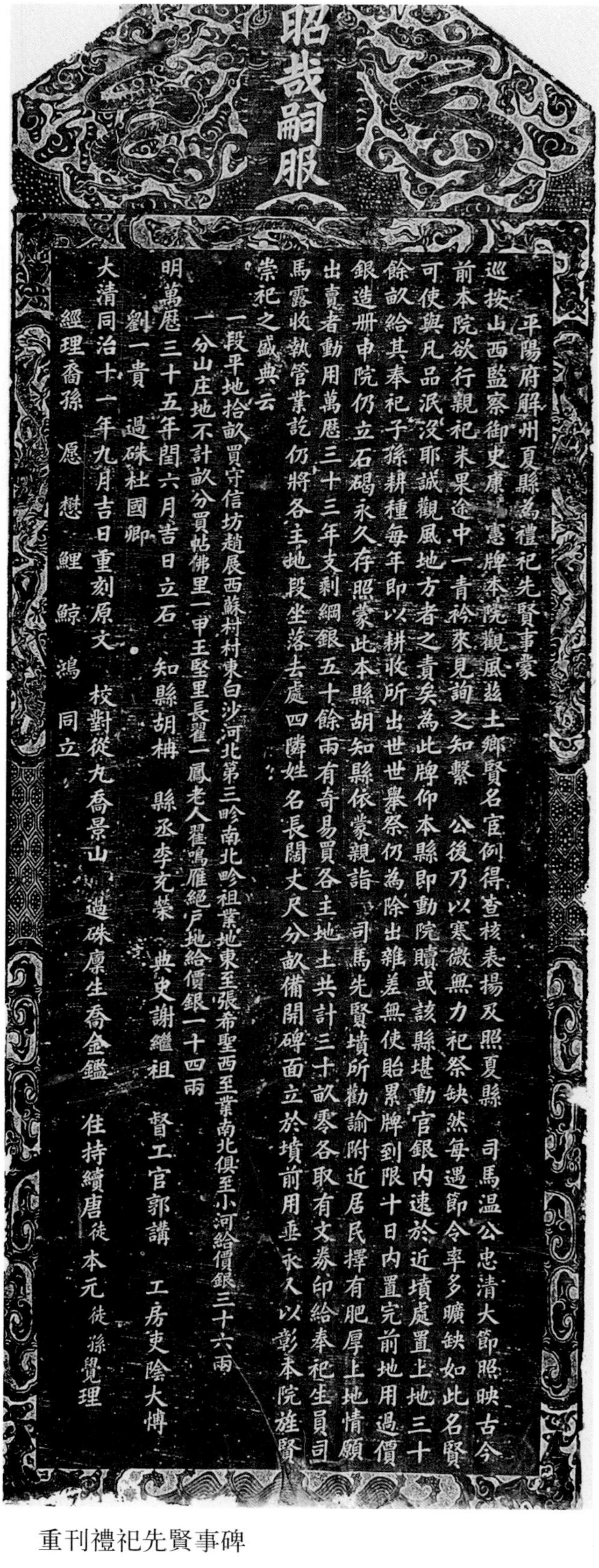

昭哉嗣服

平陽府解州夏縣為禮祀先賢事蒙
巡按山西監察御史康　憲牌本院觀風茲土鄉賢名宦例得查核表揚及照夏縣　司馬温公忠清大節照映古今
前本院欲行親祀未果途中一青衿來見詢之知繫　公後乃以寒微無力祀祭缺然每遇節令率多曠缺如此名賢
可使與凡品泯没耶誠觀風地方者之責矣為此牌仰本縣即動院贖或該縣堪動官銀内速於近墳處置上地三十
餘畝給其奉祀子孫耕種每年即以耕收所出世世舉祭仍為除出雜差無使貽累牌到限十日内置完前地用過價
銀造册申院仍立石碣永久存照蒙此本縣胡知縣依蒙親詣　司馬先賢墳所勸諭附近居民擇有肥厚上地情願
出賣者動用萬曆三十三年支剩綱銀五十餘兩有奇易買各主地土共計三十畝零各取有文券印給奉祀生員司
馬露收執管業訖仍將各主地段坐落去處四隣姓名長闊丈尺分畝備開碑面立於墳前用垂永久以彰本院旌賢
崇祀之盛典云
一段平地拾畝買守信坊趙展西蘇村村東白沙河北第三畛南北畛祖業地東至張希聖西至業南北俱至小河給價銀三十六兩
一分山庄地不計畝分買帖佛里一甲王堅里長翟一鳳老人翟鳴雁絕戶地給價銀一十四兩
明萬曆三十五年閏六月吉日立石　知縣胡楠　縣丞李允榮　典史謝繼祖　督工官郭講　工房吏陰大慱
劉一貴　過硃杜國卿
大清同治十一年九月吉日重刻原文　校對從九裔景山　過硃廪生裔金鑑　住持續唐徒本元徒孫覺理
經理裔孫　愿　懋　鯉　鯨　鴻　同立

重刊禮祀先賢事碑

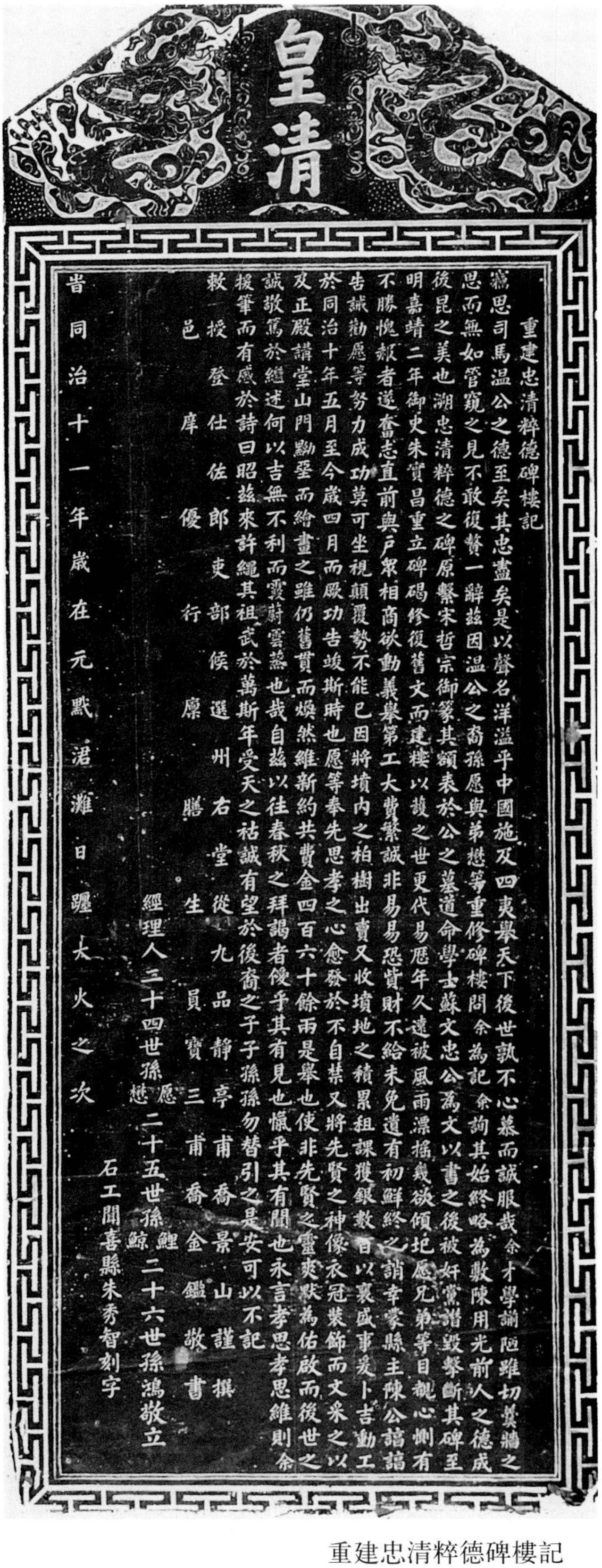
皇清
重建忠清粹德碑樓記
竊思司馬温公之德至矣其忠盡矣是以聲名洋溢乎中國施及四夷舉天下後世孰不心慕而誠服哉余才學謭陋雖切羹牆之
思而無如管窺之見不敢復贅一辭茲因温公之裔孫愿與弟樾等重修碑樓問余為記余詢其始終略為敷陳用光前人之德成
後昆之美也湖忠清粹德之碑原繫宋哲宗御篆其額表於公之墓道命學士蘇文忠公為文以書之後被奸黨詆毀擊斷其碑至
明嘉靖二年御史朱實昌重立碑碣修復舊文而建樓以護之世更代易歷年久遠被風雨漂搖幾欲傾圮愿兄弟等目覩心惻有
不勝愧赧者遂奮志直前與戶衆相商欲動義舉第工大費繁誠非易易恐貲財不給未免遺有初鮮終之誚幸蒙縣主陳公諱諱
告誡勸愿等努力成功莫可坐視顛覆勢不能已因將墳內之柏樹出賣又收墳地之積累租課獲銀數百以襄盛事爰卜吉動工
於同治十年五月至今歲四月而厥功告竣斯時也愿等奉先思孝之心愈發於不自禁又將先賢之神像衣冠裝飾而文采之以
及正殿講堂山門黝堊而繪畫之雖仍舊貫而煥然維新約共費金四百六十餘兩是舉也使非先賢之靈爽默為佑啟而後世之
誠敬篤於繼述何以吉無不利而霞蔚雲蒸也哉自茲以往春秋之拜謁者僾乎其有見也愾乎其有聞也永言孝思孝思維則余
援筆而有感於詩曰昭茲來許繩其祖武於萬斯年受天之祜誠有望於後裔之子子孫孫勿替引之是安可以不記
敕授登仕佐郎吏部候選州右堂從九品靜亭甫喬景山謹撰
邑庠優行廩膳生員寳三甫喬金鑑敬書
經理人三十四世孫愿 樾 二十五世孫鯉 鯨 二十六世孫鴻敬立
石工聞喜縣朱秀智刻字
峕同治十一年歲在元黓涒灘日躔大火之次

重建忠清粹德碑樓記

民國三年　重修餘慶寺碑記

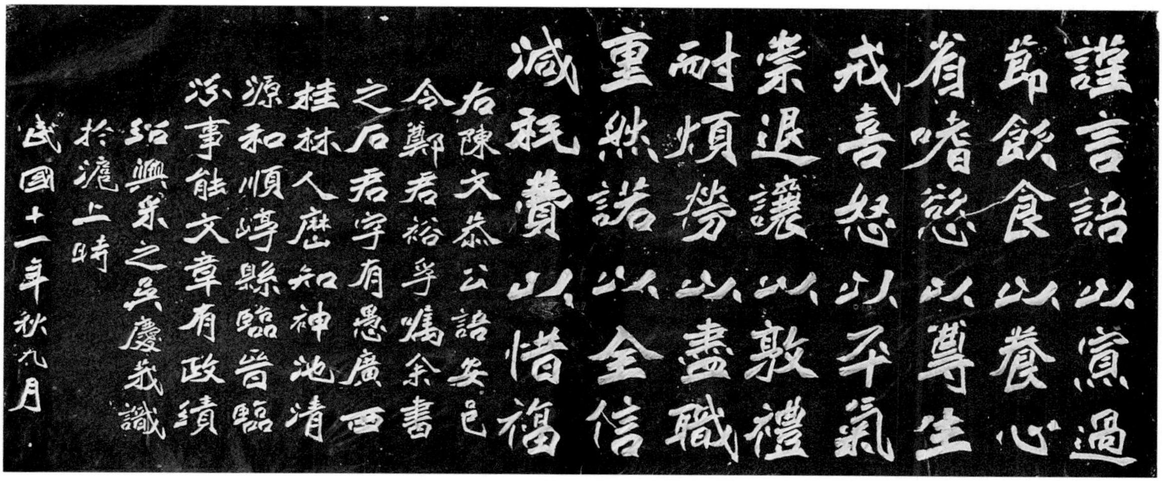

陳文慕箴言

謁司馬光塋祠詩

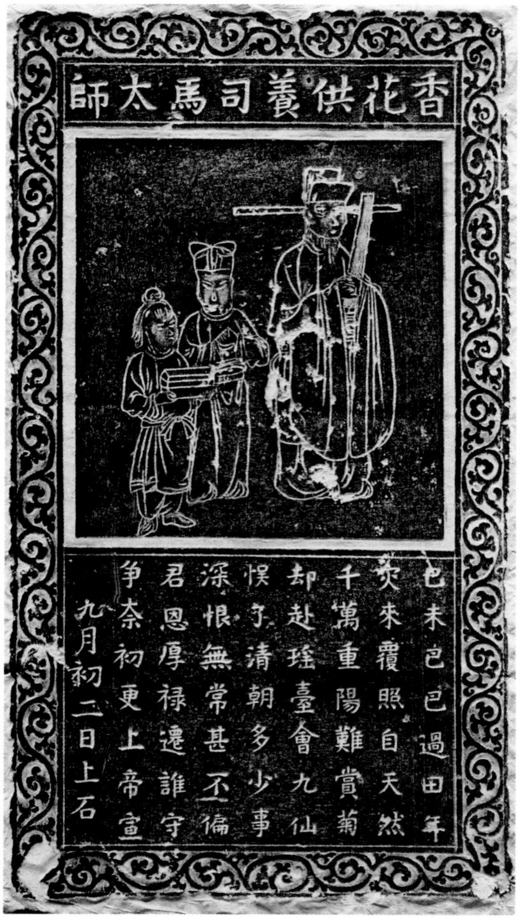

師太馬司養供花香
巳未巳巳過田年
癸來覆照自天然
千萬重陽難賞菊
却赴瑤臺會九仙
悮了清朝多少事
深恨無常甚不徧
君恩厚禄還誰守
争奈初更上帝宣
九月初二日上石

香花供養司馬光

司馬光墓界石

故司馬太師
墳東北角堠

序

徐自强

司馬光在我國是家喻户曉的人物。少年時破缸救人，被稱道爲機智勇敢的少年。入仕，官運亨通，位至宰相，成爲當代的政治家。巨著《資治通鑒》編成，受到皇帝的賞識和學人的贊譽，成爲我國歷史上著名的史學家。

這樣的古代賢人，無疑會成爲後代學者的研討對象。收集其生平、家世、事蹟的有關資料，整理梓行，就成爲學人或有關文化事業單位的任務之一。《資治通鑒》手稿殘頁被發現並入藏北京圖書館後，就成爲國家圖書館的鎮庫之寶。但稍覺遺憾的是在已經整理的司馬光的材料中，有關碑誌方面的實物文字資料，比較闕如。

現在，山西省運城市博物館楊明珠館長，在承擔日常行政管理工作的同時，還殫精業務，鑽研碑誌，成爲中年石刻保護與研究者。他能抓住機遇，發揮地方優勢，在該地區石刻研究會老專家吳鈞先生等的鼓勵下，編出《司馬光塋祠碑誌》一種，將夏縣“司馬光塋祠”及“温公祠”中的現存碑刻36種，散佚碑誌15種，匯輯成書，公開梓行。這不僅填補了司馬光資料收集整理中的缺項，提供了一批極有價值的實物與文字資料；其對研究司馬光有關問題無疑將發揮重要作用。

作者楊明珠先生，在該著作中，不僅輯録資料，而且還詳加注釋、考訂，寫出長篇評述和附録有關資料，力求給讀者以更多的信息。在“評述”中，不僅實事求是地分析材料，評其價值，述其作用，而且不囿于前賢之見，勇于提出自己的見解，供研究者參考或採用。這種治學的精神是值得稱讚的。

運城市古爲河東，是我國文物大省（山西）的重要組成部分，是地上地下文物十分豐富的寶庫，並獨有特色，僅以石刻資料而言，時代之綿遠，内容之豐富，就令人嘆爲觀止。自20世紀80年代末，該市就成立了石刻研究會，進行全部石刻的調查、拓印、整理研究工作，在國家及省、市刊物上發表石刻論文50餘篇，編輯出版了《三晉石刻總目·運城地區卷》、《河東出土墓誌録》、《河東百通名碑賞析》等石刻專著數部，不久還將有新的石刻著述問世。今年，又啓動了運城“萬通石刻藏拓工程”，向更新更高的水平發展。在對運城市石刻研究工作的成就贊嘆和敬仰之餘，楊明珠先生送來他編著的《司馬光塋祠碑誌》書稿，並請我作序，我作爲一個多年從事石刻研究者，在他們的精神感召下，不揣淺陋，敷呈數言，是爲序。

二〇〇三年秋於京華金竹園

序

尚恒元

友人楊明珠君潛心史籍，酷愛石刻文獻，其《司馬光塋祠碑誌》一書的編著，歷時十年之久。其間訪查實物，不避遠近；口詢筆録，不憚細瑣，辛勤勞苦，自不待言，非如此，則學人不能盡知在司馬光辭世918年之後，尚留有如此豐厚的石刻史料，可供今人瀏覽與研究，明珠君之功勞，不會泯没。

司馬光是我國宋代著名的政治家、史學家，其道德品格，以誠儉稱著。《宋史》本傳中説他“自少至老，語未嘗妄”。他自己也説：“吾無過人者，但平生所爲未嘗有不可對人言者。”他爲人光明磊落，無私無袒，不屑名利。宋神宗趙頊嘗言：“司馬光者，不論别事，只辭樞密副使一節，朕自即位以來，唯見此一人。他人則雖迫之使去，亦不肯矣。”（見宋·邵伯漁《邵氏聞見録》卷十一）他雖出名門顯宦之家，但經常接近群衆，了解下情，深知民間疾苦，心中裝着人民，所以得到百姓的普遍愛戴。

宋哲宗趙煦元祐元年九月丙辰（初一日，公元1086年10月11日）司馬光病逝，享年68歲，贈太師、温國公、謚文正。“京師民刻畫其像，家置一本，四方爭購之，畫工有致富者。”（宋·王辟之《澠水燕談録》卷二）宋人張淏在其所著的《雲谷雜記》中也記録了當時的情況：“及薨，京師之民，罷市往吊，鬻衣以致奠，巷哭以送葬者，蓋以千萬數。”哲宗命户部侍郎趙瞻、内侍省押班馮宗道護其喪，歸夏縣故里安葬。“哭者如哭其私親。嶺南封州義老，亦相率致祭。都中及四方皆畫像以祀，飲食必祝。”（《宋史》本傳）其受民之愛戴如此。

司馬光不僅人品過人，而由他組織、整理、編撰的史學名著《資治通鑒》（以下簡稱《通鑒》)，至今仍爲世人稱頌。以前人們談起司馬光在史學上的貢獻，大都局限在此書之“資治”，很少有人注意到它的另一個側面。作爲參與《通鑒》著作者之一的劉恕，在其所著的《通鑒外紀·自序》中説，司馬光著書的另一個動機，是見於史籍浩繁，“諸生歷年莫能竟其篇第，畢世不暇舉其大略，厭繁趨易，行將泯滅”，所以才將記有自周威列王二十三年（前403年）至後周世宗顯德六年（959年）浩如烟海的史籍、錯綜複雜的史實，寫成年經事緯的巨著。劉恕由公元1066年經宋英宗批准協助司馬光修史，到他1078年病逝，在司馬光身邊長達十二年之久，因此他的這番話應是可信的。

《通鑒》問世後，對學術界影響至大，後起之作蠭起，歷數百年而不衰，成爲一門專學——《通鑒學》。學者們大體上從注釋、續補、删節、改編、勘誤五個方面進行了研究，出現了許許多多有價值的史著。諸如：

《通鑒音義》宋·劉安世著。作者曾參加過元祐初年《通鑒》最後的校訂。

《通鑒釋文》南宋·史炤以十年功力著成。

《通鑒問答》、《通鑒地理通釋》作者爲宋元之際的著名學者。

以上是關于注釋方面的代表作，而元代學者胡三省前後歷時29年，三易其稿，最後完成的《資治通鑒音注》、《通鑒釋文辨誤》更是弘通博洽，學者奉爲實書。

在續補方面，司馬光本人曾打算完成五代之後的部分，並作了必要的準備，還擬定了書名，叫做《通鑒後記》，可惜因爲種種原因，未能寫出。到了南宋，李燾（1115—1184年）寫成《續資治通鑒長編》，始于北宋開國，止于宋室南遷，凡168年，以一年作一卷，共168卷，成爲此類作品的代表作。

此外尚有許多改編類、删節類、勘誤類的著述，例如宋代袁樞的《通鑒紀事本末》，楊仲良的《皇宋通鑒長編紀事本末》、朱熹的《資治通鑒綱目》、吕祖謙的《通鑒詳節》，以及劉恕之子劉羲仲的《通鑒問疑》等等，都是很有份量的作品。

總之，《資治通鑒》在客觀上爲我們留下了一份珍貴的文化遺產與精神財富，它規模宏鉅，史料翔實，有助于我們了解這一歷史時期中國社會的各個方面。它所涉及有關天文地理、水旱灾害、河道變遷等自然現象的記録，只要我們做一番核實、整理的工作，找出其中的規律，肯定會有益于今天的建設。

就是這樣一位深爲時人愛戴的政治家、學術影響深遠的史學家，却屢屢受到極不公正的迫害與否定。

宋哲宗即位，張商英、周秩、黄履等人交章上疏，力倡紹述之説，排擊元祐舊臣。紹聖元年七月丁巳（十九日，公元1094年8月12日），哲宋下詔追奪司馬光贈官及謚，拆去官修碑樓，磨毁奉敕所撰碑文。在此之前蔡卞甚至請發司馬光之墓，開棺暴尸，只因懼于公論，影響惡劣，未被允准（詳見清·黄以周《續資治通鑒長編拾補》卷十，畢沅《續資治通鑒》卷八十三）。

蘇軾所撰之碑既毁，嗣後才出現“杏花碑”，及現在矗立於塋前、復元祐舊時規模之時碑。這些碑石之仆立，俱見本書。

“文化大革命”時期，四人幫製造“尊法批儒”之鬧劇，把王安石變法失敗的原因歸咎于“保守派”領袖司馬光的反對。平心而論，雙方爭論的實質純屬治國方略上的分歧，簡言之，一個主張“開源”，一個主張“節流”，都是爲了維護趙宋王朝的統治，從本質上來看，並没有根本的矛盾。只要熟悉當時歷史情況的人都會明白，變法失敗主要由于“變法派”的内部。試看王安石啓用的“新人”中，如吕惠卿、章惇之流，哪一個不是翻手爲雲、覆手爲雨、詭變多端、相互傾軋的小人？他們甚至陷害到王安石本人。

史載安石罷居金陵時，“往往寫‘福建子’三字，蓋深悔爲吕惠卿所誤也”（《宋史》卷四七一）。新法實行後，司馬光退處洛陽，十五年絶口不言政事，專心編修《通鑒》。他在《進書表》中説，爲了寫書，自己“研精極慮，窮竭所有，日力不足，繼之以夜”以致“骸骨癯瘁，目視昏近，齒牙無幾，神識衰耗，目前所爲，旋踵遺忘”，試想這樣一位潛心著述的羸頓老人，怎麽能成爲新法實施的巨大阻力！

司馬光與王安石、吕公著、韓維四人，仁宗朝同在從班，特相友善，被人稱爲“嘉祐四友”（見宋·徐度《掃却編》卷中）。光之從父司馬沂死後，安石親撰墓表，以示追念，此石仍在今之塋地；司馬光的摯友邵雍的兒子邵伯温在他所著的《邵氏聞見録》記述道：“荆公以行新法作相，温公以不行新法辭樞密副使，反復相辯論，三書而後絶。荆公知温公長者，不修怨也。至荆公薨，温公在病告中聞之，簡吕申公曰：‘介甫無他，但執拗耳。’贈卹之典宜厚。”可見二人之關係絶不像有些人説的那樣水火不容，互爲寇仇。

《司馬光塋祠碑誌》一書主論公正，叙述詳實，考證精細，在整理碑石文獻上有獨到之處。它不僅可以補史志之闕遺，勘文獻之謬誤，還可以從中了解各個歷史時期典章制度、區别沿革等諸多方面，從這個意義上講，其價值遠在探究一事一物之上。至於對石刻藝術之研究，更是提供了許多難得的材料，凡此種種，作者在此書的餘論：《司馬光塋祠碑誌的價值及意義》一文中有全面的闡發，是需要讀者認真閱讀的。

2003年10月於運城學院北苑本寓

自 序

司馬光（1019—1086年），字君實，號迂叟，北宋陝州夏縣（今山西夏縣）涑水鄉人，因稱“涑水先生”。卒謚“文正”，追封“温國公”。故後世學者多稱之“司馬文正公”或“司馬温國公”，文獻也常常合稱爲“司馬温國文正公”。

自宋仁宗寶元元年（1038年）進士及第，步入仕途，至宋哲宗元祐元年（1086年）卒於世，司馬光先後歷仕四朝，由最初的地方官員累遷至“一人之下、萬人之上”的國之宰輔，出没、沉浮於波濤洶湧、暗礁四伏的宦海近五十個春秋。期間，他曾絶意官場，沉寂於洛陽十五年之久，殫精竭慮、嘔心瀝血，主持編修了總計16個朝代、1362年歷史，長達294卷、洋洋300萬言的《資治通鑒》這部卷帙浩繁的編年體史學巨著。加之此前居朝開修的四年，凡十九年，幾乎用了他整個人生的三分之一時間！此外，司馬光的建言立論尚有很多，見於《宋史·藝文志》書録者即有數十種。主要有《資治通鑒目録》30卷，《資治通鑒考異》30卷，《司馬温公傳家集》80卷，《稽古録》20卷，以及《涑水紀聞》等。

對於司馬光的史學成就，及其對中國史學作出的傑出貢獻，世人均持以肯定的觀點，不乏盛贊。近代著名學者梁啓超先生即這樣認爲，《資治通鑒》堪與《史記》並肩媲美，且把司馬光與司馬遷並稱爲我國史學界前後“兩司馬”，二者珠璧交映，光輝奪人。

對於司馬光的政治作爲，由于不同的時代，不同的政治觀點與目的，其評價則紛爭不一，乃至貶大於譽。北宋紹聖初年（1094年），也就是當司馬光去逝不到十年，御史周秩即首先向尸骨未寒的司馬光發難，挑起了朝廷之内對司馬光褒貶毁譽的大戰，其名義是司馬光在世時“誣謗先帝（即宋神宗），盡廢其法”。章惇、蔡卞之輩亦借“紹述”之名，而行營私之計，預謀發其冢、斫其棺。幸賴門下侍郎許將建言，方獲保全。但宋哲宗却下令奪其“贈謚”，僕毁了由他親自篆額、蘇軾奉敕撰文並書丹的“忠清粹德之碑”。同時，詔示天下，“大臣朋黨，司馬光以下各輕重議罰”。紹聖四年（1097年），又“追貶”司馬光爲“清遠軍節度使”。宋徽宗（1101—1125年在位）即位後，曾一度爲司馬光恢復名譽，追贈其爲“太子太保”。但医崇寧間（1102—1106年）史稱“六賊之首”的權臣蔡京百般進讒，司馬光因之再度受辱，被視爲“姦黨之魁”，先後兩次與蘇軾等被列入“元祐黨人”，鐫名於石，頒立天下，以儆效尤（入籍者第一次爲 120 人，第二次爲 309 人）。直到大觀二年（1108 年），始將元祐黨人出籍，生者復原職，死者復其生前官職。

時至司馬光逝世八百多年後，即衆所周知的那個動亂時期，由於極左思潮的泛濫，導致在許多歷史問題上，形成不符合客觀事實的偏激結論，司馬光自然成爲一個罪大惡極的歷史罪人，這顯然是極不公平、極不公正的。毋庸諱言，在當時的歷史、社會環境中，司馬光的身上必然不免打有封建士大夫的思想烙印，因此其行爲也並非事事正確、處處新進，但如他的“任官以才，立政以禮，懷民以仁，交鄰以信”等許多政治主張與實踐，以及立朝正直，心底坦蕩，行事磊落，務實求效，勤政爲民的品行及精神，還是大可稱道的。尤其是在北宋仕風敗壞不堪的官場上，他始終正己立身，清儉自守，卓爾不群，正確對待榮辱富貴的堅貞操守與美德，更是難能可貴，爲一般士大夫不可企及。

如其不然，爲什麽司馬光在當時能够受到朝野上下乃至西夏、契丹等少數民族政權各階層人士的崇敬仰慕？甚至在他死後，竟有那麽多的人，包括一些貧苦大衆爲之沉痛舉哀，畫像以祀？爲什麽王安石倡行變法之初，司馬光提出的一些政見，如指責青苗貸款取利太重，新法苛擾農民，變法派堵塞言路、排斥異己等等，在後來變法實踐中，都一一得到了驗證？爲什麽司馬光主張節用去冗，反對刻剥貧民，主張選賢任能，反對悻進，主張大開言路，反對上下壅蔽，純粹是代表了大官僚大地主階級的利益，而王安石變法，以求富國强兵，鞏固和加强封建專政，却是代表了中小地主階級的利益？爲什麽既認定司馬光是一個在政治上守舊、思想上保守的唯心主義者，而在談及司馬光主編的《資治通鑒》時，却又把其奉爲最有創見和最有求實精神的史學家？難道司馬光的史學觀點與其政治思想、哲學觀點毫無關聯嗎？（見季平先生《司馬光新論》，1987 年 5 月西南師範大學出版社出版）

著名史學家吴晗先生曾在 1961 年 1 月《新建設》雜誌上發表文章説，評價歷史人物，“應當從當時當地人民利益出發，看他的所作所爲是好是壞，對生産是起進步作用還是破壞作用，對文化藝術是起提高作用還是摧毁作用”。也就是説，評價歷史人物，應據史實、重效果，從當時的時代性質、本人的實際作爲及最後的結果全面去考慮，方可得出恰如其分的結論，不能用今人的思想與眼光去苛求古人。剔除其封建糟粕，吸取其精華部分，對於我們的社會發展才會有所借鑒，歷史才會不斷前進。

作爲北宋一代名臣和我國歷史上一位史學大家，國内學術機構乃至國外某些圖書檔案館都保存有不少有關他的研究史料和珍貴文獻。但十分遺憾的是，在他的故里塋祠（即今山西夏縣）間，原有和至今仍存的大量極富價值的碑誌石刻，却由於很少有人涉足或專輯整理出版，爲世人尤其是研究者所忽略焉。

碑誌爲石史，是正史的外史。司馬光塋祠碑誌，無疑是研究司馬光及其司馬家族一份珍貴而獨特的歷史文獻。匯輯、整理這些碑刻文獻，是我多年之願。早在十年前，即已抄録大部，後因種種原因，此稿久置篋中。作爲司馬光這位先哲的同鄉，又於河東博物館工作長達二十年，天時地利，義務責任，使我深感使命在肩！於是，下决心重檢舊稿，盡己所能，廣泛搜羅，窮竭所有，反復核對，詳加校釋，將所見者録之，所知者存之，有誤者勘之，有疑者釋之，從而爲同好者賞之，爲研究者用之。

本書所收録的，即爲司馬光塋祠（包括夏縣城内原“温公祠”）目前所見和所知的所有現存與散佚碑誌，凡五十餘石。其中現存者均在今塋祠，散佚者兩祠各有。時代自北宋以迄民國，内容涉及政治、典章、人事、建築、地畝、祭祀等等。

研讀這批碑誌資料，竊以爲，其至少具有以下幾個方面的意義與價值：一可補史書之闕；二可勘文獻之誤；三可正世人之聽；四可勒司馬之譜；五可豐塋祠之史。同時，其中還透露了許多極爲重要的歷史文化信息，有助於我們了解司馬光塋祠的歷史概況，如發展沿革、布局規模、景物典故、管理制度等（詳見書後專論）。這對於我們今天研究司馬光其人及其家族，恢復塋祠原貌，挖掘、開發這一具有重大名人效應之地所潛藏的巨大歷史文化内能，都具有着十分積極的意義和作用。

另外，從碑誌的現存狀況和散佚情況看，自然與人爲的損毁，無時無刻不在警示着我們，一定要愛護祖先遺留給後世子孫的這份寶貴歷史文化遺産。

此書的完成，終於了却了我的一樁宿願。但整理碑誌，抄録、斷句、標點、校勘、注釋，工作細緻紛繁，而自己又學力不濟，見聞不周，故而其中不免有欠妥乃至錯誤的地方，敬祈專家、同道及讀者鑒諒並不吝教正是感。

楊明珠

2003 年 5 月識於河東博物館

凡　例

一、本書收録的範圍，爲目前所見所知夏縣司馬光塋祠及夏縣城内原“温公祠”或存或佚的與司馬光有關的碑誌。其中散佚碑誌爲文獻中存有原文或節録者。時代上起北宋，下迄民國。

二、本書的内容編排，依碑誌的存、佚情況，分類輯録，以時代先後編次（重刊者以後刻年代爲界）。

三、本書的編寫體例，大致爲簡介、碑（誌）文、校勘、注釋、附録。其中簡介部分包括碑誌的名稱、時代、撰文、書丹、篆（題）額、鐫刻、立石者，以及碑誌的形制、尺寸、行字、書體、字徑等。所録碑（誌）文，現存者依原石，散佚者依文獻著録。原石漶漫不清或殘損所缺之文字，以及不同文獻版本的著録有脱誤者，則加以校勘標識，注明正誤，力求資料的準確性。對于碑文中難解的字詞和重要人名、地名等，略作注釋，生僻字標有現代漢語拼音。歷代金石著録和史乘中凡涉及某一碑誌的考訂、評價及相關重要人物的文字資料，則附録於該碑誌之後。附録不作注釋，唯隨文勘誤，與需要説明者，均見［編著者按］。

四、碑誌的名稱，目録及簡介中用簡稱，歷求簡明；録文用全稱。

五、碑誌没有首題及額題者，依内容擬名，並在校勘記中注明。

六、碑作兩面刻者，均在碑陰的碑文簡介中説明“刻於某碑之陰”。

七、碑誌中文字剥泐不清，但仍可辨識出其字數者，以“□”標出；剥泐乃至殘損過甚無法計數者，則依上下文，標明［以上剥泐］、［以下剥泐］，或［以上殘缺］、［以下殘缺］。

八、碑誌或文獻按語中有夾注者，照録時用小於正文的字體標識。

九、“校勘記”用［一］、［二］……爲次序號；“注釋”用1、2、3……爲次序號。

一〇、本書採用繁體字，保留異體專用字，以存原貌。

一一、爲了使讀者直觀地了解司馬光及塋祠面貌，書前選插部分彩色和黑白圖照；所有現存碑誌均配拓照，力求圖文並茂，增强資料性和鑒賞性。

一二、於現存和散佚碑誌外，另附有部分相關重要文獻史料，以豐富該書内容，供讀者參考。

一三、本書所引用的著録書目，一律簡稱。對照可參閱書後所附“引用金石著録書目”。

目　録

現存碑刻

散佚碑誌

附録

□現存碑刻

司馬炫墓碑

【簡介】

宋景祐三年（1036年）六月。張唐卿撰文，南□□篆額，司馬池立。

碑爲圓首長方座，身首一體。通高220、寬81、厚23—27厘米。座長99、寬86、高35厘米。

碑額篆題“大宋故司馬府君墓碑”九字，兩邊飾有花紋。無首題。文23行，行最多64字，字徑2厘米。行書。書體頗有王羲之《聖教序》筆意，活潑瀟灑，精勁有力。

碑主司馬炫，爲司馬光之祖父。《宋史》無傳。《縣志·人物志》云：“司馬炫，舉進士，試秘書省校書郎，終耀州富平縣令。以子池贈太常少卿、孫光贈太子太傅；父政贈太子太保。龐莊敏公（籍）稱其志行士節，見于張唐卿所著墓表。今其石剥落不可讀。蘇文忠公（軾）撰其制詞有曰：‘篤學力行，追配前人；仕道難進，止于一命’，其賢可知矣。”

此碑石質特殊，細點密布，故俗稱“魚子碑”。因年久和風化，剥泐嚴重。未見著録。

碑今立於塋地。

【碑文】

［以上剥泐］郎守將作監丞、通判陝州［以下剥泐］前進士南□□篆額。

［以上剥泐］郡□尚書兵部外郎、直太史司馬君丞，惟先正□□富平府君遺實□與追命未識于原阡□日月□□後裔，不知其代德，遂狀其世系、官職，□□□□俾人樂石，揭於先封。公□□諱□昭，其先晉安平獻王裔也。族貫□徙□居河東邑。部［以下殘缺］祖林，父政，皆隱照恬退不仕，襄世繼以儒□□鄉人擊蒙□□是亦爲□府君□純厚□□□□而和用識□□不［以下殘缺］官氏者，再敗垂成于□石陛者，一推命達運□□□易□以得喪虧戒猾于中君子□其□□熙□太宗皇帝□偃［以下殘缺］府君勉預其選，初筵外補，連掌□□□□□□樂延□邑鎮摧筦□利。四年代歸，得同進士出身，□尉耀州［以下殘缺］至迹其主名區處，自將吏格殺□□□□□黨盡，索其□臧械，送

□□悉以正法。案□邑人以□無復［以下殘缺］母一同教化在□不務苛察以趨□□□□□□□者，援立□下□□□直遇者，□□□□搶地摧謝［以下殘缺］最蜀關□開皇赫討罪□□西郡，以賙□□□□。府君董其資費，先期會□辦□足氣［以下殘缺］。備邊調□食于□□十□□□□擇□□□□□，府君在選中，分部坊、乾、耀三郡，輜重以實長所［以下殘缺］三州資糧有□□輸□□□□□。翌日，□□□饋□□虜所掠，聞者稱焉。三年，□□臺藉。其敏幹［以下殘缺］轉餉回遠□困民□□□□□□□未可圖而□且兆矣。未幾，丁夫將士以失地□□□饑疫而死者屬□□其［以下殘缺］以歸。其年五月二十四日，□□足□廨寢，春秋四十八。夫人皇甫氏，冲静淵懿，□□君子，天不延其福。［以下殘缺］西門□早謝；次適□晉州臨汾宰陳從事譚。初，府君之學□卓卓有餘，□□幹□坎壈才□□□官□過百里［以下殘缺］有風□使□□□□□得充量束帶立朝，當爲時名臣。居官時，屬西□□□飛挽急□□□□暖亟復□□□精畢［以下殘缺］而哀其不淑□有□者，以□□門及太史君服儒克家用文取高弟，乘清□□□仕起草郎□□□□局□外計鎮要藩［以下殘缺］禮部郎中。夫人安□太君，□□□□□于冥冥，積德豐報，兹不誣矣。先是，大中祥符六年二月，太史□□益州郫邑，以歲月之與□□□□也。銜恤茹毒□□□□□□□兆袝宅于本邑司馬□祖墳之西南□□之葬也。用理命棺外無可欲今之識也。用著令碑，高不越等，□□自禁丞聳□閭之□□□□□□□嗟陵谷□變。銘曰：

□□□兮憑其墓，卓固本兮典其枝。
于高門兮德所資，臧有後兮蓋□為。
嗟富平兮才而守，□□辰兮□不耦。
□五兩兮禄五斗，光弗耀兮慶□□。
天錫祉兮□□賢，帝茂官兮寵及先。
恩自葉兮□漏泉，帳□錦兮賁幽埏。
森宰樹兮蒼烟幕，揭新碑兮識陳迹。
鄉人勸兮善是□，岸有□兮石不泐。

景祐三年六月□日，嗣子□□郎、守尚書工部郎中、兼侍御□□□事、上輕車都尉、賜紫金魚袋［以下殘缺］池立。

景祐三年□月，繼賜尚書吏部郎中，賨□十二月［以下殘缺］年九月贈右□□大夫［以下殘缺］。

［編著者按，因此碑剥泐殘缺過甚，又無録文参校，不可卒讀，故略爲標點，未作注釋。］

司馬池輓詩

【簡介】

宋嘉祐元年（1056年）十月。馬端撰文，雷憲書丹。

碑呈長方形。高62、寬95、厚13厘米。詩文20行，行10字（不計原夾注文字），字徑2.5（釋文）—5厘米（詩文）。正書。首題“司馬晉州待制哀辭”。

碑主司馬池（980或989—1041年），字和中，司馬光之父。歷仕宋真宗、仁宗兩朝。多任州縣長吏，官至天章閣（真宗時建皇家藏書閣）待制、掌管國家錢穀出納和財政收支的高級副官——三司（鹽鐵、户部、度支）副史。後徙知晉州（治所在今山西臨汾）至卒，故碑首題稱“司馬晉州待制”。以清直仁厚、不慕榮利，名重一時，朝野同稱。《宋史》有傳，亦載《縣志·人物志》。

撰文者馬端，曾爲司馬池幕僚。

書丹者雷憲，生平未詳。《金石記》：“雷憲書勁險絶倫，當時無書名，僅見此碑。”

著録見《求古録》、《金石記》、《叢編》、《金石文鈔》、《北圖藏拓》、《總目》等。

碑今存於祠堂杏花碑亭内。

【碑文】

司馬晉州待制哀辭[1]

太常博士、通判延州軍州事馬端[2]。

志古流難合，談高道自明。風波直恩分，公爲群牧倅[3]，當曹[4]之遷也。人以公始嘗堅辭其辟[5]，當自爲辨。公惻然。謝曰：“今日正宜從[一]其行也。”卒不以明識者譏之。鍼石[6]盡交情。公與人交，必盡規讓。始若不勝其言，退則敦義彌篤。讓節蒙知厚，公在鳳翔日，被召知諫院，公懇辭之，自是深簡上心[7]。華班絶倚榮。公生平特立，至爲侍從，皆出宸選[8]。賤生懷感遇，當路假晶熒[9]。端辱公，以八使尉薦，遂蒙改官。累次青油幕[10]，端在益昌及岐下，皆預賓席。中間白玉京[11]。吏文容議緩，端在幕府，每奉公議，特被優假。邦事恤言輕。戊寅年，端輒奏疏論事，公時在京師，嘗見憫孤直。自此嗟流梗[12]，何期苦見兵。是歲，別公出宰鄜城。明年，移倅邊郡。塞垣[13]心易動，漳浦[14]信彌驚。今春，得三堂信，知公屬疾。玉蕊悲無驗[15]，金臺望忽傾[16]。歲闌[17]雲慘淡，天迴[18]淚縱橫。世有真忠亮，今亡至直清。舊僚知葬日，投此吊佳城[19]。

嘉祐元年十月三十日。

著作佐郎、管勾河東路機宜文字[20]雷憲書。

【校勘記】

［一］“從”，《叢編》誤作“後”。

【注釋】

［1］司馬晉州待制：即司馬光之父司馬池。待制：官職名。宋於正式官職外，另以諸閣學士、直學士、待制加給文臣，作以銜號，爲輪番值日、以備顧問之意。

哀辭：古文體名。追悼死者的文辭。多用韻語，與誄相似。

［2］太常博士：官名，屬太常寺。元豐改制前爲寄禄官。改制後，掌講定五禮儀式。如有所改革，即據經典審議；依法應加謚號者，考其行狀，撰定謚文；祭祀時，則檢查儀物並掌贊導。

通判：俗稱“倅”。官名。爲州府副長官，有監察所在州府官員之權。凡民政、財政、户口、賦役、司法等事務文書，都須知州或知府與通判連署，方能生效。

延州：今延安。

［3］群牧倅：掌管國家馬匹的牧養、繁殖、訓練、使用和收買、交换等事務的副官。倅，音 cuì，副職。

［4］曹：即曹利用（971—1029年），宋趙州寧晉（今屬河北）人，字用之。官至樞密使，同平章事，又加左僕射侍中。恃功肆威，結怨甚多，自縊而死。

遷：古時調動官職叫“遷”。

［5］辟：徵召。

［6］鍼石：用以治病的石針。鍼，音 zhēn。

［7］上：尊長，後專指帝王。

［8］宸選：皇帝選拔。宸，音 chén。北極所在爲宸，後借用爲帝王所居。又引伸爲王位、帝王的代稱。

［9］假晶熒：借光。這裏指承蒙司馬池的推薦。假，借。晶熒，明亮。

［10］青油幕：又作“青幕”或“油幕”。即以青綢爲幕，或涂有油的帳幕，供迎賓或歇息之用。這裏指爲幕僚。

［11］白玉京：道家謂天上有黄金闕、白玉京，爲天帝所居。

［12］流梗：與“流通”、“暢通”反，謂有阻礙之意。

［13］塞垣：邊境地帶。

［14］漳浦：縣名，屬今福建省。唐垂拱年間由龍溪縣分置。以南有雲霄山，漳水所出，故名。

［15］玉蕊：花名。唐人極重此花，歌詠者甚多。驗：效果。

［16］金臺：黄金臺的省稱。望：聲望、德望。傾：倒。

［17］闌：盡，晚。

［18］迥：音 jiǒng，遠。

［19］佳城：指墓地。

［20］著作佐郎：官名。掌修纂日曆，非編修官不預。地位低於著作郎。

管勾機宜文字：官名。即主管機宜文字，因避宋高宗名諱而改稱。都督、招討使、宣撫使、經略安撫使等的屬官，掌管機要文件。

河東路：北宋至道三年（997 年）所設的十五路之一，治并州（嘉祐四年升爲太原府，今山西太原）。轄境相當今山西蘆芽山、管涔山和内長城以南，龍門山、稷王山、中條山東北；陝西吴堡、佳縣以北地區。

【附録】

一、《金石記》："宋司馬晉州待制哀辭，嘉祐元年十月。今在夏縣温公祠堂，見《金石文鈔》。謹案：石刻天章閣待制司馬池挽詩，太常博士、通判延州軍州事馬端撰，著作佐［編著者按，《金石記》缺"佐"。］郎、管勾河東路機宜文字雷憲書。詩十二韻，有注者十處。雷憲書勁險絶倫，當時無書名，僅見此碑"。

二、《叢編》："……［編著者按，因此處文字同《金石記》"謹案"，故略］。按，端詩注'公爲群牧倅'云云，《宋史·司馬池傳》：'樞密使曹利用奏爲群牧判官，辭不就，朝廷固受之。利用貶，池獨揚言於朝，稱利用枉'即其事也。其曰'公在鳳翔日，被召知諫院'云云，《本傳》'知鳳翔召知諫院，上表懇辭。仁宗謂宰相曰：人皆嗜進，而池獨嗜退，亦難能也。'其曰'公生平特立'云云，《本傳》'更鹽鐵副使，歲滿，中書進名，帝曰：是固辭諫官者？擢天章閣待制'。所謂'皆出宸選'也。其曰'端在益昌'云云，益昌，謂利州路；歧下，謂鳳翔。《本傳》'池爲利路轉運，又知鳳翔'，皆其證。《司馬温公集》有《游延安宿馬太博東館》詩。宋人例謂太常博士爲'太博'，即其人。'戊寅'者，寶元元年。玩注文，端以此年上疏，又嘗知鄜城，旋倅延安。題'司馬晉州'者，《本傳》池知晉州卒，舉所終官也。《宋史·百官志》'按撫使司'有'管勾機宜文字'一員。端，見《長編》慶曆三年七月，太常博士馬端爲監察御史。歐陽修上言，乞寢端成命。尋復以太常博士通判延州，换内藏庫副使，知丹州。注范仲淹奏議，是年四月二十八日，舉端堪充館閣職事，或知劇郡，煩重任使。時端再任通判延州。按，端既爲仲淹所薦，材必有可取。修以端爲蘇紳所舉，掊擊不遺餘力，過矣。池卒慶曆初，正端倅延時。碑見《求古録》、《通志·金石記》"。

又："司馬池挽詩，石高一尺七寸五分，廣二尺六寸。二十行，行十字。正書。今在夏縣温公祠堂。"

三、《宋史·司馬池傳》："司馬池字和中，自言晉安平獻王孚後，征東大將軍陽葬安邑瀾洄曲，後魏析安邑置夏縣，遂爲縣人。池少喪父，家貲數十萬，悉推諸父，而自力讀書。時議者以蒲坂、竇津、大陽路官運鹽回遠聞，乃開峪口道，自聞喜逾山而抵垣曲，咸以爲便。池謂人曰：'昔人何爲舍徑而就迂，殆必有未便者。'衆不以爲然。未幾，山水暴至，鹽車人牛盡没入河，衆乃服。

舉進士，當試殿庭而報母亡，友匿其書。池心動，夜不能寐，曰：'吾母素多疾，家豈無有異乎？'行至宫城門，徘徊不能入。因語其友，而友止以母疾告，遂號慟而歸。後中第，授永寧主簿。出入乘驢。與令相惡，池以公事謁令，令南向踞坐不起，池挽令西向偶坐論事，不爲少屈。歷建德、郫縣尉。蜀人妄言戍兵叛，蠻將入寇，富人爭瘞金銀逃山谷間。令閭丘夢松假他事上府，主簿稱疾不出，池攝縣事。會上元張燈，乃縱民游觀，凡三夕，民心遂安。

調鄭州防御判官、知光山縣。禁中營造，詔諸州調竹木，州符期三日畢輸。池以土不産大竹，轉市蘄、黄，非三日可致，乃更與民自爲期，約過不輸者罪之，既而輸竹先諸縣。

盛度薦於朝，改秘書省著作佐郎、監安豐酒税，徙知小溪縣。劉燁知河南府，辟知司録參軍事，歲餘，通判留守司。樞密使曹利用奏爲群牧判官，辭不就，朝廷固授之。利用嘗委括大臣所負進馬價，池曰：'令之不行，由上犯之。公所負尚多，不先輸，何以趣他人。'利用驚曰：'吏給我已輸矣。'亟命送官，數日而諸負者皆入。利用貶，其黨畏罪，從而毀短者甚衆，池獨颺言於朝，稱利用枉，朝廷卒不問。

會詔百官轉對，池言：'唐制門下省，詔書之出，有不便者得以封還。今門下雖有封駁之名，而詔書一切自中書以下，非所以防過舉也。'内侍皇甫繼明給事章獻太后閣，兼領估馬司，自言估馬有羨利，乞遷官。事下群牧司，閲無羨利。繼明方用事，自制置使以下皆欲附會爲奏，池獨不可。除開封府推官，敕至閣門，爲繼明黨所沮，罷知耀州。擢利州路轉運使、知鳳翔府。

召知諫院，上表懇辭。仁宗謂宰相曰：'人皆嗜進，而池獨嗜退，亦難能也。'；加直史館，復知鳳翔。有疑獄上讞，大理輒復下，掾屬惶遽引咎。池曰：'長吏者政事所繇，非諸君過。'乃獨承其罪，有詔勿劾。岐陽鎮巡檢夜飲富民家，所部卒執之，俾爲約，不敢復督士卒，而後釋其縛；池捕首惡誅之，巡檢亦坐廢。

累遷尚書兵部員外郎，遂兼侍御史知雜事。嘗言：'陝西用兵無宿將，劉平好自用而少智謀，必誤大事。’後平果敗。更户部度支、鹽鐵副使。歲滿，中書進名，帝曰：‘是固辭諫官者。’擢天章閣待制、知河中府，徙同州，又徙杭州。

池性質易，不飾厨傳，輣劇非所長，又不知吳俗，以是謗議聞朝廷。轉運使江鈞、張從革劾池决事不當十餘條，及稽留德音，降知虢州。初，轉運使既奏池，會吏有盜官銀器，械州獄，自陳爲鈞掌私厨，出所賣過半；又越州通判載私物盜税，乃從革之姻，遣人私請。或謂池可舉劾以報仇，池曰：‘吾不爲也。’人稱其長者。徙知晉州，卒。子旦、光，光自有傳。從子里”。

四、《縣志·人物志》“賢才”：“司馬池，字和中，光之父。少喪父，家貲數十萬，悉推諸父，而自讀書，舉進士。以文章行義事真宗、仁宗，爲轉運使御史知雜事、三司副使，歷知鳳翔、河中、同、杭、虢、晉六州。以清直仁厚，聞于天下。由鳳翔召知諫院，上表懇辭。仁宗謂宰相曰：‘人皆嗜進，池獨嗜退。’後更户部度支、鹽鐵副使。歲滿，中書進名，上曰：‘是固辭諫官者，真名節士。’乃擢天章閣待制。以光贈太史［編著者按，當爲“師”。］温國公。初試殿廷，報母亡，友匿其書。池心動，夜不能寐，曰：‘吾母素多疾，家得無異乎?’行至宫門，徘徊不入。友以母疾告，遂號慟而歸。《宋史》有傳。正德十年祀鄉賢”。

又，《縣志·輿地志》“古蹟”：“天章閣待制司馬池墓，在縣西三十里鳴條岡。龐莊敏公撰《神道碑》云：‘旦、光泣護旅櫬歸於故鄉，葬涑水南原之晁村，以從先塋’”。

司馬沂墓表

【簡介】

宋嘉祐五年（1060年）十一月。王安石撰文，雷簡夫書丹，楊南仲篆額，曹知白模刻。

碑之額、趺均佚。身高193、寬96厘米。因嵌於壁，厚度不詳。文18行，滿行38字，少者13字，字徑5厘米。正書。首題“宋故贈尚書都官郎中司馬君墓表”。碑身自左中至右下斷裂，下部部分剥泐。

碑主司馬沂，爲司馬浩之弟，司馬光從父。《宋史》無傳。據碑文“其卒也，以景德三年（1006年）十二月丙子，年三十二”記載，可推知其生於宋太祖開寶八年（975年）。生前未仕，因其兒子司馬里而贈尚書部官郎中，追贈光禄卿。《縣志·人物志》：“司馬沂，浩弟，幼孝謹。父兄悉以家事付之。其家自唐以來，累世同居，食指既繁，貧無以贍。沂勤儉自勵，雖田不加廣，而家無失所。喜周濟，自以惡衣食終。王荆公撰墓表，稱其‘謹身節用，以養父母，而道行於妻子。’以子里贈尚書都官郎中，追贈光禄卿。嘉靖十七年祀鄉賢。”

撰文者王安石（1021—1086年），北宋政治家、文學家、思想家。字介甫，號半山，撫州臨川（今屬江西。臨川鎮于1995年設立撫州市）人。慶曆進士，官至宰相。封荆國公，故世稱“荆公”。卒謚“文”。

世人嘗以“變法”之事，而誤認爲王安石與司馬光的關係始終是水火不容。事實上，二人原本是一對相交素善的知友，並與吕公著、韓維號稱“嘉祐四友”。此墓表正是當時司馬光請王安石所撰。即便是後來，二人因在“變法”問題上有所爭議，但仍屬政見分歧，不至於成爲你死我活的“政敵”。所以，無論誰在相位主政，都是從朋友角度反復相勸，因爲其目的是一致的。尤其是在王安石先司馬光而死時，正在病中的司馬光還急忙修書給吕公著，建議對王安石的贈恤應予優厚，的確不失政治家的風度。後因蔡京、蔡卞之徒借紹述之名，行營私之計，禍及數世，致王安石此文未能收入《荆公文集》。但正所謂“史策具存，尋緒自見，後人亦烏可欺哉！”

書丹者雷簡夫，《宋史》有傳。郃陽（今屬陜西）人。字太簡。初隱居不仕。後經推薦爲校書郎，累遷職方員外郎等職。

《金石記》："簡夫純用柳法，南仲博通古籀，皆一時選也"。

模刻者曹知白，事蹟不詳。

著録見《金石記》、《叢編》、《縣志》、《總目》。

碑今嵌於祠堂"杏花碑亭"内墻。

【碑文】

宋故贈尚書都官郎中司馬君墓表

朝奉郎、尚書刑部員外郎、知制誥、權修起居注、糾察在京刑獄、上騎都尉、賜紫金魚袋[1]王安石撰[一]。

朝奉郎、尚書都官員外郎、知同州兼同群牧及管内勸農事、騎都尉、賜緋魚袋借紫[2]雷簡夫書[二]。

君姓司馬氏，諱沂，陝州夏縣涑水鄉高堠里人。其先出于晉安平獻王孚，至征東大將軍[三]陽，始葬于河東安邑，後魏分安邑爲夏縣，遂爲夏縣人。自唐以來，降在甽晦[3]。而君之曾祖林、祖政、父炳皆不仕[四]。然累世未嘗異居，故家之食口甚衆，而貧無以贍。君幼孝謹，父[五]兄悉以家事付之，能儉勤以成[六]其家。當是時，田不加廣，又未嘗爲商賈奇衺[4]之業，而司馬氏更富[七]，父兄皆醉飽安逸。而時有餘力，則及其[八]鄉人，然君遂以惡衣疏食[5]終身。其卒也，以景德三年十二[九]月丙子，年三十二，以祥符六年□□□□[一〇]葬涑水之南原。夫人同邑李氏女，年二十八。生男詠、里，及一女子而寡。傾之，詠及女皆卒[一一]。于是父[一二]母欲奪其志，而舅姑[6]亦遣焉。夫人自誓不嫁，躬執勤苦，使里之[7]四方就學。姑[8]李氏老且病[一三]，常卧一榻[一四]，扶，然后起；哺，然后食。夫人左右侍養，未嘗少失其意[一五]。如是累年，以至其歿[一六]。既而里以□□□仕[一七]，奉夫[一八]人之官，夫人始别其母，而思慕成疾，久之乃愈。里[一九]積遷至尚書都官郎中，歷將數州□□□[二〇]。而封君[二一]尚書都官郎中，夫人封永壽縣太君，年八十三[二二]，以[二三]嘉祐五年九月甲寅終于京師[二四]。其年十一月壬寅[二五]合葬于君之墓。而君之從父弟子[9]起居舍人光[二六]，序其事如此，以來請曰：願有述也，以表之墓上[二七]。嗚呼！[二八]君所謂謹身節用，以養父母，而道行于妻子者歟。以此而學，則豈與夫操浮説而無其質者比哉？夫人之德，可謂協矣。雖非其家人所欲論著，吾固[二九]樂爲道之，又况以起居之賢，嘗爲吾僚而有請也。于是，書以遺之云。

朝奉郎、尚書屯田員外郎、知國子監書學[三〇]、權同判吏部南曹[11]上騎都尉、賜緋魚袋楊南仲篆額。

布衣[11]曹知白模刻[三一]。

【校勘記】

［一］《縣志》均略去未録。

［二］同［一］。

［三］“軍”字剥泐，據《叢編》、《縣志》補入（以下同）。

［四］“曾祖”以下至“不仕”，除“曾祖”、“政”、“皆”外，文字均剥泐，據以補入。

［五］“父”字因斷裂而缺。補入。

［六］剥缺“勤以成其家”五字。補入。

［七］“富”字中裂。補入。

［八］“餘力”的“力”與“則及其”共四字剥泐。補入。

［九］“十二”之“二”字中裂。補入。

［一〇］“祥”字以下七字均剥泐。今補入“符六年”三字，其餘四字不詳。所缺四字《縣志》未作標識。

［一一］“詠及女皆卒”均剥泐。補入。

［一二］“于是父”三字剥泐。補入。

［一三］“姑李氏老且病”均泐。補入。

［一四］“常卧一榻”均泐。補入。

［一五］“意”字缺上部。補入。

［一六］《叢編》作“歿”，《縣志》作“没”。據《叢編》。

［一七］剥泐八字。據《叢編》補“既而里以……仕”。另三字不詳。所缺三字《縣志》未作標識。

［一八］“奉夫”二字剥泐。補入。

［一九］“里”字斷裂而缺。補入。

［二〇］“歷將數州□□□”，據《叢編》補。所缺三字《縣志》未作標識。

［二一］“而封君”剥泐。補入。

［二二］“三”字斷裂而缺。補入。

［二三］“以”字斷裂而缺。補入。

［二四］“師”字剥泐。補入。

［二五］“其年十一月壬寅”剥泐。補入。

［二六］“光”字剥泐。補入。

［二七］“表之墓上”四字剥泐。補入。

［二八］“嗚呼”二字剥泐。補入。

［二九］“吾固”二字斷裂而缺。補入。

［三〇］《縣志》均缺略未録。“監書學”三字斷裂而缺。據《叢編》補入。

［三一］《縣志》均缺略未録。

【注釋】

［1］朝奉郎：宋元豐改制前爲正六品上階文散官，後廢，遂爲新寄禄官，相當於舊寄禄官後行員外郎、左右司諫。

尚書刑部員外郎：官名。爲尚書省所屬六部之一——刑部高級官員，位次於尚書丞與各部侍郎，職責爲分掌本司事務。

知制誥：官名。宋翰林學士皆加此銜，起草制、誥、詔、令、赦書等，稱内制。其他官加此銜者，亦負責起草以上文書，稱外制。

權修起居注：暫時代理記録皇帝言行。權，暫時代理某職官，非正式。

魚袋：宋承唐制，以金、銀製成魚形，盛以袋，故稱。官員衣紫者帶金魚，衣緋者帶銀魚，皆繫於帶而垂於後。在京朝官、地方上幕職州縣官賜緋紫者也帶，親王、武官、内職將校皆不帶。

［2］都官：官署名。屬刑部。北宋前期，設判都官事一員，以無職事的朝官充任，無職掌。元豐改制，主管在京各司無選限公人的名籍及其補换、更替，依條例規定，置册登記各地編配、羈管人員名籍。設郎中、員外郎。

管：宋代沿襲前代制度，縣下設鄉和里，開寶七年（974年）又于鄉、里之間設“管”，作管轄區。

勸農事：官名。又稱勸農使，主管農業。

騎都尉：官名。漢置。唐代置上騎都尉、騎都尉，以爲勛官。宋代沿襲。清以爲世職。

借紫：唐宋制度，官階三品以上着紫衣，未到三品而特許着此服的稱爲借紫。官階五品以上着緋衣及佩銀魚袋，未到五品而特許着緋衣的，稱爲借緋。

［3］畎畮：音 quǎn mǔ。田地，田間。畮，“畝”本字。

［4］奇衺：諂媚欺詐，行爲不正。即歪門邪道。

［5］惡衣疏食：意即不講究吃穿，生活極爲簡樸。

［6］舅姑：夫或妻的父母。

［7］之：往。

［8］姑：這裏指丈夫的母親。

［9］從父弟子：即姪子。從父，伯父叔父的通稱。司馬沂與司馬光之父司馬池爲堂兄弟，故稱。從，音 zòng。同一宗族次於至親者叫“從”。

［10］屯田：官署名。屬工部。宋初，設判屯田事一人，以無職事朝官充任，無職

掌。元豐改制，設郎中、員外郎，掌屯田、營田、職田、學田等事務。

國子監：兩宋最高學府。招收七品以上官員子弟爲學生。慶曆四年（1044年），成爲掌管全國學校的總機構，負責訓導學生、薦送學生應舉、修建校舍、刻印書籍等。書學：教授學生學習書法者。

南曹：官署名。屬吏部。唐吏部員外郎主管選院，因在尚書省之南，故稱南曹。宋沿襲唐制。

［11］布衣：平民。後多稱没有做官的讀書人。

【附録】

一、《金石記》："贈尚書都官郎中司馬沂墓表，嘉祐五年十一月。王安石撰。雷簡夫書。今在夏縣。《志略》：'（王）煒按，沂爲温公之從父。温公叙其事蹟，求安石撰《表》。後《荆公集》不載此篇，乃蔡京、蔡卞、馮澥之徒删之故也。至慎文忠公始表而出焉。始安石以議新法，與温公不合，猶未甚水火也。至京、卞之徒出，借紹述之名，爲營私之計，掊擊諸賢，極力詆誣，惡温公而並去沂之墓碑，禁黨人而并禁蘇、黄之文字，凶焰狂張，禍及數世，而國亦隨之。使安石有知，當亦痛心疾首，而非變法之本意也。'"

"按，碑前題銜'朝奉郎、尚書刑部員外郎、知制誥、權修起居注、糾察在京刑獄、上騎都尉、賜紫金魚袋王安石撰，朝奉郎、尚書都官員外郎、知同州兼同群牧及管内勸農事、騎都尉［編著者按，《金石記》缺"騎都尉"三字。］、賜緋魚袋、借紫雷簡夫書'。後署'朝奉郎、尚書屯田員外郎、知國子監書學、權同判吏部南曹、上騎都尉、賜緋魚袋楊南仲篆額'。簡夫書純用柳法，南仲博通古籀，皆一時選也。末行前有'布衣曹知白模刻'六字［編著者按，當爲七字。］，别一人書。歷數百年，石本鋒鋩如新，故是高手。惜碑趾剥落尺許，失去三十餘字耳。"

二、《叢編》："按，司馬沂，《宋史》無傳。據王煒《志略》：'沂爲温公之從父。温公叙其事蹟，求安石撰《表》。後《荆公集》不載此篇，乃蔡京、蔡卞、馮澥之徒删之故也。'今《夏縣志》載此文，碑所剥落處，志悉完具，足資考鏡。沂年三十二卒，故事業不著。其子里，《宋史》附《司馬池傳》後。歷官通判鄜州，知乾州，至太常少卿。碑謂爲'都官郎中'，蓋指寄銜言耳。"

"又按，《續通鑒長編》嘉祐六年六月戊寅，王安石以度支判官、刑部員外郎、直集賢院同修起居注，爲知制誥。温公時亦爲同修起居注，同官禁近，是以匄其爲文。當仁宗之季，温公、荆公負天下重名，浸皆向用，書札往來，其交義甚合，徒以議新法立異，温公至以去就爭，安石始不悦。然其與温公書，斷斷置辨，獨以天下事爲言，初無洛、蜀詆諆之習，蓋温公之所造所學，荆公非不知之者。《長編》紀：神宗嘗諭温公曰：

‘王安石素與卿善，何自疑?’元祐初，温公爲尚書左僕射，荆公已病。聞之，有‘司馬十二丈作相’之語，其心折公久矣。京、卞之徒，貶竄元祐舊臣，以快其私，毁温公所著書不已，並舉此碑文而削之，意將示天下後世，二公生平始終鑿枘不相入者。然史策具存，尋繹自見，後人亦烏可欺哉?!《司馬温公集》有《贈都官郎中司馬君墓誌銘》。注云：嘉祐六年作。荆公之糾察在京刑獄，見《長編》嘉祐七年，與碑首所繫銜合。是《墓表》之撰，當在斯時。雷簡夫，字太簡，有鄰孫，《宋史》有傳。《長編》嘉祐三年十二月載：國子監博士、鹽鐵判官雷簡夫爲屯田員外郎。《東都事略》云：簡夫以鹽鐵判官出知虢州改同州。此碑嘉祐五年立，度簡夫此時亦甫由虢移同耳。碑額爲知國子監書學、權同判吏部南曹楊南仲篆。《金石記》云：‘簡夫書純用柳法，南仲博通古籀，皆一時選也。’碑見《通志·金石記》。”

又：“司馬沂墓表，碑高六尺，廣三尺一寸。十八行，行三十八字。正書。今在夏縣”。

三、《縣志·藝文志》所録司馬沂碑文後附記：“按，《荆公集》不載此篇，豈其徒京、惇輩目温公爲邪黨，奏踣隧碑，議毁《治鑒》時删之耶？今補録之。”

四、《文集》:《故處士贈都官郎中司馬君行狀》

“曾祖林，祖政，父炳，皆不仕。

君諱沂，陜州夏縣涑水鄉高堠里人。其先出於晉安平獻王，至征東大將軍陽，始葬於河東安邑涑水之南。後魏孝文帝太和中分安邑爲夏縣，遂爲夏縣人。自唐以來，仕宦陵夷，降在畎畝。然累世兄弟未嘗異居，故家之食口甚衆，而生業素薄，無以贍之。君幼而孝謹，諸父兄悉以家事委之。君於是治田疇，繕園圃，修闌笠，完囷倉，雖有傭保，必以身先之，使莫敢不盡力者。夜則側板而枕之，寐不熟輒悟。當是時，田不加廣而家用饒，又未嘗爲商賈奇衺之業，一出於田畜而已。諸父兄皆醉飽安佚，而君無故不親酒肉，遇鄉人之匱乏者，或解衣以濟之。年三十二，以景德三年十二月丙子終於家，某年月日葬於南原。待制府君常嘆曰：‘自吾兄之亡，而家遂貧，豈所以資生之具減於昔日，勤惰不同而已矣。嗚呼！使天下之民皆若吾兄之爲，雖古治世何以加？惜其無位，而才不大施也。’天［編著者按，當爲“夫”。］人李氏，同里人，年二十八而寡。二男詠、里及一女，皆幼。詠、女尋又卒。父母欲奪其志，夫家尊章亦遣焉。夫人自誓不許，惡衣疏食，躬執勤苦，使里之四方就學。姑李氏老且病，常卧一榻。扶，然後起；哺，然後食。夫人左右就養，未嘗小失其意。如是積年，以至於没，無懈倦之色。既而里登進士第，迎夫人之官。夫人自幼未嘗與其母别，至是思慕成疾，久之方愈。里累遷爲尚書都官郎中，歷典數州，贈君官至尚書都官郎中，夫人封永壽縣太君。夫人爲人慈柔勤儉，中外宗族咸慕仰之，始終一無閑言。子爲兩千石，極其榮養。年八十三，以嘉祐五年九月甲寅，終於京師，其年十一月壬寅，祔於君之墓。光不及事君而及事夫人，故得書其聞見之實，以請於今之德行文辭爲人信者，以表其墓，庶幾傳於不朽，而子孫有所法則焉。謹狀。”

［編著者按：這篇行狀即是司馬光請王安石爲其從父司馬沂撰寫墓表之底稿。據此，既見二人交情，和司馬光對王安石的敬重，也可見王安石删繁裁冗之文字功夫和文學才能。］

五、《縣志·輿地志》“古蹟”：“贈尚書都官郎中司馬沂墓，在涑水南原。王安石撰墓表”。

司馬諮墓表

【簡介】

宋熙寧三年（1070年）十月。司馬光撰文，鈕天錫書丹并篆額，司馬京立，亢文德刻。

碑爲螭首龜趺，首身連體。首高74、寬85、厚30厘米。趺長163、寬99、高60厘米。身高167、寬83—86、厚30厘米。文14行，行15—69字不等，字徑4—4.5厘米。正書。額篆“宋故贈尚書比部郎中司馬府君墓表”。首題同額題。

碑主司馬諮，爲司馬光同曾祖但不同祖父的兄長。《宋史》無傳，《縣志》亦無載。據碑文所稱：“不幸生二十八年，以天禧四年（1020年）六月辛卯終於家，”推知諮當生於宋太宗淳化四年，即公元993年。

書丹并篆額者鈕天錫，史亦無傳。可能爲當時書法名人。

立碑者司馬京，爲司馬諮之子。《縣志·人物志》謂，“（京）字亢宗，温公再從子。父諮，謹厚孝友，贈尚書比部郎中。京以蔭補（即其叔祖司馬池），累遷駕部員外郎，通判潞州軍事。爲人强直幹敏，所至吏民稱之。”

刊刻者亢文德，生卒不詳。

著録見《金石記》、《叢編》、《縣志》、《文集》、《總目》。

碑今立於塋地。

【碑文】

宋故贈尚書比部郎中司馬府君墓表[一]

從祖弟、翰林學士兼侍讀學士、朝散大夫、右諫議大夫、知制誥、充史館修撰、判尚書都省、提舉萬壽觀公事、柱國、河内郡開國侯、食邑一千三百户、食實封二百户[1]、賜紫金魚袋光撰[二]。

兄諱諮，字嘉謀[三]，陝州夏縣人。其先宗支所自出，見于祖墓碣。曾祖諱政，祖諱珂，父諱昺[四]，皆不仕。兄爲人謹厚，孝于親，友于兄弟。自幼及長，無子弟之過。不幸生二十八年，以天禧四年六月辛卯終于家。夫人同縣王氏，進士禹之女。長男未名而夭，次男京，生未逾歲而兄没[五]。夫人年尚少，自誓不嫁。京及長，以叔祖天章府君蔭[2]入官。爲人强直幹敏，所至吏民稱之。由是累遷尚書駕部員外郎，通判潞州軍州事，贈兄官至比部[3]郎中。夫人享榮禄之養幾二十年[六]，封福昌縣太君，年七十九，以熙寧三年七月壬寅終。二女，長適[4]鄉人曹中立，早卒；次適進士宋[七]輔。始，兄之没[八]，光生二年矣，故于兄之材行，不能詳知。然苟非兄力爲善于其身而無禄，安能有遺福及其後邪？兄以天聖六年[5]三月乙巳葬于先塋。及夫人之没[九]，以其年十月辛酉祔[6]于兄墓。京懼歲時之久，不可以莫之識也，泣請于光爲之表。

熙寧三年十月四日嗣子[7]京立。

朝散郎、前行榮州録事參軍、兼司法事[8]鈕天錫書并篆額。

亢文德刻。

【校勘記】

[一] 據《文集》："贈比部郎中司馬府君墓表，天聖元年（1023年）三月作"。不可據。

[二] 撰書、篆額、刊刻、立碑者《縣志》均未録。《文集》除撰文者外，其餘亦均無。

[三]《縣志》、《文集》均作"謨"。

[四]《文集》曾祖、祖、父三人名字均作"某"。且"祖諱某"之"祖"作"子"。

[五]《縣志》作"殁"。

[六]"幾"，《縣志》誤作"凡"。"二十年"，《文集》誤作"三十年"。

[七]"士宋"二字剥泐，據《叢編》、《文集》、《縣志》補入。

[八] 同［五］。

[九] 同［五］。

【注釋】

[1] 從祖弟：同曾祖而不同祖父的弟弟。

翰林侍讀學士：官名。爲皇帝進讀書史，講釋經義，備顧問應對。

朝散大夫：元豐改制前爲從五品下階文散官，元豐三年（1080年）後廢文散官，遂爲新寄禄官，相當於舊寄禄官中行郎中。

右諫議大夫：官名。掌規諫諷諭。凡朝政闕失，大臣至百官任用不當，三省至百事司有失誤，皆得諫正。左諫議大夫屬門下省，右諫議大夫屬中書省。元豐改制，定左右諫議大夫爲諫院長官，專管諷諫。

史館修撰：編修史書。

提舉：宋差遣名目之一。

柱國：原爲保衛國都之官，後以爲最高武官或勛官。

食邑：宋宗室與高級官員榮譽性加銜之一種，自一萬户至二百户共十四級。

食實封：即實封。宋官員封爵内容之一。自一千户至一百户共七級。每實封一户，按月隨俸領取二十五文。

［2］蔭：封建時代子孫因先世有功勛而推恩得賜官爵。

［3］比部：官署名。屬刑部。北宋前期設判部事一員，以無職事朝官充任，無職掌。元豐改制，主管審核内外賬籍。凡倉庫、場務出納官物，定期加以審查并稽核百司經費，决定與否購銷。設郎中或員外郎。

［4］適：子女出嫁。

［5］天聖六年：宋仁宗趙禎年號，公元1028年。

［6］祔：音fù。合葬。

［7］嗣子：諸侯在喪自稱嗣子。後稱嫡長子當繼承的爲嗣子。

［8］朝散郎：宋元豐改制前爲從七品上階文散官，元豐三年（1080年）後廢文散官，遂爲新寄禄官，相當於舊寄禄官中行員外郎、起居舍人。

録事參軍：官名。宋沿唐制，置于各府、州。諸府稱司録參軍，諸州稱録事參軍。掌州院庶務，糾延誤、違失。

司法事：置于各州，掌議法斷刑。

【附録】

一、《金石記》："贈尚書比部郎中司馬諮墓表，熙寧三年十月。司馬光撰。今在夏縣涑水南原。見《縣志》"。

二、《叢編》："按，《司馬温公集》是《表》作於天聖元年三月。今據《表》文，諮以天禧四年六月辛卯終於家，夫人王氏終熙寧三年七月壬寅。又云：'兄以天聖六年三月乙巳葬於先塋。及夫人之没，以其年十月辛酉祔於兄墓。京懼歲時之久，不可以莫之識也，泣請於光爲之表'，則此《表》自係祔葬後爲之。《温公集》謂作於'天聖元年'，殊不可據。又考《續通鑒長編》治平四年閏三月時神宗已即位。甲辰，公以龍圖閣學士入爲翰林學士。熙寧三年九月癸丑，以翰林學士兼侍讀學士、右諫議大夫、知制誥、充史館修撰，加端明殿學士，出知永興軍。今碑首所繫銜與《長編》所紀出知永興時官職適合。京之求公撰文，必在是時，無可疑者。碑末書'熙寧三年十月四日嗣子京立'，據《夏縣志》：'京字亢宗，温公再從子。'餘所載與碑同。《表》謂：'京爲人强直敏幹，所至吏民稱之'。惜史不爲立傳，事蹟遂付闕如矣。鈕天錫，史亦無傳，度當時必以善書名者。其書《天慶觀碑》在至和三年，官爲給事郎。此碑結銜爲'朝散郎、前行滎州録事參軍、兼司法事'，考《宋史·職官志》：散朝郎，正七品。視給事郎只進一階耳。

滎州，《地理志》屬潼州府路。碑見《通志·金石記》”。

又：“司馬諮墓表，碑連額高五尺七寸五分，廣二尺二寸七分。十四行，行三十一字。正書。額題‘宋故贈尚書比部郎中司馬府君墓表’十五字。篆書。今在夏縣涑水南原”。

三、《縣志·輿地志》“古蹟”：“贈尚書比部郎中司馬諮墓，在涑水先塋”。

司馬浩墓表

【簡介】

宋熙寧八年（1075年）九月。司馬光撰文，范正民書丹，亢遇泉刊字。

碑爲螭首龜趺。首高90、寬82、厚26厘米。趺長149、寬88、高60厘米。碑身高176、寬81—83、厚25厘米。文18行、行7—45字、字徑3—3.5厘米。正書。額題“司馬府君墓表。”首題“宋故贈衛尉卿司馬府君墓表”。

碑主司馬浩，爲司馬沂之兄，司馬光之從父。其子司馬宣。《宋史》無傳。《縣志·人物志》有載，事蹟與碑同。據碑文“浩卒於天聖八年”，即公元1030年，“年六十三,”推知其當生於宋太祖乾德六年，即公元968年。一生未仕，以子宣贈衛尉卿。

書丹者范正民，純仁子，仲淹孫。

石匠亢遇泉，生平不詳。

著録見《叢編》、《文集》、《總目》。

碑今立於塋地。

【碑文】

宋故贈衛尉卿司馬府君墓表[一]

從子、端明殿學士、兼翰林侍讀學士、朝散大夫、右諫議大夫、集賢殿修撰、提舉西京崇福宫、上柱國[1]、賜紫金魚袋光撰[二]。

將仕郎、試秘書省校書郎、知蔡州西平縣事、新差監許州在城清酒務[2]范正民書[三]。

府君諱浩，于太尉[四]公爲從父兄[五]。其鄉里先世，見于祖墓碣。曾祖諱林，祖諱政，父諱炳[六]，皆不仕。府君少治詩，以學究[3]舉，凡八上[七]終不遇，遂絶意不復自進于有司[4]，專以治家爲事。爲人魁岸，慷慨尚義氣，于宗族恩尤篤。司馬氏累世聚居，食口衆而田園寡，府君竭力營衣食以贍[八]之，均一無私，孀婦孤兒，皆獲其所。凡數十年，始終無絲毫怨言。家貧，祖墓迫隘[5]，尊卑長幼，前後積二十九[九]喪久未之葬。府君履行祖墓之西，相地爲新墓，稱家之有無，一旦悉舉而葬之。弟子里早孤，府君識其儁異，自幼教督甚嚴，其後卒以文學取進士第，仕至太常少卿，所至著名蹟。

前此，鄉人導涑水以溉田，利甚博。歲久岸益深峭，水不能復上，田日磽薄[6]，將不足以輸租。府君率鄉人言縣官，始請築埭[一〇]于下流，水乃復行田間，爲民用至，于今賴之。天聖八年四月癸巳終于家，年六十三。慶曆二年八月癸酉葬西墓。初娶張氏，早終。生女，適解人南公佐。公佐舉進士，得同學究出身。再娶蘇氏，先府君十年終，年五十八。生男宣。又娶郭氏，無子，後府君十六年終。年八十[一一]。宣用太尉公[一二]蔭補郊社齋郎[7]，累官爲尚書駕部[8]員外郎、知梁山軍，今致仕居家。駕部君寬厚有守，練習法令，善爲政，吏民不能欺，既升朝，累贈府君官至衛尉卿[一三][9]，夫人蘇氏追封長安縣太君。駕部君謂："古之君子，必論譔其先人之美，著諸金石。"故命光直叙其實，以表于府君之墓道。時熙寧八年九月庚辰[一四]也。

石匠亢遇泉刊字[一五]。

【校勘記】

［一］據《文集》："贈衛尉少卿司馬府君墓表，慶曆二年作"，首題與碑有異，而且碑文所作時間甚誤。此碑至今保存尚好，不知《金石記》、《縣志·藝文》爲何不録。

［二］《文集》無。

［三］同［二］。

［四］《叢編》及碑均作"太尉"，《文集》作"司徒"。當以碑爲是。

［五］"兄"字剥泐。《文集》作"兄"，《叢編》作"闕"，應以"兄"爲是。

［六］《文集》"林"、"政"、"炳"均作"某"。

［七］"上"，《叢編》缺佚。

［八］"贍"，《文集》作"贈"，誤。應以碑爲是。

［九］"二十九"，《文集》作"若干"。

［一〇］"埭"，《文集》誤作"埸"。

［一一］"八十"，《文集》作"若干"。

［一二］"太尉公"，《文集》作"司徒公"。

［一三］"衛尉卿"，《文集》作"衛尉少卿"，衍"少"字。

［一四］"八年九月庚辰"，《文集》作"六年五月辛酉"。當從碑。

［一五］《文集》無。

【注釋】

［1］從子：姪子。

端明殿學士：官名。宋承五代制度，置諸殿學士，出入侍從，以備顧問，無官守，無典掌，但資望極高。

集賢殿修撰：即掌刊輯經籍，地位僅次于集英殿修撰。

上柱國：官名。唐宋以上柱國爲武官勛級中的最高級，柱國次之。

［2］將仕郎：散官名。爲從九品文階官。

秘書省校書郎：秘書省，官署名。掌管古今經籍、圖書、國史、實録、天文曆數等事。校書郎爲其下屬一官。爲文臣清貴之選。

蔡州：今河南汝陽。唐寶興元年（762年）由豫州改。西平：即今西平。

清酒務：未詳。

［3］學究：科舉中的科目名。宋禮部貢舉，有進士、學究等十科。應學究試的往往只憑記憶經文，未必通曉文義，有才思者多舉進士而輕學究。

［4］有司：官吏。古代設官分職，事各有專司，故稱。

［5］迫隘：越來越狹窄。

［6］磽薄：多石瘠薄之地。磽，音：qiāo。

［7］郊社齋郎：官名。宋承唐制，置太廟郊社齋郎，以臺省六品、諸司五品登朝第二任官子弟蔭補，爲朝臣子弟入仕之途。

［8］駕部：官署名。屬兵部。宋初，設判部事一人，以朝官充任。元豐改制，設郎中、員外郎。掌輿輦走馬、郵驛、馬政等事務。

［9］衛尉卿：初爲寄禄官。元豐改制，以衛尉卿、衛尉少卿爲長官、副長官，幫助衛尉寺（官署名）主管處理寺事，掌有官儀衛兵械、加胄政令。

【附録】

一、《叢編》："按，碑題'從子、端明殿學士、提舉西京崇福宫、上柱國、賜紫金魚袋光撰，將仕郎、試秘書省校書郎、知蔡州西平縣事、新差監許州在城清酒務范正民書'。碑云：'府君諱浩，太尉公之從父闕'。按，光父兄以子貴贈太尉，故《縣志》云：'浩，光從父'。《温公集》有《贈衛尉少卿司馬府君墓表》，即此碑。而文多不同：《集》曰'于司徒公爲從父'，碑作'于太尉公'。《集》曰'熙寧六年五月辛酉'，碑作'熙寧八年九月庚辰。'《集》多由後人定，碑當温公時書，當從碑拓本爲正。碑云'府君以學究舉'，《文獻通考》：宋禮部貢舉設學究科。八上不第，亦老於場屋者。弟子里，《宋史》有附傳，浩弟沂之子，舉進士。龐籍爲鄜延經略使，通判鄜州，所至有惠政，終太常少卿。碑云'生男宣，累官尚書駕部員外郎，知梁山軍，今致仕'。按，宣事蹟，詳見《温公集》《駕部員外郎司馬府君墓誌》。碑云'導涑水溉田事'，見《夏縣志》'司馬渠'：'引涑水以灌民田，傳温公開濬'。以此碑考之，蓋舊引涑水溉田後中廢，由浩請築埭，水乃復行，《志》誤。范正民，見畢仲游《西臺集》《魏國王夫人墓誌》：'故觀文殿大學士高平范公之夫人王氏，子男五人，曰正民，先夫人卒'，即其人。高平范公者，純仁者也”。

又：“司馬浩墓表，碑高四尺八寸，廣二尺二寸五分。十七行，行三十九字。正書。今在夏縣。”

二、《縣志·輿地志》“隄堰”：“司馬渠，引涑水以灌民田，傳爲温公開濬，以灌田園，故名”。

又，《縣志·人物志》“賢才”：“司馬浩，光從父。少攻詩，以學究舉，凡八上不遇，遂絶意進取，專治家事。爲人魁岸，慷慨尚義，于宗族恩尤篤。司馬氏累世同居，口衆産寡，浩竭力營贍之。孀婦孤兒，皆獲其所，數十年始終無怨言。祖墓迫隘，尊卑長幼，前後積二十九喪，浩于祖墓傍購餘田，悉舉而葬之。弟子里早孤，浩識其雋異，教督甚嚴。後中進士，官太常少卿，以廉直著。先是，鄉人導涑水灌田，利甚溥。歲久，岸益深峭，水不能上，田日磽薄，不足輸租。浩率鄉人請于令，築埭下流，復資其用。卒以子宣贈衛尉卿。温國公撰《墓表》。嘉靖十七年祀鄉賢”。

敕賜餘慶禪院

【簡介】

宋元豐八年（1085年）八月。無書丹、鐫石、立石人姓名。

碑爲圓首長方座，首身連體。通高110、寬65、厚15厘米。座長76、寬44厘米。牒文13行，行2—31字，字徑2—4厘米。正兼行書。題額篆書“敕賜餘慶禪院。”六字。無首題。

著録僅見《總目》。

碑今立於禪院。

【碑文】

尚書省牒陝州夏縣餘慶禪院[1]

禮部奏准都省[2]批送下通議大夫、守門下侍郎、上柱國司馬狀：“昨蒙恩除門下侍郎，先世墳墓並在陝州夏縣，欲乞于側近創置一僧院，以‘餘慶禪院’爲額。未修蓋間，權[3]令本縣崇勝寺僧行照管所有。每年剃度[4]行者一名。亦乞依例權度本寺行者，候蓋墳院了日，却撥歸墳院。伏乞依條例實行。”伏候指揮本部看詳司馬所乞于陝州夏縣置院，并未修蓋間，權度本縣崇勝寺行者依得條例，别無違礙。

牒奉敕宜依所乞，仍特賜“餘慶禪院”爲額，每遇興龍節[5]與度行者壹名，牒至准敕，故牒。

元豐八年八月二十八日牒。

太中大夫守右丞李　銀青光禄太夫左丞吕

通議大夫守右僕射　通議大夫守左僕射

【注釋】

［1］牒：官府文書名。宋内外各官府不相統攝者，相互往來公文用“牒”。

［2］都省：唐武則天改尚書爲都省。宋以都省爲尚書省的别稱。禮部爲其所屬。

［3］權：暫時。

［4］剃度：佛教語。指剃髮出家，而得超度。

［5］興龍節：宋哲宗生於熙寧九年十二月七日，即位後，群臣請以十二月八日爲“興龍節”。《宋史》卷一一二《禮志》一五云：“哲宗本七日生，以避僖祖忌，故後一日。”

牒司馬學士

【簡介】

刻於“敕賜餘慶禪院”碑陰。

宋元祐元年（1086年）十二月。無書丹、鐫石、立石人姓名。形制、尺寸同碑陽。文21行，行7—33字，字徑1.5—3厘米。正兼行書。無額題、首題。

著録僅見《總目》。

【碑文】

保平軍牒司馬學士[1]

准尚書禮部天字號符2[]：今月一日戌時，准都省送下元祐元年十一月三十日敕中書省、尚書省送到禮部狀，准都省批送下草土[3]司馬奏：“臣伏念昨先臣任門下侍郎日，奏乞得墳寺一所，以‘餘慶禪院’爲額，逐年遇併下院下生寺以爲興龍節，撥放剃度行者一名。後來除授左僕射，竊聞于條例再合陳，乞得墳寺一所，遇興龍節別撥放剃度行者一名。值先臣疾病薨没，未曾申陳。今本家欲乞權將上件□得撥放行者一名，且于‘餘慶禪院’内撥放，候將來別陳乞得寺額，即行撥放。”本部契勘[4]兩府[5]臣僚，雖有拜相，再陳乞得權度行者，候置寺别，且陳乞體例，緣今來[6]即□有除拜宰□□，經陳乞間薨没如司馬本家。陳乞體例合取自朝廷指揮中，仍連元狀。十月二十八日奉聖旨特依所乞，仍兩遇聖節□度行者一名。奉敕如右，牒到奉行。前此十二月一日未時，□禮部施行，仍關合□去處。陜州王石，一依敕命指揮施行。仍告于本官及關合屬□處符到奉行者。牒請一依尚書禮部符内所坐，敕命指揮照會施行。謹牒。

元祐元年十二月十五日牒。

權[7]觀察推官[8]梅；節度推官裴；通直郎簽書節度判官廳公事[9]蘇；承議郎[10]通判軍府事司馬；朝奉大夫、權知軍府事陳；皇伯節度觀察留後。

洛陽王誠、王震刊。

【注釋】

［1］司馬學士：司馬光之子司馬康。

［2］符：古代朝廷用以傳達命令、調兵遣將的憑證。雙方各執一半，合之以驗真假。

［3］草土：居喪。居父母之喪者寢苫枕塊，故曰草土。居喪的官吏具銜稱“草土臣”。

［4］契勘：宋公文書寫用語，查考，審核。也泛用爲考定的意思。

［5］兩府：宋代稱中書省、樞密院爲兩府。

［6］今來：如今，現在。

［7］權：唐宋以來稱代理、攝守官職爲權。

［8］推官：官名。宋三司各部均設推官一員，主管各案公事。各州幕職官亦設節度和觀察推官。

［9］通直郎：宋元豐改制前爲從六品下階文散官。元豐三年（1080 年）後廢文散官，遂爲新寄禄官。相當於舊寄禄官太子中允、中舍、洗馬等。

簽書判官廳公事：官名。簡稱“簽判”。京官以上充州府判官稱“簽書判官廳公事”。

［10］承議郎：宋初爲正六品下階文散官，太平興國初改爲承直郎。元豐三年後改承議郎爲新寄禄官，相當於舊寄禄官左右正言、太常、國子博士。

摹刻柳氏家訓[一]

【簡介】

金皇統九年（1149年）春摹刻。内容爲司馬朴書唐柳玭《戒子弟語》。司馬作記，李璵刊字。

碑基本呈正方形。高61、寬60、厚14厘米。文13行，行10—14字，字徑2—4厘米。草書、正書兼有。無首題。碑破損。

作者柳玭，祖柳公綽（公權兄），父柳仲郢，唐華原（今陝西耀縣）人。官至御史大夫，直清有父風。昭宗李華欲倚以爲相，爲中官所讒而止。後坐事貶瀘州（今四川）刺史卒。

書者司馬朴，字文季，司馬光從孫。自小生長於其外祖范純仁處。遺恩爲官，累遷兵部侍郎等。卒贈兵部尚書，謚曰“忠潔”。工書翰，有晉人筆意。金章宗曾購其遺墨學之。《宋史》有傳。

作記人司馬作，司馬朴之子。事蹟未詳。僅知金王庭直訪《司馬温公神道碑》舊拓時，曾於其家中得之。參見《重立司馬温公神道碑記》。

著録見《金石記》、《叢編》、《縣志》、《總目》。

碑今存於祠堂杏花碑亭内。

【碑文】

唐柳氏自公綽[1]以來，世以孝悌禮法爲士大夫所宗。柳玭嘗戒其子弟曰：“凡門地高，可畏不可恃也。立身行己，一事有失，則得罪重于它人，死無以見先人于地下，此其所以可畏也。門高則驕心易生，族大則爲人所嫉。懿行[2]實才，人未之信；小有玼纇[3]，衆皆指之，此其所以不可以恃也。故膏粱子弟[4]，學宜加勤，行宜加勵，僅得比他人耳”。

先公侍郎手澤，以戒作、通，俾終身行之。今不敢忘，謹摹于石，子孫其永保之。

己巳春廿六日[二]男作泣血[5]記。

李璵[6]刊字。

【校勘記】

［一］碑無題。《叢編》題爲“柳氏家訓”；《金石記》題爲“金摹刻司馬朴書柳氏家訓”。《縣志》稱作“柳氏訓言石刻”。

［二］碑作“卅六”，《金石記》作“廿六”，而《叢編》作“二十一”，當爲“廿六”。

【注釋】

［1］柳公綽：唐著名書法家柳公權之兄，字寬。幼孝友。初補校書郎，歷官吏部尚書。文宗時，爲河東節度使。後又授爲兵部尚書。卒謚“元”。

［2］懿行：好的德行。懿：音 yì。美；美德。

［3］玭纇：玉病曰玭，絲結曰纇。比喻過失、錯誤。纇，音 lèi。絲上的疙瘩。

［4］膏粱子弟：富貴子弟。膏粱：謂富貴之家。

［5］己巳：金皇統九年（1149 年）。泣血：謂因親喪而哀傷之極。後用爲居父母喪之辭。

［6］李璵：不詳。

【附録】

一、《金石記》：“金摹刻司馬朴書柳氏家訓，皇統九年二月。草書。今在夏縣温公祠。謹案：樸字文季，温公從孫，仕爲兵部侍郎，奉使於金，留不遣，因得還家。《中州集》稱其‘工書翰，有晉人筆意。章宗萬機之暇，嘗購其遺墨學之’云云。此乃所書柳玭《戒子弟語》，僅一百三十餘字，其子作摹刻於石。後跋云：‘先公侍郎手澤，以戒作、通，俾終身行之。今不敢忘，謹摹於石，子孫其永保之。己巳春廿六日男作泣血記’，不書國號，殆即陶靖節義熙後但題甲子之意歟？”

二、《叢編》：“按，《通志·金石記》‘金摹刻司馬朴書柳氏家訓’即此碑。宋《司馬朴傳》：“字文季，光從孫。少育於外祖范純仁，遺恩爲官。靖康初，金人次汴郊，命朴使之。金以賢者後待之加禮，乃吐心腹，諭以亟求講解。復命，任事者疑不決。都城陷，欽宗思朴言，以爲兵部侍郎。二帝將北狩，又貽書請立趙氏。金人憚之，挾以北去，且悉取其孥。趙鼎爲匿其長子倬於蜀，故得免。建炎登極，赦至燕，朴私令齎詣徽宗，爲人所告。金主憐其忠，釋之。徽宗崩，奉使朱弁欲先請然後制服。朴曰：‘爲臣子，聞君父喪，當致其哀，當何請?’遂服斬衰，朝夕哭。金主亦義而不問。金命爲行臺左丞，力辭而止。後卒於真定。詔稱其忠節顯著，贈兵部尚書，謚‘忠潔’”。

“按，朴事，《三朝北盟會編》、《建炎繫年要録》、《續通鑒》諸書備載之。宋氏亡汴，向之掊擊温公，鋪張紹述，秩躋顯烈者。臣邦昌而拜完顔，惟恐或後。如朴比者，蓋不數人。温公而知有此，亦可以釋憾地下矣。碑末跋言：‘先公侍郎手澤，以戒作、通，俾終身行之。今不敢忘，謹摹於石，子孫其永保之。己巳春廿一日男作泣血記’。先公侍郎，即指謂朴。稱侍郎者，猶系宋官也。作、通名，又見金王庭直《重立司馬温公神道碑》，有曰：‘訪舊本，乃於公曾姪二孫曰作曰通家得之’。作、通事無所見，惟王庭直碑言：‘將以俟作、通之來而訂論之。則方冒暑毒，决戰取應於燕、雲之間’。是皇統九年六月王碑立皇統九年六月二十日。作、通嘗從軍燕、雲也。史止言樸有子倬，而未言作、通，得此碑可補其闕。《中州集》：‘朴以奉使被留居於祁陽，授以官，託疾不拜，遨游王公之門，以壽終。文季工書翰，有晉人筆意。興陵章宗。嘗購其遺墨學之’。此朴能書之證。《金石記》：‘此乃所書柳玭《戒子弟語》，僅一百三十字’。碑又見《夏縣志》。己巳，金皇統九年。是年十二月丁巳，海陵弑熙宗自立。己未，改天德元年。”

又，“柳氏家訓，石高一尺五寸八分，廣一尺四寸。九行，行十二字至十四字不等。草書。末題四行，行十字。正書。今在夏縣温公祠”。

三、《縣志·輿地志》“古迹”：“柳氏訓言石刻，宋司馬侍郎書‘唐柳氏自公綽以來’至‘僅比他人耳’，一百二十六字。石嵌温公墓旁‘誠一堂’壁間”。

又，《縣志·人物志》“賢才”：

1.“司馬朴，字文季，宏子。少育於外祖范純仁，以純仁遺恩爲官。父宏因黨禍死，朴徒跣負柩還。後爲晉寧軍士曹參軍通判。某不法，轉運使王似諷朴伺其過。朴曰：‘下吏陷長官，不惟亂常，人且不食吾餘矣，不敢奉教’。似賢而薦之。靖康初，金人次汴郊，命朴使之，金以賢者後待之加禮。乃吐心腹，諭以亟求講解。復命，任事者疑不決。都城陷，徽宗［編著者按，本傳作“欽宗”。］思朴言，以爲兵部侍郎。二帝將北狩，又貽書請存立趙氏。金人憚之，挾以北去，且悉取其孥。趙鼎爲匿其長子倬於蜀，故得免。建炎登極，赦至燕，朴私令齎詣徽宗，爲人所告。金主憐其忠，釋之。徽宗崩，奉使朱弁欲先請然後制服。朴曰：‘爲臣子，臨君父喪，當致其哀，尚何請。使請而不從，奈何?’遂服斬衰，朝夕哭。金主亦義而不問。金命爲行臺左丞，力辭而止。後卒於正定［編著者按，本傳爲“真定”。］，詔稱其忠節顯著，贈兵部尚書，謚曰‘忠潔’。《宋史》有傳。嘉靖十七年祀鄉賢”。

2.“司馬宏，旦季子。性剛正。紹聖黨事起，上書論辯，得罪謫永州，終陳留令，卒死於黨禍。祀忠孝祠”。

重立司馬光神道碑記

【簡介】

金皇統九年（1149年）六月。王庭直撰文并立石，王昭書丹并題額，司馬槮監刊，李璵刊。

碑爲方首連體。額左角殘缺。高175、寬85、厚26厘米。文27行，行10—40字，字徑2厘米。正書。額題“重立温公神道碑記”，兩側飾有花紋圖案。首題“重立司馬温公神道碑記”。

王庭直，《縣志·官師志》“宦績”載：“壽春（今安徽壽縣）人。皇統八年爲夏縣令，政事蔚有可觀。嘗謁温公墓，感杏蟠龜趺之異，出碑土中，摹刻嵌壁間。祀名宦。”

王昭，不詳。《中國名人大辭典》有：王昭，宋人，“號潜軒，師陳醇，爲鄉先生。”不知是否爲此人。

司馬槮，碑末署名自稱爲司馬光“親姪孫”。

按，《司馬温公神道碑》爲宋元祐元年（1086年）司馬光卒後，哲宗欽命大學士蘇軾撰文并書丹，並親爲篆額“忠清粹德之碑”，於元祐三年所立，以彰顯司馬光大節元勳。紹聖初，因章惇、蔡卞等構陷，哲宗聽信讒言，命人將他所定、所題，蘇軾所撰、所書之神道碑仆毁，並深埋於土中。因額爲御書，龜趺甚巨，幸存。金皇統間，於龜趺之側忽生一杏樹。適新任夏縣令王庭直拜謁温公墓祠，聞聽守墳寺僧圓珍備述往事，不由感慨奇之。遂命人掘挖，得斷碑於深土，並誓以重立之。但因原碑厚重高大（高近10米），尋石不易，故决定將所仆碑石加以整治，分爲四石，依舊拓摹刻，連同額、跋一共六石，鑲嵌於圓珍籌資新建的神道碑堂，人稱“杏花碑”。這通《神道碑記》即記述其先後經歷。

金王庭直所摹刻的《神道碑》（四石），今猶存於塋祠内，今於此《記》存立於在一處。不過，於“元至正”時，又有人在金碑所摹基礎上，將文字重刻加深。此外，另有明嘉靖年間，御史朱寔昌謁温公墓後，又於百里之外訪得巨石，依照宋碑規制恢復的一通大碑，但已非蘇軾手筆（參見“忠清粹德之碑”）。

著録見《金石記》、《叢編》、《總目》。

碑今存於祠堂杏花碑亭内。

【碑文】

重立司馬温公神道碑記[1]

司馬温公于有宋熙、豐間，致君澤民，成人行己，文章政事，豐功碩德，炳炳烺烺，著于天下，燦于萬國，見于當年，昭于後世，前賢述之備矣，故不待庭直言而後知也。公薨于元祐之初，歸祔先壟[2]。神道一碑，奉詔撰寫者，實學士院承旨、眉山蘇公[3]也。迨至紹聖[4]間，遭姦諛之譖愬[5]，蔽主上之聰明[6]，以公之輩爲幽黨[7]，遂仆其碑而磨其文。延及靖康[8]，君有念之，乃全復官爵，欲再立碑而未暇，迄今五十餘年，埋之深土，毁滅圬漫，不傳于世，甚可傷悼。然天眷有德[9]，恐後世之弗知，乃生杏樹一株于碑座龜趺之側。轇[10]枝蟠屈，周映交圍，春花籠以錦帳，夏實[11]絡以金鑾，翠幄羞其秋陰之青蒼，虬繞讓彼冬枝之屈曲，異于天下之怪木，雖畫工之巧，有不能傳會落筆于其間者。噫！碑座之龜，爲杏所護惜覆密如此之怪，蓋神物守持，要後世駭龜杏之殊，而問碑所存之自也。庭直自皇統戊辰[12]秋八月行令夏臺，下車之初，首謁墳所，酹[一]酒屬文[13]而吊之，問諸守墳僧圓珍，具道始末。因仰天而噓，臨風灑淚，拂其泥涂，觀無字碑而嘆曰："斯文不重摹，何以洗士民之污？斯碑不再立，何以慰人鬼之泣?!"歸而謀諸僧，訪尋舊本，乃于公曾姪二孫曰作曰通[14]家得之。因募邑恩僧法洪率闔邑寺院，各出羨餘，共成雅事，命工刊摸，欲扶其碑。工者白其墳僧曰："審其碑，正面穴隙已不可鐫磨。轉視碑陰，則斜裂破碎，間實以土，分而爲二，决不可立。想見初仆碑時，爲無知輩自龜而上推扑所致而然也。欲再别尋石于諸山，倉卒之際，定不能致，兼亦目即無初立碑朝廷之大力也"。數日深思而無謀。公族姪孫曰倚者，與僧、匠見白曰："不若横碑作小段而摸立之則可。如斯，則龜杏不損，俾後人之知其異焉"。議之凡月餘，不能决，將以候乃作乃通之來而訂論之。則二子方冒暑毒，焚舟决戰，取應于雲、燕之間而未回。適有衆僧之力仍，偶庭直在任，浩然有立碑之興，一鼓作氣，不至再三而衰，竭誠投機之會，間不容穗之時也。因斷碑而爲四，額一，趺一，共成六石，使後之人摸而合爲一亦可，分而爲六圖亦可。于是不恤群議，斷而行之，使公[15]家子弟它日顯拔，或後來令長有特達之義，問山選石，磨鉅碑而載刻于初龜之上，則其本尚在，可以重興，庭直不能無待于後來也。嗚呼！天之將喪斯文也，使後死者不得與于斯文也。天之未喪斯文也，初毁公之德而仆之者，今則其奈碑何?!天之相之，厥有自哉！已而詢之僧曰："其碑摸刻，將何所立乎?[二]"圓珍稽首作禮，面公之墳，焚香正色，誓而告庭直曰："當出私帑，于墳院法堂之後，特創一堂，中設公像，周圍置朱龕以立之。一以報温公之恩遇，一以報祖師之傳法，一以報信友協助之賜，一以報縣令勸成之力，專署[16]巨牌，號曰'温公神道碑堂'，乃圓珍之用心也"。庭直壯其志，喜其言，乃命筆而直書之，以垂不朽。大金皇統九年六月二十日，朝散大夫、行解州夏縣令、騎都尉、太原縣開國男、食邑三百户、賜紫金魚袋、淮西壽春王庭直謹記并立石。

進士王昭書丹并題額。

親姪孫司馬槮[三]監刊。李�刊。

【校勘記】

［一］“酹”，《叢編》作“酎”。

［二］“乎”，碑作“孚”。

［三］“槮”，《叢編》作“傪”，誤。

【注釋】

［1］神道碑：舊時立在墓道前記載死者事蹟的石碑。起於漢代，用於封建統治階級的上層人物。後也有稱刻在神道碑上之文爲“神道碑”，成爲文體之一。

［2］先壟：祖先的墳地。壟，墳地。

［3］蘇公：即蘇軾（1037—1101 年），字子瞻，宋眉州眉山（今屬四川）人，故稱。

［4］紹聖：宋哲宗趙煦年號，公元 109—1098 年。

［5］譖愬：誣陷誹謗。譖，音 zèn。誣陷。愬，音 sù。誹謗。

［6］聰明：聰爲聽覺，明爲視覺。

［7］幽黨：政治昏暗之黨。

［8］靖康：北宋欽宗趙桓年號。公元 1126—1127 年。

［9］天眷有德：即老天也會顧念有德者。眷，回顧；戀慕。

［10］轇：音 liú。盤曲。

［11］實：果實。

［12］皇統戊辰：即皇統八年，公元 1148 年。

［13］酹酒屬文：即酬酒作祭文。

［14］作、通：即司馬光曾姪孫司馬作、司馬通，均爲司馬朴之子。

［15］公：即司馬温公。

［16］署：題名，題字。

【附録】

一、《金石記》：“金重立司馬温公神道碑記，皇統九年六月。王庭直撰，王昭書。今在夏縣。謹案：庭直爲夏縣令，得原碑拓本於司馬作家，乃分爲四石，摹刻之，合碑額及跋尾爲六石，與墳院別築室，嵌之壁間，此《記》即末一石也。中言‘作及弟通，方冒暑毒，焚舟決戰於雲、燕之間，未回。”考是時南北罷兵，疆域晏安，雲、燕爲金中京、西京地，所云‘焚舟決戰’者，竟不知爲何事也”。

二、《叢編》：“按，《夏縣志》：‘忠清粹德碑’在司馬温公墓前。紹聖初，章惇、蔡卞謀發公冢，哲宗以許將言，不從，止令仆所立碑。按，事具《長編拾補》。碑仆之頃，大風走石，郡吏莫敢近。獨一匠氏奮斤前擊，俄仆碑下死。碑額以御篆獲存。金皇統中，忽生杏樹一株於碑座龜趺之側，虯枝盤曲，周映交護。邑令王庭直謁墓下驚嘆，因得斷碑於深土，分爲四石，並其額、跋共成六石，摹刻嵌壁間，僧圓珍出私帑建‘神道碑堂’，即《記》所言守墳僧圓珍出私帑，特建一堂，號曰‘温公神道碑堂’。皆與碑合。明吕柟、朱實昌修温公祠記亦載王庭直謁墓事。庭直作《記》於皇統，時欽宗降封未薨，故止稱靖康君。又《縣志》：‘王庭直，壽春縣人。皇統八年爲夏縣令，政事蔚有可觀。嘗謁温公墓，感杏蟠龜趺之異，出碑土中，祀名宧’。碑言：‘曾姪孫二曰作曰通，族姪孫曰倚，監刊者爲親姪孫傪’［編著者按，當爲“㑊”］。按，明司馬相《積德事狀》：‘國朝褒崇道學，既使從祀孔廷，仍録其後，訪之，夏縣無人焉’。舊《夏縣志》：‘知縣高奎論温公在夏子孫，金時猶有存者’，王庭直《重立温公神道碑記》可見。元季不知所終，蓋以司馬相《積德事狀》言夏無人也。温公曾孫伋，宋禮部侍郎，今碑作‘倚’、‘傪’，皆‘人’旁，益可信爲温公之族。碑末題‘行夏縣令王庭直謹記，進士王昭書’。碑見《通志·金石記》”。

又，“重立温公神道碑記，碑連額高四尺四寸五分，廣二尺二寸八分。二十七行，行四十字。題額八字。均正書。今在夏縣”。

謁司馬光墓詩

【簡介】

元至元四年（1267 年）四月。范庸撰書，餘慶禪院僧人行選立石。

碑呈正方形。高 60、寬 60、厚 14.5 厘米。詩文 16 行，行 6—17 字不等。字徑 2 厘米。正書。首題“謁司馬温國公墓詩并序”。

著録僅見《總目》。

碑今存於禪院。

【碑文】

謁司馬温國公墓詩并序[一]

予到官之五日，拜司馬温國文正公墓，顧瞻良久，而有是詩，寔至元改元閏十二月既望[1]也。洞羊後學范庸頓首書[2]。

蒼蒼中條山[3]，悠悠涑河水[4]。
哲人生其間[5]，而有司馬氏。
山水秀且明，桑梓故鄉里[6]。
宋朝入相時，天下聞之喜。
通鑒一編書[7]，名分盡乎禮。
天地夾是非，以禮爲綱紀。
大哉君臣道，逆順合條理。
遂令千載下，警懼良有以[8]。

禹都鳴條岡[9]，丘墳峙高壘。
大儒世臣家，何處孫與子。
我時來拜瞻，昆仲没荆杞[10]。
考古詢寺僧，懷賢心未已。
黨人仆其碑[11]，今日果誰耻？
杏花蔭黿趺，異事入青史。

細讀東坡銘，文章剩褒美。

迴首悲風來，商聲振林起[12]。

大元至元四年四月九日，餘慶禪院尊宿[13]僧行選立石。

【校勘記】

[一]《總目》謂："'謁司馬温公墓詩并序'，元至元改元（1271 年）閏十二月立石"。按，至元爲元世祖忽必烈年號，時間爲公元 1264—1294 年。改元，即公元 1264 年，非 1271 年，且碑末署明"大元至元四年四月九日，餘慶禪院尊宿僧行選立石"，故碑應爲 1267 年所立。"至元改元"當是作詩的時間，至元四年，則是立石時間。

【注釋】

[1] 望：舊時稱農曆十五爲望，望後一日爲既望。

[2] 洞羊：未詳。范庸：未詳。頓首：頭磕地而拜。

[3] 中條山：在山西省西南部，黄河與涑水河間。

[4] 涑水河：在山西省西南部。因其流經司馬光故里，故司馬光稱"涑水先生"。

[5] 哲人：才能識見超越尋常的人。

[6] 桑梓：桑和梓爲古代家宅旁邊常栽的樹木，後用作故鄉的代稱。

[7]《通鑒》：即司馬光所著史學巨篇《資治通鑒》。編：古時用以穿聯竹簡的皮條或繩子。後因稱一部書或書的一部分。

[8] 以：論事的標準。即指司馬光的君臣名分、條理等。

[9] 禹都：即傳説中的禹之都城，在今夏縣。鳴條岡，也在山西西南部，司馬光墓即在鳴條岡。

[10] 昆仲：稱他人兄弟的敬辭。

[11] 黨人：指政治上結成朋黨的人。

[12] 商聲：凄愴的聲音。

[13] 尊宿：佛教中對前輩有重望的人之尊稱。

重刊司馬光神道碑

【簡介】

原石立於宋哲宗元祐三年（1088年）。蘇軾撰文并書丹，玉册官王磻奉旨摹刻。額爲宋哲宗親書，題曰“忠清粹德之碑”。額上並署有“御篆”（頂部）、“元祐戊辰崇慶殿書”及“御書之印”（九叠體）一方（中下部），係“……供奉官、翰林待詔董士隆奉旨摹勒”（左下部），“皇□□□□□□□□□□□□再□刊立”（右下部）。

紹聖初，碑爲章惇、蔡卞等仆毁後，又先後三次刻立：

一爲金皇統九年（1149年）王庭直主持摹刻，李瑱刊。碑爲四石，俗稱“杏花碑。”

二爲元至正十二年（1352年）孫安在金代碑石上，又將文字重刊加深，仍爲四石。高均約175、寬86—89、厚26厘米。每石文17行，行41字，字徑3—3.5厘米。

三爲明嘉靖二年（1523年）五月朱實昌主持，利用原存舊額、趺，揣度宋代規制的碑身，親自選石、書丹而立，又稱“忠清粹德之碑”。

需要説明的是，元代重刊之碑末加署有“大元至正歲次壬辰七月吉日，山東順德路唐山縣孫安重刊”二十四字，而明朱實昌所立之碑前後人等署名、官銜，與宋、金、元時的《神道碑》又有以下不同之處：

1. 碑前原署“蘇軾奉敕撰并書”，明碑删去“并書”二字，而題作“大明賜同進士出身、文林郎、奉敕巡按山西等處、湖廣道監察御史高安朱寔昌書丹立石”。

2. 碑末删去“玉册官臣王磻奉聖旨摹刻”十一字，而署“嘉靖二年歲次癸未五月九日。督理知縣桀察。校對生員种雲漢。鐫匠王强”。

著録見《金石記》、《叢編》、《縣志》、《叙録》、《總目》等。

金、元合一的《神道碑》，今存祠堂杏花碑亭内。

【碑文】

宋故正議大夫、守尚書左僕射兼門下侍郎、上柱國、河内郡開國公、食邑四千一百户、食實封壹阡伍伯户、贈太師、追封温國公、謚文正司馬公神道碑[一]

翰林學士、朝奉郎、知制誥兼侍讀、上騎都尉、武功縣開國男、食邑三百户、賜紫金魚袋臣蘇軾奉敕撰并書。

上即位之三年，朝廷清明，百揆[1]時叙，民安其生，風俗一變。異時薄夫鄙人，皆洗心易德，務爲忠厚，人人自重，耻言人過，中國無事，四夷[2]稽首請命。惟西羌夏人[3]叛服不常，懷毒自疑，數入爲寇。上命諸將按兵不戰，示以形勢。不數月，生致大首領鬼章青宜結闕下[4]。夏人數十萬寇涇原，至鎮戎城下，五日無所得，一夕遁去，而西羌兀征聲延以其族萬人來降。黄河始決曹村，既築靈平，復決小吳，横流五年，朔方[5]騷然。而今歲之秋，積雨彌月，河不大溢。及冬，水入地益深，有北流赴海、復禹舊蹟之勢。凡上所欲，不求而獲，而其所惡，不麾而去，天下曉然，知天意與上合，庶幾[6]復見至治之成，家給人足，刑措[7]不用，如咸平、景德[8]間也。或[9]以問臣軾："上與太皇太后[10]安所施設而及此？"臣軾對曰："在《易·大有》上九：'自天祐之，吉無不利'。孔子曰：'天之所助者，順也；人之所助者，信也。履信思乎[二]順，又以尚賢也。'是以自天祐之，吉無不利。今二聖[11]躬'信'、'順'以先天下，而用司馬公以致天下士，應是三德矣"。且以臣觀之，公，仁人也，天相之矣。何以知其然也？曰：公以文章名于世，而以忠義自結人主[12]，朝廷知之可也，四方之人何自知之？士大夫知之可也，農商走卒何自知之？中國知之可也，九夷八蠻何自知之？方其退居於洛，眇然如顔子之在陋巷[13]，累然如屈原之在陂澤，其與民相忘也久矣。而名震天下，如雷霆，如河漢，如家至而日見之。聞其名者，雖愚無知如婦人孺子，勇悍難化如軍伍夷狄，以至於姦邪小人，雖惡其害己、仇而疾之者，莫不斂衽[14]變色，咨嗟[15]太息，或至於流涕也。元豐之末，臣自登州[16]入朝，過八州[17]以至京師，民知其與公善也，所在數千人，聚而號呼於馬首曰："寄謝司馬丞相，慎毋去朝廷，厚自愛，以活百姓。"如是者，蓋千餘里不絶。至京師，聞士大夫言，公初入朝，民擁其馬，至不得行，衛士見公，擎跽[18]流涕者，不可勝數。公懼而歸洛。遼人、夏人遣使入朝，與吾使至虜中者，虜[19]必問公起居。而遼人敕其邊吏曰："中國相司馬矣，慎毋生事開邊隙！"其後公薨，京師之民罷市而往吊，粥[三]衣[20]以致奠，巷哭以過車[21]者，蓋以千萬數。上命户部侍郎趙瞻[22]、内侍省[23]押班馮宗道護其喪歸葬。瞻等既還，皆言民哭公哀甚，如哭其私親。四方來會葬者，蓋數萬人。而嶺南封州父老相率致祭，且作佛事以薦[24]公者，其詞尤哀。炷薌[四][25]於手[五]頂以送公葬者，凡百餘人；而畫像以祠[六]公者，天下皆是也。此豈人力也哉？天相之也。疋夫而能動天，亦必有道矣。非至誠一德，其孰能使之?!《記》[26]曰："惟天下之至誠，爲能盡其性。能盡其性，則能盡人之性；能盡人之性，則能盡物之性；能盡物之性，則可以贊天地之化育矣。"《書》[27]曰："惟尹躬暨湯，咸有一德，克享天心。"又曰："德惟一，動罔不吉；德二三，動罔不凶。"或以千金與人，而人不喜，或以一言使人，而人死之者，誠與不誠故也。稽天之潦，不能終朝，而一綫之溜可以達石者，一與不一故也。誠而一，古之聖人不能加毫末於此矣，而況公乎？故臣論公之德，至于感人心，動天地，巍巍如此，而蔽之以二言：曰誠，曰一。公諱光，字君實，其先河内人，晉安平獻王孚之後。王之裔孫征東大將軍陽，始葬今陜州夏縣涑水鄉，子孫因家焉。曾祖諱政，以五代衰亂不仕，贈太子太保。祖諱炫，舉進士，試秘書省校書郎，終于耀州富平縣[28]令，贈太子太傅。考諱池，寶元、慶曆間名臣，終于兵部郎中、天章閣待制。贈太師温國公。曾祖妣薛氏，祖妣皇父[七]氏，妣聶氏，皆封温國太夫人。公始以進士甲科事仁宗皇帝，至天章閣待制，知諫院。始發大議，乞立宗子爲後，以安宗廟。宰相韓琦[29]等因其言，遂定大計。事英宗皇帝，爲諫議大夫、龍圖閣直學士，論陜西刺[八]義勇爲民患，及内侍任守忠姦蠹[30]，乞斬以謝天下，守忠竟以讁[31]死。又論濮安懿王當準先朝封贈期親尊屬故事，天下義之。事神宗皇帝，爲翰林學士、御史中丞。西戎部將嵬名山，欲以横山之衆降，公極論其不可納，後必爲邊患，已而果然。勸帝不受尊號，遂爲萬世法。及王安石爲相，始[九]行青苗、助役、農田水利，謂之“新法”。公首言其害，以身爭之。當時士大夫不附安石、言新法不便者，皆倚公爲重。帝以公爲樞密副使[32]，公以言不行，不受命。乃以爲端明殿學士，出知永興軍[33]。遂以留司御史臺[34]及提舉崇福宫，退居于洛十有五年。及上即位，太皇太后攝政，起公爲門下侍郎，遷正議大夫，遂拜左僕射[35]。公首更詔書，以開言路，分别邪正，進退其甚者十餘人。旋罷保甲、保馬、市易及諸道新行鹽鐵茶法，最後遂罷助役、青苗。方議取士擇守，令監司以養民，期於富而教之，凛凛[一〇]向至治矣。而公卧病，以元祐元年九月丙辰朔薨于位，享年六十八。太皇太后聞之慟，上亦感涕不已。時方祀明堂[36]，禮成不賀。二聖皆臨其喪，哭之哀甚，輟視朝。贈太師、温國公，襚[37]以一品禮服，謚[38]曰“文正”。官其親屬十人。公娶張氏，吏部尚書存之女，封清河郡君，先公卒，追封温國夫人。子三人，童、唐皆早亡，康今爲秘書省校書郎。孫二人，植、桓，皆承奉郎。以元祐二年[一一]正月辛酉，葬于陜之夏縣涑水南原之晁村。上以御篆表其墓道曰：“忠清粹德之碑”，而其文以命臣軾。臣蓋嘗爲公行狀，而端明殿學士范鎮取以志其墓矣，故其詳不復再見。而獨論其大方，議者徒見上與太皇太后進公之速，用公之盡，而不知神宗皇帝知公之深也。自士庶人至于卿大夫，相與爲[一二]賓師朋友，道足以相信，而權不足以相休戚。然猶同己則親之，異己則疎之，未有聞過而喜，受誨而不怒者也，而況于君臣之間乎？方熙寧中，朝廷政事，與公所言無一不相違者。書數十上，皆盡言不諱，蓋自敵[一三]以下所不能堪，而先帝安受之，非特不怒而已，乃欲以爲左右輔弼之臣。至爲叙其所著書，讀之于迩英閣[39]，不深知公而能如是乎？二聖之知公也，知之於既同；而先帝之知公也，知之於方異，故臣以先帝爲難。昔齊神武皇帝寢疾，告其子世宗曰：“侯景[40]專制河南十四年矣，諸將皆莫能敵。惟慕容紹宗可以制之。我故不貴，留以遺汝。”而唐太宗亦謂高宗[41]：“汝于李勣[42]無恩，我今責出之，汝當授以僕射”。乃出勣爲叠州[43]都督。夫齊神武、唐太宗雖未足以比隆[44]先帝，而紹宗與勣亦非公之流，然古之人君，所以爲其子孫長計遠慮者，類皆如此。寧其身不受知人之名，而使其子[一四]專享得賢之利。先帝知公如此，而卒不盡用，安知其意不出於此乎？臣既書其事，乃拜手稽首而作詩曰：

於皇上帝，子惠我民。孰堪顧天，惟聖與仁。

聖子受命，如堯之初。神母詔之，匪亟匪徐。

聖神無心，孰左右之。民自擇相，我興授之。

其相惟何，太師温公。公來自西，一馬二童。

萬人環之，如渴赴泉。孰不見公，莫如我先。

二聖忘己，惟公是式。公亦無我，惟民是度。

民曰樂哉，既相司馬。尔賈于途，我耕于野。

士曰時哉，既用君實。我後子先，時不可失。

公如麟鳳，不鷙不搏。羽毛畢朝，雄狡率服。

爲政一年，疾病半之。功則多矣，百年之思。

知公于異，識公于微。匪公之思，神考是懷。

天子萬年，四夷來同。薦于清廟，神考之功。

玉册官臣王磻奉聖旨摹刻[45]。

大元至正歲次壬辰七月吉日，山東順德路唐山縣孫安重刊。

【校勘記】

[一] 本碑文依元至正時重刊之石。

[二]“乎”，《縣志》缺。

[三]“粥”，《宋史·司馬光傳》與《縣志》均作“鬻”，二字古文可通。

[四]“薌”，《縣志》作“香”。二者均可。

[五]《縣志》遺“手”字。

[六]“祠”，或作“祀”。

[七]“皇父氏”，《縣志》作“皇甫氏”。當是。

[八]“剌”，《叢編》缺筆。

[九]“始”，碑泐右半部。《叢編》作“始”，明朱實昌重刊“忠清粹德之碑”作“如”。今從《叢編》。

[一〇]《叢編》及碑均作“凛”，《縣志》作“懔”。

[一一]《縣志》作“三年”，誤。

[一二]《縣志》漏一“爲”字。

[一三]《縣志》“敵”後衍一“已”字。

[一四]《縣志》作“子孫”。“孫”，衍字。

【注釋】

[1] 百揆：泛指庶政。

[2] 四夷：東夷、西戎、南蠻、北狄，舊時通稱“四夷”。

[3] 羌：我國古代西部民族之一。夏：即西夏。爲北宋仁宗時，黨、項、羌貴族趙元昊所建。據有今甘肅省、寧夏回族自治區和内蒙古自治區部分地區。當時，這兩族經常入侵中原地區。

[4] 鬼章青宜結：吐蕃首領。闕下：宮闕之下。這裏指北宋朝廷。

[5] 朔方：北方。

[6] 庶幾：也許可以。表示希望或推測之詞。

[7] 刑措：同“刑錯”。無人犯法，刑法擱置不用。

[8] 咸平、景德：均爲北宋真宗趙恒年號，前者爲公元998—1003年；後者爲公元1004—1007年。

[9] 或：有人。

[10] 太皇太后：即宋哲宗之祖母高氏。亳州蒙城（今安徽蒙城）人，爲英宗皇后。

[11] 二聖：即宋哲宗、高太皇太后。

[12] 人主：人君，即天子。

[13] 陋巷：狹窄之街巷。亦指貧家所居之處。《論語》：“賢哉回也！一簞食，一瓢飲，在陋巷，人不堪其憂，回也不改其樂。”回，即顔淵。今山東曲阜顔廟附近，據説仍有陋巷故址。

[14] 斂衽：提起衣襟夾於帶間，表示敬意。

[15] 咨嗟：嘆息；贊嘆。

[16] 登州：在今山東。

[17] 八州：指萊州、淮州、青州、濟州等。

[18] 擎跽：擎，舉，往上托。《莊子》：“擎跽曲拳，人臣之禮也。”跽，音jì。古人席地而坐，以兩膝着地，兩股貼於兩脚跟上。股不着脚跟爲跪，跪而聳身直腰爲跽。

[19] 虜：對敵方的蔑稱。

[20] 粥衣：賣衣。粥，即“鬻”，“粥”的本字。

[21] 過車：指經過的靈車。

[22] 趙瞻：1019—1090年。字大觀。慶曆進士，曾在夏縣任官。哲宗時，召爲太常少卿，遷户部侍郎。元祐三年（1088年），除簽書樞密院事，次年進同知諫院事。

[23] 内侍省：官署名。爲宦官機構。有左右班都知、副都知、押班等。掌殿庭灑

掃等雜役，皇帝外出，則跟隨執乘輿，服侍皇帝。

［24］薦：遇時節供時物而祭。

［25］炷薌：即炷香。意謂焚香。薌，音 xiāng。通“香”。

［26］記：即《禮記》。

［27］書：即《尚書》。

［28］耀州富平縣：今屬陜西。

［29］韓琦：1008—1075 年。宋相州安陽（今屬河南）人，字稚圭，天聖進士。帶兵與范仲淹齊名。嘉祐三年（1507 年）拜相。與司馬光、富弼等屢次上疏，反對王安石變法。

［30］蠹：音 dù。蛀蟲。

［31］譴：罪過。

［32］樞密副使：即宋最高軍事機關樞密院副長官。掌管軍國機務、兵防、邊備、軍馬等政令，出納機密命令等。

［33］永興軍：治今陜西西安。轄境廣至今寧夏、陜西、山西、河南等許多地區。

［34］御史臺：官署名，爲監察機關，以御史中丞爲長官。

［35］左僕射：官名。宋代左、右僕射爲宰相之職。

［36］明堂：古代帝王宣明政教的地方。凡朝會、祭祀、慶賞、選士、養老、教學等大典，均在此舉行。

［37］襚：音 suì。向死者贈送衣被。也指贈給死者的衣被。

［38］謚：音 shì。帝王、貴族、大臣、士大夫死後，依其生前事蹟給予的稱號。

［39］迩英閣：北宋宫廷殿閣之一。

［40］侯景:？—552 年。南朝梁人。字萬景。初爲北朝魏爾朱榮部將，後歸高歡。歡死，附梁，封爲河南王。後舉兵叛變，攻破建康。梁武帝被圍而餓死。侯景自立爲漢帝，到處燒殺掠搶，史稱“侯景之亂。”後被梁將陳霸先、王僧辯擊敗，逃亡時被部下殺死。

［41］唐太宗、高宗：即李世民、李治。

［42］李勣：594—669 年。本姓徐，名世勣，字懋功。曾參加瓦崗寨起義軍。後歸唐，賜姓李。因避李世民諱，單名勣。功勛卓著。

［43］叠州：北周置，隋廢。唐復置。故址在今甘肅。因群山重叠而得名。

［44］比隆：相比而超過。隆：高，多。

［45］玉册官：古代帝王以玉製的簡册用於祭告、封禪，也用於册命皇太子及后妃。此官即負責這類事情。王磻：未詳。

【附録】

一、《金石記》：“太師温國公司馬光墓碑，元祐元年。今在夏縣涑水南原。《舊通志》：哲宗御篆‘精忠粹德’碑額，翰林學士蘇軾奉敕撰并書，在鳴條岡温公墓前。紹聖初，章、蔡謀發公隧，哲宗以許將言不從，止令仆所立碑。碑仆之傾，大風走石，郡吏莫敢近，獨一匠奮斤前擊，忽仆碑下死。遂瘞其碑，惟御篆額尚在。皇統中，忽生杏樹一株於碑座龜趺之側，虯枝蟠屈，周映交護。邑令王庭直謁墓，驚嘆其異。因出斷碑於深土，已分爲四，並其額趺共六石，嵌壁間，而未及别鐫。至明嘉靖三年，侍御朱實昌乃選石摹刻，重立墓所，已非蘇公遺蹟矣。今土人猶呼爲‘杏花碑’”。

[編著者按，此碑非元祐元年。據司馬桂《忠清粹德碑樓記》：司馬光“既葬之明年，天子敕翰林學士蘇公撰公隧碑之文”。蘇軾《神道碑》云：光“以元祐二年正月辛酉葬於陜之夏縣涑水南原之晁村。”可知，立碑時間應在元祐三年。另據朱實昌碑云，立石時間爲嘉靖二年，非三年。]

二、《叢編》：“按《續通鑒長編》‘元祐元年九月丙辰朔，正議大夫、守尚書左僕射、兼門下侍郎司馬光卒’條下載：蘇軾嘗論光所以‘感人心、動天地者，而蔽以二言，曰誠、曰一’。君子謂軾知言，即此碑中語也。篇末措論歸重於神宗知公之深，而云：‘二聖之知公也，知之於既同；先帝之知公也，知之於方異’。又曰：‘古之人君，寧其身不受知人之名［編著者按，《叢編》誤作‘明’。］，而使其子專享得賢之利。先帝知公如此，而卒不盡用，安知其意不出於此’。若逆料他日章、蔡之徒，必有以紹述神考爲辭，而借變法爲公罪者，是以推本當日神宗用公之深心，以詔天下後世，用箝小人之口。‘文忠’真所謂哲人知幾者矣。温公［編著者按，《叢編》誤作“之”。］始入朝也，首改‘差役法’，持議甚峻，文忠及范忠宣皆力争之而不能得。暨公之殁，洛、蜀交訌，議論不靖，文、吕諸公又贊宣仁后，置蔡確死地。於是，熙、豐、元祐結釁日深，一朝翻覆，置國是不問，各泄憤以報其私，宋祚遂以不永。王偁之贊范忠宣曰：‘使熙寧用其言，則元祐無改更之患；元祐行其説，則紹聖無黨錮之禍’。善哉言乎！史臣謂：‘温公之改熙、豐舊事，其勇孟賁不如。然取仲尼不爲已甚之説，則忠宣及文忠之見有足多者矣’。議者謂：‘使温公不遽殞，其所措施，當終歸乎均平畫一，觀荆公殁，公遺吕正獻書可見。而必不同於文、吕之操切。然則公之死，非公之不幸，實宋之不幸也。又據《長編》，是年九月丁卯，中書舍人蘇軾爲翰林學士，而《紀年録》謂以十月十二日除學士、知制誥，恐當以史爲定。文定作文忠《行狀》謂：‘公自元祐以來，未嘗以歲課乞遷，故官止於朝奉郎。’又，《行狀》中所列勳爲上輕車都尉、封爲武功縣開國伯，食邑九百户，與碑首所具銜不同。按，此碑元祐時王磻奉聖旨摹刻，紹聖初仆。現存者爲明嘉靖三年［編著者按，當爲“嘉靖二年”。］侍御朱實昌摹刻。然碑末有‘山東順德路唐山縣孫安重刊’一行。考，宋無唐山縣，明無順德路，其爲元時無疑。元《地理志》‘順德路’：唐刑州。宋爲信德府，金改刑州，元初置元帥府，中統三年升順德府。至元二年，以順德府爲順德路，總管府縣九。唐山下隸中書省，而中書省統山東西、河北之地，安以唐山人到夏縣刻碑。同隸中書省，而山東、西不同，故日山東順德路某人也。疑元時已重刻，明又繙元刻耳”。

三、《縣志·輿地志》“古蹟”：

1.“太師司馬光墓，在涑水南原鳴條岡池墓側。哲宗御篆‘忠清粹德’碑額，翰林院學士蘇軾撰文。後章惇謀發公塚未果，擊其碑仆之，惟御額尚在。金知縣王庭直别立四碑，模寫其文，而又撰神道碑［編著者按，應爲《神道碑記》。］。其祖父十餘塚胥存。靖康後，曾孫禮部侍郎汲［編著者按，應作“伋”。］南遷，僑居浙江之山陰，故里惟有司致祭”。

2.“‘忠清粹德碑’，在司馬温公墓前，宋哲宗御篆‘忠清粹德之碑’六字，學士蘇軾撰文。紹聖初，章惇、蔡卞謀發公塚。哲宗以許將言不從，止令仆所立碑。紹聖初，御史周秩首論司馬温公‘誣謗先帝，盡廢其法’。章惇、蔡卞請發冢斫棺。門下侍郎許將獨無言。下等退，哲宗留將，問曰‘卿不言何也?’將曰：‘發人之墓，非盛德事’。哲宗曰：‘朕意與卿同’。乃不從。止令奪贈謚，仆所立‘忠清粹德神道碑’。碑仆之頃，大風走石，郡吏莫敢近。獨一匠氏奮斤前擊，俄仆碑下死。碑額以御篆獲存。金皇統中，忽生杏樹一株於碑座龜趺之側。蓼枝蟠屈，周映交護。邑令王庭直謁墓下，驚嘆。因得斷碑於深土，分爲四石，並其額、趺共成六石，摹刻嵌壁間。僧圓珍出私帑建神道碑堂。至明，御史朱實昌選石刻碑，立舊趺上，冠以御篆原額”。

四、《碑帖叙録》：“司馬温公碑，宋蘇軾撰并書。在河南省夏邑縣。原石早毁，金皇統八年（1148年）夏邑令王庭直重刻，斫爲四石，每石十七行，行四十一字。前有額，後有王跋，俱另石刻，拓者多遺之。今第四石横斷，斷處皆侵損，然皆可見。清孫承澤《庚子銷夏記》云：‘温公碑在夏邑，蘇文忠（蘇軾）奉旨撰書，文既宏肆，琳琅其音。書法端謹，大存晉唐遺法，文忠第一妙蹟也’”。

［編著者按，楊氏所云“司馬温公碑”（四石）所在地在河南省夏邑縣，大錯特錯矣。且其所説的重刻年代也有誤。楊氏所言之碑，當爲司馬光塋祠現存金、元合刊者。］

五、乾隆《夏縣志》“藝文”：清·錢益謙《記温國司馬文正公神道碑後》

“天啓壬戌，得司馬文正公神道碑刻於長安肆中，紙敝墨渝，深加寶重，而又竊怪其不盛于世也，遂命良工裝演［編著者按，疑爲“潢”。］，屬友人程孟陽題而藏諸篋。衔後三年乙丑，被放歸田，讀元人程鉅夫集《温公墓碑老杏圖詩序》曰：公之墓碑仆於群憸之口，而斷碑之隙有杏生焉。金皇統間，夏邑王令建祠，修復老杏，迄今二百餘年矣。白雲翁家與之鄰，益用封植。皇慶之元，翁爲平章政事，出所繪圖及修復之碑，使廣平程某序之。鉅夫之序所謂夏邑王令者，壽春王廷直，金皇統間夏邑令也。白雲翁者，元平章察罕也。鉅夫記修復事頗略，然有以知其出於磨泐之後，而碑之傳於世者，爲不易也。考於《通志》，得廷直所自記曰，紹聖間仆温公墓碑而磨其文。靖康復公官爵，欲再立而未暇，迄今五十餘年，埋之深土，毁滅污漫，不傳於世，天眷有德，乃生杏樹一株於碑座龜趺之側，繆枝屈蟠，春華夏實。廷直以皇統戊辰秋八月行令夏臺，問諸守僧圓真，訪得舊本於公曾姪孫曰作曰通之家，命工刊模，碑面穴隙不可鐫磨，碑陰碎裂間實以土，蓋初仆時自龜而上推扑使然也，欲别選鉅石作豐碑，則又無大葬時朝廷之物力。公族姪孫綺［編著者按，當作“倚”。］曰，不若横作小段而模立之，則龜杏不損，後之人知其異然。因斫碑而爲四，額一，跋一，共六石。僧法洪率闔邑僧院咸出貲助之。圓真又出私帑，於墳院法堂之後設堂，以祀公、置碑石焉，號曰‘温公神道碑堂’，此皇統修復之始末也。余初得此碑，凡四紙，縱長丈餘，横半之，與斫碑爲四之説符合，爲皇統時所修復無疑也。余所存者四石而已，其額與跋皆不可考矣。然而，是碑也，仆於宋，復於金，龜趺之僅存，老杏之封植，皆有鬼神護持，而余乃幸而得之，又豈易哉？余又謹按，公以元祐元年九月卒於位，二聖親臨其喪，哲宗再遣使詔其孤康，又遣大臣諭旨，俾奪遺命從官葬，命入内内侍省供奉官李永言，乘驛詣涑水相地卜宅。於是，以十月甲午掘壙，發陝、解、蒲、華四州卒穿土，復選上方百工爲葬具。十一月，復命公從子富提舉之。十二月丙戌，墓成。其葬也，以二年正月辛酉。既葬之明年，敕翰林學士蘇軾撰碑，上親爲篆字，以表其首。又命永言及公從孫桂督將作百工，起樓於墓之東南以居焉。樓之大制，基極相距凡四丈有五尺，上有四門，門爲二牖，下爲二門，門爲一堿，復閣周於碑，回廊還於閣，繚垣四起，爲之蔽衛。凡七月而畢事，土木金石杇墁丹堊之工，總會一萬六千有奇，而所損之數稱是，此元祐中大葬温公恩禮之大略也。八年九月，宣仁聖烈皇后崩。紹聖元年七月，三省言，前後臣僚論列元祐以來司馬某等罪惡，詔司馬某、吕公著各追所贈官并謚告，及追所賜神道碑額，仍下陝西、鄭州各於逐官墳所，拆去官修碑樓，及倒碑磨毁奉敕所撰碑文訖奏，從許將之言僅免斫棺僇尸而已。四年二月，追貶‘清遠軍節度副使’；四月，又貶朱崖軍司户參軍。徽宗追復未幾，而崇寧復貶，‘姦黨’之碑，大書深刻者，再皆以公等爲首。靖康初元，除元祐學術黨禁，贈公爲太師，而事已不可爲矣。廷直修復公墓，在金皇統八年戊辰，紹興之十八年也，距紹聖仆碑時計五十有五年矣，乃能摩挲斷碑，以修復爲己任，洪真輩皆僧徒，相與佽助之，惟恐後其，視紹聖、崇寧諸人，又何如也。嗚呼！公墓之廢興，關於有宋之存亡，庸敢牽連書之於碑刻之後，後之君子亦將有感焉。是年冬十有一月二十七日謹記。”

老杏圖詩

【簡介】

明正德十五年（1520 年）二月。程文海撰，潘選書，知縣榮察建石。

碑爲圓首長方座，身首連體。高 164、寬 70、厚 16 厘米。座長 98、寬 69、高 64 厘米。詩文 16 行，行 8—41 字不等，字徑 2—5 厘米。草書。首題“温公墓碑老杏圖詩”。

潘選，婺源（屬今江西）人，事蹟未詳。

榮察，藍田（屬今陝西）人。時任夏縣知事。《縣志·官師志》“歷任令佐”：“（榮察）進士，正德十四年（1519 年）升主事，終貴州參議。”

著録僅見《總目》。

碑今立於塋地。

【碑文】

温公墓碑老杏圖詩

司馬文正公之葬也，敕命蘇文忠公爲文表其墓，至尊親書其額曰：“忠清粹德之碑”。未幾，仆于群憸[1]之口。嗚呼！邦國殄瘁[2]，固基于紹聖哉！而斷碑之罅[3]隨有杏生焉。磐屈蓋偃，擁其龜趺，若非偶然者。金皇統間，夏邑王令及墓僧建祠，修復老杏，迄今二百餘年矣而無恙。白雲翁家與之鄰，益用封植[4]，繪而爲圖，皇慶[5]之元，翁以平章政事預國論議留京師，乃出是圖，及修復之碑以視。廣平程文海[6]序之，遂爲詩曰：

吾聞精誠可以貫金石，誰謂草木真無情。
君看穹龜涑水公，老杏布護數百齡。
風枝雨葉擁幢蓋，陰森若有神物凴[7]。
涑水先生三代士，青春行天和且平。
問學深探古人頤[8]，德化直與元氣并。
蘇公雄文照四海，比較當世誰重輕。
豐碑俯仰漫興廢，百仆不奪二老名。

由來宋祠圮中葉，已在紹聖非崇寧。
夏耋大夫獨好事[9]，異國肯與扶顛傾。
古祠香火今幾載，大字深刻羅軒屏。
何人卜居占此土，白雲老子今疑丞。
摩挲往事起惆悵[10]，表顯更爲圖丹青。
乃知天地崇至誠，陳根斷石猶寵靈。
此心豈有古今異，遺跡試向天人徵。

涑水斷碑，蓋世荒阨，既而忠誠格天[11]，顯示呵護，兹豈偶然，天未欲喪斯文也。近讀晉《通志·夏縣志》，此圖詩序具爲缺文。求雲翁歸先生之後，亦無文獻足徵。慨天心之眷庇，而搜羅嗣似有遺力焉。暇日謄畀夏知縣榮察，俾勒石墓旁。嗟乎！天未欲喪斯文也，人可自没乎哉?!

正德庚辰[12]春二月婺源潘選書。

賜同進士出身、文林郎、知夏縣事藍田榮察建石。

【注釋】

[1] 憸：音 xiān。姦邪；邪惡。

[2] 殄瘁：困病、困苦。殄，音 tiān；瘁，均爲病。

[3] 罅：音 xià。裂逢，空隙。

[4] 植：封立，樹立。

[5] 皇慶：元仁宗年號。公元 1312—1313 年。

[6] 程文海：未詳。

[7] 馮："憑"的古字。音 píng。依仗、倚託。

[8] 頤：音 yí。腮，下頜。

[9] 耋：音 dié。老、壽。

[10] 摩挲：撫弄。

[11] 格天：凡所作爲，感通於天，叫格天。

[12] 正德庚辰：即明正德十五年，公元 1520 年。

忠清粹德之碑

【簡介】

明嘉靖二年（1523年）五月。宋蘇軾撰文，明朱實昌書丹并立石。額爲宋哲宗御篆“忠清粹德之碑”。首題“宋故正議大夫、守尚書左僕射兼門下侍郎、上柱國、河内郡開國公、食邑四千一百户、食實封壹仟伍伯户、贈太師、追封温國公、謚文正司馬公神道碑”。

碑爲螭首龜趺。首高172、寬180、厚54厘米。趺長383、寬180、高135（頭部爲162）厘米。贔屓下面的底座爲浮雕圖案，海波翻滚，龜魚暢游。其長310、寬250厘米，厚度不詳。

碑身爲朱實昌依宋碑規制另選巨石所配。高510、寬176、厚44厘米。形制高大而宏偉。刻文29行，行64—98字不等，字徑5厘米。正書。

碑末署:“嘉靖二年歲次癸未五月九日。督理知縣滎察。校對生員种雲漢。鐫匠王强”。

按，碑文即爲前録《司馬光神道碑》，故略。但有幾個問題須予説明：

一、在碑底部，有少許文字剥泐：

①“讀之于邇英閣”句，“之”字缺下半，“於”字全無。

②“而唐太宗亦謂高宗”句，“高宗”之“宗”字缺。

③“先帝知公如此，而卒不盡用”句，“不”字缺。

④“鐫匠王强”之“强”字下半缺。

二、與元代重刊的碑文對照，個别特殊字有異：

①“中國相司馬矣，慎毋生事開邊隙”和“寄謝司馬丞相，慎毋去朝”之“毋”字，明朱實昌重立之碑均作“母”。

②“太皇太后聞之慟，上亦感涕不已”之“已”，明碑作“巳”，誤。

③“及王安石爲相，始行青苗、助役、農田水利，謂之新法”之“始”字，元碑此字右半部剥泐，明碑作“如”，《叢編》作“始”。

碑今立於墓道前碑樓内。

【碑文】

見前《司馬光神道碑》。

【附録】

一、《宋史·司馬光傳》:“司馬光字君實，陜州夏縣人也。父池，天章閣待制。光生七歲，凛然如成人，聞講《左氏春秋》，愛之，退爲家人講，即了其大指。自是手不釋書，至不知饑渴寒暑。群兒戲於庭，一兒登甕，足跌没水中，衆皆棄去，光持石擊甕破之，水迸，兒得活。其後京、洛間畫以爲圖。仁宗寶元初，中進士甲科。年甫冠，性不喜華靡，聞喜宴獨不戴花，同列語之曰:‘君賜不可違。’乃簪一枝。

除奉禮郎，時池在杭，求簽蘇州判官事以便親，許之。丁内外艱，執喪累年，毁瘠如禮。服除，簽書武成軍判官事，改大理評事，補國子直講。樞密副使龐籍薦爲館閣校勘，同知禮院。

中官麥允言死，給鹵簿。光言:‘繁纓以朝，孔子且猶不可。允言近習之臣，非有元勳大勞，而贈以三公官，給一品鹵簿，其視繁纓，不亦大乎。’夏竦賜謚文正，光言:‘此謚之至美者，竦何人，可以當之?’改‘文莊’。加集賢校理。

從龐籍辟，通判并州。麟州屈野河西多良田，夏人蠶食其地，爲河東患。籍命光按視，光建:‘築二堡以制夏人，募民耕之，耕者衆則糴賤，亦可漸紓河東貴糴遠輸之憂。’籍從其策;而麟將郭恩勇且狂，引兵夜渡河，不設備，没於敵，籍得罪去。光三上書自引咎，不報。籍没，光升堂拜其妻如母，撫其子如昆弟，時人賢之。

改直秘閣、開封府推官。交趾貢異獸，謂之麟，光言:‘真僞不可知，使其真，非自至不足爲瑞，願還其獻。’又奏賦以風。修起居注，判禮部。有司奏日當食，故事食不滿分，或京師不見，皆表賀。光言:‘四方見、京師不見，此人君爲陰邪所蔽;天下皆知而朝廷獨不知，其爲灾當益甚，不當賀。’從之。

同知諫院。蘇轍答制策切直，考官胡宿將黜之，光言:‘轍有愛君憂國之心，不宜黜。’詔寘末級。

仁宗始不豫，國嗣未立，天下寒心而莫敢言。諫官范鎮首發其議，光在并州聞而繼之，且貽書勸鎮以死争。至是，復面言:‘臣昔通判并州，所上三章，願陛下果斷力行。’帝沉思久之，曰:‘得非欲選宗室爲繼嗣者乎?此忠臣之言，但人不敢及耳。’光曰:‘臣言此，自謂必死，不意陛下開納。’帝曰:‘此何害，古今皆有之。’光退未聞命，復上疏曰:‘臣向者進説，意謂即行，今寂無所聞，此必有小人言陛下春秋鼎盛，何遽爲不祥之事。小人無遠慮，特欲倉卒之際，援立其所厚善者耳。“定策國老”、“門生天子”之禍，可勝言哉?’帝大感動曰:‘送中書。’光見韓琦等曰:‘諸公不及今定議，異日禁中夜半出寸紙，以某人爲嗣，則天下莫敢違。’琦等拱手曰:‘敢不盡力。’未幾，詔英宗判宗正，辭不就，遂立爲皇子，又稱疾不入。光言:‘皇子辭不貲之富，至于旬月，其賢於人遠矣。然父召無諾，君命召不俟駕，願以臣子大義責皇子，宜必入。’英宗遂受命。

兖國公主嫁李瑋，不相能，詔出瑋衛州，母楊歸其兄璋，主入居禁中。光言：‘陛下追念章懿太后，故使瑋尚主。今乃母子離析，家事流落，獨無雨露之感乎？瑋既黜，主安得無罪？’帝悟，降主沂國，待李氏恩不衰。

進知制誥，固辭，改天章閣待制兼侍講、知諫院。時朝政頗姑息，胥史喧嘩則逐中執法，輦官悖慢則退宰相，衛士凶逆而獄不窮治，軍卒詈三司使而以爲非犯階級。光言皆陵遲之漸，不可以不正。

充媛董氏薨，贈淑妃，輟朝成服，百官奉慰，定謚，行册禮，葬給鹵簿。光言：‘董氏秩本微，病革方拜充媛。古者婦人無謚，近制惟皇后有之。鹵簿本以賞軍功，未嘗施於婦人。唐平陽公主有舉兵佐高祖定天下功，乃得給。至韋庶人始令妃主葬日皆給鼓吹，非令典，不足法。’時有司定後宫封贈法，后與妃俱贈三代，光論：‘妃不當與后同，袁盎引却慎夫人席，正爲此耳。天聖親郊，太妃止贈二代，而況妃乎？’

英宗立，遇疾，慈聖光獻后同聽政。光上疏曰：‘昔章獻明肅有保佑先帝之功，特以親用外戚小人，負謗海内。今攝政之際，大臣忠厚如王曾，清純如張知白，剛正如魯宗道，質直如薛奎者，當信用之；猥鄙如馬季良，讒諂如羅崇勳者，當疎遠之，則天下服。’

帝疾愈，光料必有追隆本生事，即奏言：‘漢宣帝爲孝昭後，終不追尊衛太子、史皇孫；光武上繼元帝，亦不追尊鉅鹿、南頓君，此萬世法也。’後詔兩制集議濮王典禮，學士王珪等相視莫敢先，光獨奮筆書曰：‘爲人後者爲之子，不得顧私親。王宜準封贈期親尊屬故事，稱爲皇伯，高官大國，極其尊榮。’議成，珪即命吏以其手稿爲按。既上與大臣意殊，御史六人爭之力，皆斥去。光乞留之，不可，遂請與俱貶。

初，西夏遣使致祭，延州指使高宜押伴，傲其使者，侮其國主，使者訴於朝。光與吕誨乞加宜罪，不從。明年，夏人犯邊，殺略吏士。趙滋爲雄州，專以猛悍治邊，光論其不可。至是，契丹之民捕魚界河，伐柳白溝之南，朝廷以知雄州李中祐爲不材，將代之。光謂：‘國家當戎夷附順時，好與之計較末節，及其桀驁，又從而姑息之。近者西禍生於高宜，北禍起於趙滋；時方賢此二人，故邊臣皆以生事爲能，漸不可長。宜敕邊吏，疆埸細故輒以矢刃相加者，罪之。’

仁宗遺賜直百餘萬，光率同列三上章，謂：‘國有大憂，中外窘乏，不可專用乾興故事。若遺賜不可辭，宜許侍從上進金錢佐山陵。’不許。光乃以所得珠爲諫院公使錢，金以遺舅氏，義不藏于家。后還政，有司立式，凡后有所取用，當覆奏乃供。光云：‘當移所屬使立供已，乃具數白后，以防矯僞。’

曹佾無功除使相，兩府皆遷官。光言：‘陛下欲以慰母心，而遷除無名，則宿衛將帥、内侍小臣，必有覬望。’已而遷都知任守忠等官，光復爭之，因論：‘守忠大姦，陛下爲皇子，非守忠意，沮壞大策，離間百端，賴先帝不聽；及陛下嗣位，反覆交構，國之大賊。乞斬於都市，以謝天下。’責守忠爲節度副使，蘄州安置，天下快之。

詔刺陜西義勇二十萬，民情驚擾，而紀律疎略不可用。光抗言其非，持白韓琦。琦曰：‘兵貴先聲，諒祚方桀驁，使驟聞益兵二十萬，豈不震懾？’光曰：‘兵之貴先聲，爲無其實也，獨可欺之於一日之間耳。今吾雖益兵，實不可用，不過十日，彼將知其詳，尚何懼？’琦曰：‘君但見慶曆間鄉兵刺爲保捷，憂今復然，已降敕榜與民約，永不充軍戍邊矣。’光曰：‘朝廷常失信，民未敢以爲然，雖光亦不能不疑也。’琦曰：‘吾在此，君無憂。’光曰：‘公長在此地，可也；異日他人當位，因公見兵，用之運糧戍邊，反掌間事耳。’琦嘿然，而訖不爲止。不十年，皆如光慮。

王廣淵除直集賢院，光論其姦邪不可近：‘昔漢景帝重衛綰，周世宗薄張美。廣淵當仁宗之世，私自結於陛下，豈忠臣哉？宜黜之以厲天下。’進龍圖閣直學士。

神宗即位，擢爲翰林學士，光力辭。帝曰：‘古之君子，或學而不文，或文而不學，惟董仲舒、揚雄兼之。卿有文學，何辭爲？’對曰：‘臣不能爲四六。’帝曰：‘如兩漢制詔可也；且卿能進士取高第，而云不能四六，何邪？’竟不獲辭。

御史中丞王陶以論宰相不押班罷，光代之，光言：‘陶由論宰相罷，則中丞不可復爲。臣願俟既押班，然後就職。’許之。遂上疏論修心之要三：曰仁，曰明，曰武；治國之要三：曰官人，曰信賞，曰必罰。其說甚備。且曰：‘臣獲事三朝，皆以此六言獻，平生力學所得，盡在是矣。’御藥院内臣，國朝常用供奉官以下，至内殿崇班則出；近歲暗理官資，非祖宗本意。因論高居簡姦邪，乞加遠竄。章五上，帝爲出居簡，盡罷寄資者。既而復留二人，光又力爭之。張方平參知政事，光論其不叶物望，帝不從。還光翰林兼侍讀學士。

光常患歷代史繁，人主不能遍覽，遂爲《通志》八卷以獻。英宗悦之，命置局秘閣，續其書。至是，神宗名之曰《資治通鑒》，自製《序》授之，俾日進讀。

詔録潁邸直省官四人爲閤門祗候，光曰：‘國初草創，天步尚艱，故御極之初，必以左右舊人爲腹心耳目，謂之隨龍，非平日法也。閤門祗候在文臣爲館職，豈可使厮役爲之。’

西戎部將嵬名山欲以横山之衆，取諒祚以降，詔邊臣招納其衆。光上疏極論，以爲：‘名山之衆，未必能制諒祚。幸而勝之，滅一諒祚，生一諒祚，何利之有；若其不勝，必引衆歸我，不知何以待之。臣恐朝廷不獨失信諒祚，又將失信於名山矣。若名山餘衆尚多，還北不可，入南不受，窮無所歸，必將突據邊城以救其命。陛下不見侯景之事乎？’上不聽，遣將种諤發兵迎之，取綏州，費六十萬，西方用兵，蓋自此始矣。

百官上尊號，光當答詔，言：‘先帝親郊，不受尊號。末年有獻議者，謂國家與契丹往來通信，彼有尊號我獨無，於是復以非時奉册。昔匈奴冒頓自稱“天地所生日月所置匈奴大單于"，不聞漢文帝復爲大名以加之也。願追述先帝本意不受此名'。帝大悦，手詔獎光，使善爲答辭，以示中外。

執政以河朔旱傷，國用不足，乞南郊勿賜金帛。詔學士議，光與王珪、王安石同見，光曰：'救灾節用，宜自貴近始，可聽也。'安石曰：'常衮辭堂饌，時以爲衮自知不能，當辭位不當辭禄。且國用不足，非當世急務，所以不足者，以未得善理財者故也。'光曰：'善理財者不過頭會箕斂爾。'安石曰：'不然，善理財者，不加賦而國用足。'光曰：'天下安有此理？天地所生財貨百物，不在民，則在官，彼設法奪民，其害乃甚於加賦。此蓋桑羊欺武帝之言，太史公書之以見其不明耳。'争議不已。帝曰：'朕意與光同，然姑以不允答之。'會安石草詔，引常衮事責兩府，兩府不敢復辭。

安石得政，行新法，光逆疏其利害。邇英進讀，至曹參代蕭何事，帝曰：'漢常守蕭何之法不變，可乎？'對曰：'寧獨漢也，使三代之君常守禹、湯、文、武之法，雖至今存可也。漢武取高帝約束紛更，盜賊半天下；元帝改孝宣之政，漢業遂衰。由此言之，祖宗之法不可變也。'

吕惠卿言：'先王之法，有一年一變者，"正月始和，布法象魏是也"；有五年一變者，巡守考制度是也；有三十一年變者，"刑罰世輕世重是也"。光言非是，其意以風朝廷耳。'帝問光，光曰：'布法象魏，布舊法也。諸侯變禮易樂者，王巡守則誅之，不自變也。刑新國用輕典，亂國用重典，是爲世輕世重，非變也。且治天下譬如居室，敝則修之，非大壞不更造也。公卿侍從皆在此，願陛下問之。三司使掌天下財，不才而黜可也，不可使執政侵其事。今爲制置三司條例司，何也？宰相以道佐人主，安用例？苟用例，則胥吏矣。今爲看詳中書條例司，何也？'惠卿不能對，則以他語詆光。帝曰：'相與論是非耳，何至是。'光曰：'平民舉錢出息，尚能蠶食下户，况縣官督責之威乎！'惠卿曰：'青苗法，願取則與之，不願不强也。'光曰：'愚民知取債之利，不知還債之害，非獨縣官不强，富民亦不强也。昔太宗平河東，立糴法，時米斗十錢，民樂與官爲市。其後物貴而知糴不解，遂爲河東世世患。臣恐異日之青苗，亦猶是也。'帝曰：'坐倉糴米何如？'坐者皆起，光曰：'不便。'惠卿曰：'糴米百萬斛，則省東南之漕，以其錢供京師。'光曰：'東南錢荒而粒米狼戾，今不糴米而漕錢，棄其有餘，取其所無，農末皆病矣！'侍講吴申起曰：'光言，至論也。'

它日留對，帝曰：'今天下洶洶者，孫叔敖所謂國之有是，衆之所惡也。'光曰：'然。陛下當論其是非。今條例司所爲，獨安石、韓絳、惠卿以爲是耳，陛下豈能獨與此三人共爲天下邪？'帝欲用光，訪之安石。安石曰：'光外託劘上之名，内懷附下之實。所言盡害政之事，所與盡害政之人，而欲置之左右，使與國論，此消長之大機也。光才豈能害政，但在高位，則異論之人倚以爲重，韓信立漢赤幟，趙卒氣奪，今用光，是與異論者立赤幟也。'

安石以韓琦上疏，卧家求退。帝乃拜光樞密副使，光辭之曰：‘陛下所以用臣，蓋察其狂直，庶有補於國家。若徒以禄位榮之，而不取其言，是以天官私非其人也。臣徒以禄位自榮，而不能救生民之患，是盗竊名器以私其身也。陛下誠能罷制置條例司，追還提舉官，不行青苗、助役等法，雖不用臣，臣受賜多矣。今言青苗之害者，不過謂使者騷動州縣，爲今日之患耳。而臣之所憂，乃在十年之外，非今日也。夫民之貧富，由勤惰不同，惰者常乏，故必資於人。今出錢貸民而斂其息，富者不願取，使者以多散爲功，一切抑配。恐其逋負，必令貧富相保，貧者無可償，則散而之四方，富者不能去，必責使代償數家之負。春算秋計，展轉日滋，貧者既盡，富者亦貧。十年之外，百姓無復存者矣。又盡散常平錢穀，專行青苗，它日若思復之，將何所取？富室即盡，常平已廢，加之以師旅，因之以饑饉，民之羸者必委死溝壑，壯者必聚而爲盗賊，此事之必至者也。’抗章至七八，帝使謂曰：‘樞密，兵事也，官各有職，不當以他事爲辭。’對曰：‘臣未受命，則猶侍從也，於事無不可言者。’安石起視事，光乃得請，遂求去。

以端明殿學士知永興軍。宣撫使下令分義勇戍邊，選諸軍驍勇士，募市井惡少年爲奇兵；調民造乾糒，悉修城池樓櫓，關輔騷然。光極言：‘公私困敝，不可舉事，而京兆一路皆内郡，繕治非急。宣撫之令，皆未敢從，若乏軍興，臣當任其責。’於是一路獨得免。徙知許州，趣入覲，不赴；請判西京御史臺歸洛，自是絶口不論事。而求言詔下，光讀之感泣，欲嘿不忍，乃復陳六事，又移書責宰相吴充，事見《充傳》。

蔡天申爲察訪，妄作威福，河南尹、轉運使敬事之如上官；當朝謁應天院神御殿，府獨爲設一班，示不敢與抗。光顧謂臺吏曰：‘引蔡寺丞歸本班。’吏即引天申立監竹木務官富贊善之下。天申窘沮，即日行。

元豐五年，忽得語澀疾，疑且死，豫作遺表置卧内，即有緩急，當以畀所善者上之。官制行，帝指御史大夫曰：‘非司馬光不可。’又將以爲東宫師傅。蔡確曰：‘國是方定，願少遲之。’《資治通鑒》未就，帝尤重之，以爲賢於荀悦《漢紀》，數促使終篇，賜以穎邸舊書二千四百卷。及書成，加資政殿學士。凡居洛陽十五年，天下以爲真宰相，田夫野老皆號爲司馬相公，婦人孺子亦知其爲君實也。

帝崩，赴闕臨，衛士望見，皆以手加額曰：‘此司馬相公也。’所至，民遮道聚觀，馬至不得行，曰：‘公無歸洛，留相天子，活百姓。’哲宗幼冲，太皇太后臨政，遣使問所當先，光謂：‘開言路。’詔榜朝堂。而大臣有不悦者，設六語云：‘若陰有所懷；犯非其分；或扇摇機事之重；或迎合已行之令；上以徼倖希進；下以眩惑流俗。若此者，罰無赦。’後復命示光，光曰：‘此非求諫，乃拒諫也。人臣惟不言，言則入六事矣。’乃具論其情，改詔行之，于是上封者以千數。

起光知陳州，過闕，留爲門下侍郎。蘇軾自登州召還，緣道人相聚號呼曰：‘寄謝司馬相公，毋去朝廷，厚自愛以活我。’是時天下之民，引領拭目以觀新政，而議者猶謂‘三年無改於父之道’，但毛舉細事，稍塞人言。光曰：‘先帝之法，其善者雖百世不可變也。若安石、惠卿所建，爲天下害者，改之當如救焚拯溺。況太皇太后以母改子，非子改父。’衆議甫定。遂罷保甲團教，不復置保馬；廢市易法，所儲物皆鬻之，不取息，除民所欠錢；京東鐵錢及茶鹽之法，皆復其舊。或謂光曰：‘熙、豐舊臣，多憸巧小人，他日有以父子義間上，則禍作矣。’光正色曰：‘天若祚宗社，必無此事。’於是天下釋然，曰：‘此先帝本意也。’

元祐元年復得疾，詔朝會再拜，勿舞蹈。時青苗、免役、將官之法猶在，而西戎之議未決。光嘆曰：‘四患未除，吾死不瞑目矣。’折簡與吕公著云：‘光以身付醫，以家事付愚子，惟國事未有所託，今以屬公。’乃論免役五害，乞直降敕罷之。諸將兵皆隸州縣，軍政委守令通決。廢提舉常平司，以其事歸之轉運、提點刑獄。邊計以和戎爲便。謂監司多新進少年，務爲刻急，令近臣於郡守中選舉，而於通判中舉轉運判官。又立十科薦士法。皆從之。

拜尚書左僕射兼門下侍郎，免朝覲，許乘肩輿，三日一入省。光不敢當，曰：‘不見君，不可以視事。’詔令子康扶入對，且曰：‘毋拜。’遂罷青苗錢，復常平糶糴法。兩宫虚己以聽。遼、夏使至，必問光起居，敕其邊吏曰：‘中國相司馬矣，毋輕生事，開邊隙。’光自見言行計從，欲以身徇社稷，躬親庶務，不舍晝夜。賓客見其體羸，舉諸葛亮食少事煩以爲戒，光曰：‘死生，命也。’爲之益力。病革，不復自覺，諄諄如夢中語，然皆朝廷天下事也。

是年九月薨，年六十八。太皇太后聞之慟，與帝即臨其喪，明堂禮成不賀，贈太師、温國公，襚以一品禮服，賻銀絹七千。詔户部侍郎趙瞻、内侍省押班馮宗道護其喪，臨葬陝州。謚曰‘文正’，賜碑曰‘忠清粹德’。京師人罷市往弔，鬻衣以致奠，巷哭以過車。及葬，哭者如哭其私親。嶺南封州父老，亦相率具祭，都中及四方皆畫像以祀，飲食必祝。

光孝友忠信，恭儉正直，居處有法，動作有禮。在洛時，每往夏縣展墓，必過其兄旦，旦年將八十，奉之如嚴父，保之如嬰兒。自少至老，語未嘗妄，自言：‘吾無過人者，但平生所爲，未嘗有不可對人言者耳。’誠心自然，天下敬信，陝、洛間皆化其德，有不善者，曰：‘君實得無知之乎?’

光於物澹然無所好，於學無所不通，惟不喜釋、老，曰：‘其微言不能出吾書，其誕吾不信也。’洛中有田三頃，喪妻，賣田以葬，惡衣菲食以終其身。

紹聖初，御史周秩首論光誣謗先帝，盡廢其法。章惇、蔡卞請發冢斫棺，帝不許，乃令奪贈謚，仆所立碑。而惇言不已，追貶清遠軍節度副使，又貶崖州司户參軍。徽宗立，復太子太保。蔡京擅政，復降正議大夫。京撰《姦黨碑》，令郡國皆刻石。長安石工安民當鐫字，辭曰：‘民愚人，固不知立碑之意。但如司馬相公者，海内稱其正直，今謂之姦邪，民不忍刻也。’府官怒，欲加罪，泣曰：‘被役不敢辭，乞免鐫安民二字於石末，恐得罪於後世。’聞者愧之。

靖康元年，還贈謚。建炎中，配享哲宗廟庭。”

二、蘇軾《司馬温公行狀》：“曾祖政，贈太子太保。曾祖母薛氏，贈温國太夫人。祖炫，試秘書省校書郎，知耀州富平縣事，贈太子太傅。祖母皇甫氏，贈温國太夫人。父池，尚書吏部郎中，充天章閣待制，贈太師，追封温國公。母聶氏，贈温國太夫人。公諱光，字君實，其先河内人，晉安平獻王孚之後。王之裔孫征東大將軍陽，始葬今陜州夏縣涑水鄉，子孫因家焉。自高祖、曾祖，皆以五代衰亂不仕。富平府君始舉進士，没於縣令。皆以氣節聞於鄉里。而天章公以文學行義事真宗、仁宗爲轉運使、御史知雜事、三司副使，歷知鳳翔、河中、同、杭、虢、晉六州，以清直仁厚聞於天下，號稱一時名臣。

公自兒童，凛然如成人。七歲聞講《左氏春秋》，大愛之，退爲家人講，即了其大義。自是手不釋書，至不知饑渴寒暑。年十五，書無所不通。文辭醇深，有西漢風。天章公當任子，次及公，公推與二從兄，然後受［編著者按，《縣志》無“受”。］補郊社齋郎，再奏，將作監主簿。年二十，舉進士甲科，改奉禮郎。以天章公在杭，辭所遷官，求簽書蘇州判官事以便親，許之。未至，丁太夫人憂。未除，丁天章公憂。執喪累年，毁瘠如禮。服除，簽書武成軍判官事，改大理評事，爲國子直講，遷本寺丞。

故相龐籍名知人，始與天章公游，見公而奇之，及是爲樞密使，薦公召試館閣校勘，同知太常禮院。中官麥允言死，詔以允言有軍功，特給鹵簿。公言：‘孔子不以名器假人，繁纓以朝，且猶不可，允言近習之臣，非有元勳大勞，而贈以三公之官，給以一品鹵簿。其爲繁纓，不亦大乎？’故相夏竦卒，詔賜謚文正。公言：‘謚之美者，極於文正，竦何人，可以當此！’書再上，改謚文莊。遷殿中丞，除史館檢討，修日曆，改集賢校理。龐籍爲鄆州。徙并州，皆辟公通判州事，公感籍知已，爲盡力。

時趙元昊始臣，河東貧甚，官苦貴糴，而民疲于遠輸。麟州、窟野河西多良［編著者按，《縣志》作“糧”。］田，皆故漢地，公私雜耕。天聖中，始禁田河西者，虜乃得稍蠶食其地，俯窺麟州，爲河東憂。籍請公按視。公爲畫五策：‘宜因州中舊兵，益禁兵三千，厢兵五百，築二堡河西，可使堡外三十里虜不敢田，則州西六十里無虞［編著者按，《縣志》作“虜”。］矣。募民有能耕麟州閑田者，復其税役十五年；能耕窟野、河西者，長復之，耕者必衆，官雖無所得，而糴自賤，可以漸紓河東之民。’籍移麟州，如公言。而兵官郭恩勇且狂［編著者按，《縣志》誤作“狡”。］，夜開城門，引千餘人渡河，載酒食，不爲戰備，遇敵死之。議者歸罪於籍，罷節度使知青州。公守闕，三上書，乞獨坐其事，不報。籍初不以此望公，而公深以自咎。籍既没，升堂拜其妻如母，撫其子如昆弟，時人兩賢之。

改太常博士、祠部員外郎，直秘閣、判吏部南曹，遷開封府推官，賜五品服。交趾貢異獸，謂之麟。公言：‘真僞不可知，使其真，非自然而至，不足爲瑞，若僞，爲遠夷笑，願厚賜其使而還其獸。’因奏賦以諷。

遷度支員外郎，判勾院。擢修起居注，五辭而後受。判禮部。有司奏：六月朔，日當食。公言：‘故事，食不滿分，或京師不見皆賀。臣以爲日食四方見、京師不見，天意人君爲陰邪所蔽，天下皆知，而朝廷獨不知，其爲灾當益甚，皆不當賀。’詔從之。後遂以爲常。

遷起居舍人，同知諫院。蘇轍舉直言策，入第四等，而考官以爲不當收。公言：‘轍於同科四人中，言最切直，有愛君憂國之心，不可不收。’時宰相亦以爲當黜，仁宗不許。曰：‘求直言，以直棄之，天下其謂朕何！’公遂與諫官王陶同上疏：‘願爲宗廟社稷自重，却罷燕飲，安養神氣，後宫嬪御，進見有度，左右小臣，賜予有節，厚味臘毒，無益奉養者，皆不宜數御。’上嘉［編著者按，《縣志》作“皆”。］納之。

初，至和三年，仁宗始不豫，國嗣未立，天下寒心而不敢言，惟諫官范鎮首發其議。公時爲并州通判，聞而繼之。上疏言：‘《禮》：大宗無子，則小宗爲之後。爲之後者，爲之子也。願陛下擇宗室賢者，使攝儲貳，以待皇嗣之生，退居藩服。不然，則典宿衛、尹京邑，亦足以系天下之望。’疏三上，其一留中，其二付中書。公又與鎮書：‘此大事，不言則已，言一出，豈可復反，願公以死爭之。’於是鎮言之益力。及公爲諫官，復上疏，且面言：‘臣昔爲并州通判，所上三章，願陛下果斷而力行之。’時仁宗簡默不言，雖執政奏事，首肯而已。聞公言，沈思久之，曰：‘得非欲選宗室爲繼嗣者乎？此忠臣之言，但人不敢及耳。’公曰：‘臣言此，自謂必死，不意陛下開納。’上曰：‘此何害？古今皆有之。’因令公以所言付中書。公曰：‘不可，願陛下自以意喻宰相。’

是日，公復言江淮鹽事，詣中書白之。宰相韓琦問公，今日復何所言。公默計此大事，不可不使琦知，思所以廣上意者。即曰：‘所言宗廟社稷大計也。’琦喻意，不復言。後十餘日，有旨令公與御史裏行陳洙同詳定行户利害。洙與公屏語曰：‘日者大饗明堂，韓公攝太尉，洙爲監察。公從容謂洙，聞君與司馬君實善，君實近建言立嗣事，恨不以所言送中書，欲發此議，無自發之，行户利害，非所以煩公也，欲洙見公達此意耳。’時嘉祐六年閏八月也。

至九月，公復上疏言：‘臣向者進説，陛下欣然無難，意謂即行矣。今寂無所聞，此必有小人言陛下春秋鼎盛，子孫當千億，何遽爲此不祥之事。小人無遠慮，特欲倉猝之際，援立其所厚善者耳。唐自文宗以後，立嗣皆出於左右之意，至有稱“定策國老”、“門生天子”者，此禍豈可勝言哉！’上大感悟，曰：‘送中書。’公至中書，見琦等曰：‘諸公不及今定議，異日夜半禁中出寸紙以某人爲嗣，則天下莫敢違。’琦等皆唯唯，曰：‘敢不盡力。’後月餘，詔英宗判宗正寺，固辭不就職。明年，遂立爲皇太子，稱疾不入。公復上疏言：‘凡人爭絲毫之利，至相爭奪，今皇子辭不貲之富，至三百餘日不受命，其賢於人遠矣。有識聞之，足以知陛下之聖，能爲天下得人。然臣聞，父召無諾，君命召不俟駕而行，使者受命不受辭，皇子不當辭避，使者不當徒反。凡召皇子，内臣皆乞責降，且以臣子大義責皇子，宜必入。’英宗遂受命。

兖國公主下嫁李瑋，以驕恣聞。公上疏言：‘太宗時，姚坦爲兖王翊善，有過必諫，左右教王詐疾，逾月，太宗召王乳母，入問起居狀。母曰：王無疾，以姚坦故，鬱鬱成疾耳。太宗怒曰：王年少，不知爲此，皆汝輩教之。杖乳母數十，召坦慰勉之。齊國獻穆大長公主，太宗之子，真宗之妹，陛下之姑，而謙恭率禮，天下稱其賢。願陛下教子以太宗爲法，公主事夫以獻穆爲法。’已而公主不安於李氏，詔瑋出知衛州，公主入居禁中，而瑋母楊歸其兄璋，散遣其家人。公言：‘陛下追念章懿皇后，故使瑋尚主，今乃母子離析，家事流落，陛下獨無雨露之感，凄惻之心乎？瑋既責降，公主亦不得無罪。’上感悟，詔公主降封沂國，待李氏恩禮不衰。

判檢院，權判國子監，除知制誥，力辭至八九，改授天章閣待制。兼侍講，賜三品服，仍知諫院。上疏言：‘經略安撫使以便宜從事，出於兵興權制，非永世法。及將相大臣典州者，多以貴倨自恃，凌忽轉運使，使不得舉職。朝廷務省事，專行姑息之政。至於胥吏喧嘩而逐御史中丞，輦官悖慢而退宰相，衛士凶逆而獄不窮姦澤加於舊，軍人詈三司使而法官以爲非犯階級，於用法有疑其餘。有一夫流言於道路，而爲之變法推恩者多矣，皆凌遲之漸，不可以不正。’

充媛董氏薨，追贈婉儀，又贈淑妃，輟朝成服，百官奉慰定謚行册禮，葬給鹵簿。公言：‘董氏秩本微，病革之日，方拜充媛。古者婦人無謚，近制惟皇后有之，鹵簿本以賞軍功，未嘗施於婦人，惟唐平陽公主有舉兵佐高祖定天下之功，乃得給，至韋庶人始令妃主葬日，皆給鼓吹，非令典，不足法。’時有司新定後宫封贈法，皇后與妃皆贈三代。公言：‘别嫌明微，妃不當與后同。袁盎引却慎夫人坐，正爲此耳。天聖親郊，太妃止贈二代，而况妃乎！’

知嘉祐八年貢舉。仁宗崩，英宗以哀毁致疾，慈聖光獻太后同聽政。公首上疏言：‘章獻明肅太后，保佑先帝進賢退姦，有大功於趙氏，特以親用外戚小人，故負謗天下。今太后初攝大政，大臣忠厚如王曾，清純如張知白，剛正如魯宗道，質直如薛奎者，當信用之。鄙猥如馬季良、讒諂如羅崇勳者，當疏遠之，則天下服。’又上疏英宗，言：‘漢宣帝爲昭帝後，終不追尊衛太子、史皇孫。光武起布衣，得天下，自以爲元帝後，亦不追尊鉅鹿都尉、南頓君，惟哀、安、桓、靈，皆自旁親入繼大統，追尊其父祖，天下非之，願以爲戒。’

時公所得仁宗遺賜珠、金，直百餘萬，率同列三上章。言：‘國有大憂，中外窘乏，不可專用乾興故事。若遺賜不可辭，則宜許侍從以上進金錢，佐山陵費。’不許。公乃以所得珠爲諫院公使錢，金以遺其舅氏，義不藏於家。

英宗疾既平，皇太后還政。公上疏言：‘治身莫先於孝，治國莫先於公。’其言切至，皆母子間人所難言者。時有司立法，皇太后有所取用，有司奏覆，得御寶乃供。公極論以爲不可，當直下合同司移所屬立供，如上所取，已乃具疏奏太后，以防矯僞。

曹佾除使相，兩府皆遷。公言：‘佾無功而得使相，陛下以慰母心耳。今兩府皆遷，無名，若以還政爲功，則宿衛將帥、内侍小臣，必有覬望。’已而都知任守忠等皆遷。公復爭之，因論：‘守忠大姦，陛下爲皇子，非守忠意，沮壞大策，離間百端，賴先帝不聽。及陛下嗣位，反覆革面，交構兩宫，國之大賊，人之巨蠹，乞斬於都市，以謝天下。’詔以守忠爲節度副使，蘄州安置，天下快之。

時有詔陝西刺民兵號義勇。公上疏極論其害，云：‘康定、慶曆間籍陝西民爲鄉弓手，已而刺爲保捷［編著者按，《縣志》作“健”。］指揮，民被其毒，兵終不可用，遇敵先北，正兵隨之，每致崩潰。縣官知其坐食無用，汰遣歸農，而惰游之人，不能復反南畝，强者爲盗，弱者轉死，父老至今流涕也。今義勇何以異此！’章六上，不從。乞罷諫官，不許。

王廣淵除直集賢院。公言：‘廣淵姦邪不可近，昔漢景帝爲太子，召上左右飲，衛綰獨稱疾不行，及即位［編著者按，《縣志》作“即帝位”。］，待綰有加。周世宗鎮澶淵，張美爲三司吏，掌州之錢穀，世宗私有求假，美悉力應之，及即位，薄其爲人，不用。今廣淵當仁宗之世，私自結於陛下，豈忠臣哉！願黜之以厲天下。’

執政建言，濮安懿王德盛位隆，宜有尊禮，詔太常禮院與兩制議。翰林學士王珪等相顧不敢先。公獨奮筆立議曰：‘爲之後者爲之子，不敢復顧其私親。今日所以崇奉濮安懿王，典禮宜一准先朝封贈期親尊屬故事，高官大爵，極其尊榮。’議成，珪即敇吏，以公手稿爲案，至今存焉。時中外汹汹，御史吕誨、傅堯俞、范純仁、吕大防、趙鼎、趙瞻等皆爭之，相繼降黜。公上疏乞留之，不可。則乞與之皆貶。

初，西戎遣使致祭，而延州指使高宜押伴，傲其使者，侮其國主。使者訴於朝，公與吕誨乞加宜罪，不從。明年西戎犯邊，殺略吏士。趙滋爲雄州，專以猛悍治邊，公亦論其不可。至是契丹之民，有捕魚界河，伐柳白溝之南者。朝廷以知雄州李中佑爲不材，選將代之。公言：‘國家當戎狄附順時，好與之計較末節，及其桀驁，又從而姑息之。近者西戎之禍，生於高宜；北狄之隙，起於趙滋。朝廷方賢此二人，故邊臣皆以生事爲能。今若選將代中佑，則來者必以滋爲法，而以中佑爲戒，漸不可長，宜敇邊吏，疆埸細故，徐以文檄往反，若輕以矢刃相加者，坐之。’

京師大水，公上疏論三事，皆盡言無所隱諱。除龍圖閣直學士，判流内銓，改右諫議大夫，知治平四年貢舉。

神宗即位，首擢公爲翰林學士。公力辭，不許。上面諭公：‘古之君子，或學而不文，或文而不學，惟董仲舒、揚雄兼之，卿有文學，何辭焉？’公曰：‘臣不能爲四六。’上曰：‘如兩漢制誥可也。’公曰：‘本朝故事不可也。’上曰：‘卿能舉進士，取高等，而云不能四六，何也？’公趨出，上遣内臣至閤門，强公受告，拜而不受。趣公入謝，曰：‘上坐以待公。’公入，至廷中。以告置公懷中，不得已乃受。

遂爲御史中丞。初，中丞王陶論宰相不押常朝班爲不臣，宰相不從，陶爭之力，遂罷。公既繼之，言：‘宰相不押班，細故也，陶言之過。然愛禮存羊，則不可已。自頃宰相權重，今陶復以言宰相罷，則中丞不可復爲，願俟宰相押班，然後就職。’上曰：‘可。’陶既出知陳州，謝章詆宰相不已。執政議再貶陶。公言：‘陶誠可罪，然陛下欲廣言路，屈己受陶，而宰相獨不能容乎？’乃已。

公上疏論修心之要三：曰仁、曰明、曰武。治國之要三：曰官人、曰信賞、曰必罰。其説甚備。且曰：‘臣昔爲諫官，即以此六言獻仁宗，其後以獻英宗，今以獻陛下，平生學力所得，盡在是矣。’公在英宗時，與吕誨同論祖宗之制：‘勾當御醫院常用供奉官以下，至内殿崇班，則出。近歲居此位者，皆暗理寄資，食其廩給，非祖宗之意。又故事，年未五十，不得爲内侍省押班。今除張茂則，止四十八，不可。’至是，又言之。因論高居簡姦邪，乞加遠竄。章五上，上爲盡罷寄資内臣，居簡亦補外。

未幾，復留陳承禮、劉有方二人，公復爭之。又言：‘近者王中正往陝西，知涇州，劉涣等諂事中正，而鄜延鈐轄吴舜臣，違失其意。已而涣等進擢，舜臣降黜，權歸中正，謗歸陛下。是去一居簡，得一居簡。’上手詔問公所從知。公曰：‘臣得之賓客，非一人言，事之有無，惟陛下知之。若無，臣不敢避妄言之罪。萬一有之，不可不察。’

詔用宫邸直省官郭昭選等四人爲閤門祗候。公言：‘國初草創，天步尚艱，故即位之始，必以左右舊人爲腹心耳目，謂之隨龍，非平日法也。閤門祗候在文臣爲館職，豈可使厮役爲之。’

英宗山陵，公爲儀仗使，賜金五十兩，銀合三百兩。三上章辭，從之。

邊吏上言：‘西戎部［編著者按，《縣志》作“步”。］將嵬名山，欲以横山之衆，取諒祚以降。’詔邊臣招納其衆。公上疏極論，以爲：‘名山之衆，未必能制諒祚，幸而勝之，滅一諒祚，生一諒祚，何利之有；若其不勝，必引衆歸我，不知何以待之。臣恐朝廷不獨失信於諒祚，又將失信於名山矣。若名山餘衆尚多，還北不可，入南不受，窮無所歸，必將突據邊城以救其命，陛下獨不見侯景之事乎？’上不聽，遣將种諤發兵迎之，取綏州，費六十萬萬。西方用兵，蓋自是始矣。

兼翰林侍讀學士。登州有不成婚婦，謀殺其夫傷而不死者。吏疑問即承，知州事許遵讞之。有司當婦絞而詔貸之。遵上議，准律，因犯殺傷而自首者，得免所因之罪，婦當減一等，不當絞。詔公與王安石議之，安石是遵議［編著者按，《縣志》無“議”。］。公言：‘謀殺猶故殺也，皆一事，不可分爲二。若謀爲所因與殺爲二，則故與殺亦可爲二邪?’自宰相文彦博以下，皆附公議，然卒用安石言，至今天下非之。

權知審官院。百官上尊號，公當答詔。上疏言：‘先帝親郊不受尊號，天下莫不稱頌，末年有建言者，國家與契丹有往來書信，彼有尊號而我獨無，以爲深耻。於是，群臣復以非時上尊號。昔漢文帝時，單于自稱：天地所生日月所置匈奴大單于，不聞文帝復爲大名以加之也。願陛下追用先帝本意，不受此名。’上大悦，手詔答公：‘非卿朕不聞此言，善爲答詞，使中外曉然，知朕至誠，非欺衆邀名者。’遂終身不復受尊號。

執政以河朔灾傷，國用不足，乞今歲親郊，兩府不賜金帛，送學士院取旨。公言：‘兩府所賜，以匹兩計止二萬，未足以救灾，宜自文臣兩省武臣宗室刺史以上皆減半。’公與學士王珪、王安石同對。公言：‘救灾節用，宜自貴近始，可聽兩府辭賜。’安石曰：‘常衮辭賜饌，時議以爲衮自知不能，當辭位不當辭禄，且國用不足，非當今之急務也。’公曰：‘衮辭禄猶賢於持禄固位者，國用不足，真急務。安石言非是。’安石曰：‘不足者，以未得善理財者故也。’公曰：‘善理財者，不過頭會箕斂以盡民財，民窮爲盜，非國之福。’安石曰：‘不然，善理財者，不加賦而上用足。’公曰：‘天下安有此理？天地所生財貨百物，止有此數，不在民則在官。譬如雨澤，夏澇則秋旱。不加賦而上用足，不過設法陰奪民利，其害甚於加賦。此乃桑羊欺漢武帝之言，太史公書之，以見武帝不明耳。至其末年，盜賊蠭起，幾至於亂。若武帝不悔禍，昭帝不變法，則漢幾亡。’爭議不已。王珪進曰：‘救灾節用，宜自貴近始，光言是也。然所費無幾，恐傷國體，安石言亦是。惟明主裁擇。’上曰：‘朕意與光同。然姑以不允答之。’會安石當制，遂引常衮事責兩府，兩府亦不復辭。

兼史館修撰。上問公可爲諫官者，公薦吕誨，誨以天章閣待制知諫院。詔公與張茂則同相視二股河及土堤利害。公用都水監丞宋昌言策，乞於二股之西置土堤，約水東流，若東流日深，北流自淺，薪芻漸備，乃塞其北，放出御河、葫蘆河下流，以紓恩、冀、深、瀛以西之患。時議者多不同，公於上前反覆論難，甚苦，卒從之。後皆如公言，賜詔奬諭。

王安石始爲政，創立制置三司條例司，建爲青苗、助役、水利、均輸之政，置提舉官四十餘員，行其法於天下，謂之新法。公上疏，逆陳其利害，曰：‘後當如是。’行之十餘年，無一不如公言者。天下傳誦，以爲公真宰相，雖田父野老，皆號公司馬相公。而婦人孺子，知其爲君實也。

邇英進讀，至蕭何、曹參事。公曰：‘參不變何法，得守成之道。故孝惠、高后時，天下晏然，衣食滋殖。’上曰：‘漢常守蕭何之法，不變可乎?’公曰：‘何獨漢也，使三代之君，常守禹、湯、文、武之法，雖至今存可也。武王克商，曰：乃反商政，政由舊。然則雖周亦用商政也。《書》曰：無作聰明，亂舊章。漢武帝用張湯言，取高帝法紛更之，盜賊半天下。元帝改宣帝之政，而漢始衰。由此言之，祖宗之法。不可變也。’

後數日，吕惠卿進講。因言：‘先王之法，有一年而變者，正月始和，布法象魏是也。有五年一變者，巡狩考制度是也。有三十年一變者，刑罰世輕世重是也。有百年不變者，父慈、子孝、兄友、弟恭是也。前日光言非是，其意以諷朝廷，且譏臣爲條例司官耳。’上問公：‘惠卿言何如？’公曰：‘布法象魏。布舊法也，何名爲變。若四孟月朔屬民讀法，爲時變月變耶？諸侯有變禮易樂者，王巡狩則誅之，王不自變也。刑新國用輕典，亂國用重典，平國用中典，是爲世輕世重，非變也。且治天下，譬如居室，敝則修之，非大壞不更造也。大壞而更造，非得良匠美材不成。今二者皆無有，臣恐風雨之不庇也。公卿侍從皆在此，願陛下問之。三司使掌天下財。不才而黜可也。不可使兩府侵其事，今爲制置三司條例司，何也？宰相以道佐人主，安用例？苟用例，則胥吏足矣。今爲看詳中書條例司，何也？’惠卿不能對。則詆公曰：‘光爲侍從何不言，言而不從何不去？’公作而對曰：‘是臣之罪也。’上曰：‘相與論是非耳，何至是！’講畢，賜坐户外。將出，上命徙坐户内，左右皆避去。上曰：‘朝廷每更一事，舉朝洶洶，何也？’王珪曰：‘臣疏賤在闕門之外，朝廷之事不能盡知，借使聞之道路，又不知其虚實也。’上曰：‘聞則言之。’公曰：‘青苗出息，平民爲之，尚能以蠶食下户，至饑寒流離，況縣官法度之威乎？’惠卿曰：‘青苗法，願取則與之，不願不强也。’公曰：‘愚民知取債之利，不知還債之害，非獨縣官不强，富民亦不强也。臣聞作法於凉，其弊猶貪，作法於貪，弊將若之何！昔太宗平河東，立和糴法，時米斗十餘錢，草束八錢，民樂與官爲市。其後物貴而和糴不解，遂爲河東世世患，臣恐異日之青苗，猶河東之和糴也。’上曰：‘陝西行之久矣，民不以爲病。’公曰：‘臣陝西人也，見其病不見其利，朝廷初不許也。而有司尚能以病民，況立法許之乎？’上曰：‘坐倉糴米何如？’坐者皆起曰：‘不便。上已罷之幸甚。’上曰：‘未罷也。’公曰：‘京師有七年之儲，而錢常乏，若坐倉錢益乏，米益陳，奈何？’惠卿曰：‘坐倉得米百萬斛，則省東南百萬之漕，以其錢供京師，何患無錢？’公曰：‘東南錢荒而米狼戾，今不糴米而漕錢，棄其有餘，取其所無，農末皆病矣。’侍講吴申起曰：‘光言至論也。’公曰：‘此皆細事，不足煩人主，但當擇人而任之。有功則賞，有罪則罰，此則陛下職也。’上曰：‘然。文王罔攸，兼於庶言，庶獄庶慎，惟有司之牧夫。’公趨出。上曰：‘卿得毋以惠卿之言不樂乎？’公曰：‘不敢。’韓琦上疏論青苗之害，上感悟，欲罷其法。安石稱疾求去。

會拜公樞密副使，公上章力辭，至六七。曰：‘上誠能罷制置條例司，追還提舉官，不行青苗、助役等法，雖不用臣，臣受賜多矣。不然，終不敢受命。’上遣人謂公：‘樞密，兵事也，官各有職，不當以他事爲辭。’公言：‘臣未受命，則猶侍從也，於事無不可言者。’安石起視事，青苗法卒不罷，公亦卒不受命。

則以書喻安石，三往反，開喻苦至，猶幸安石之聽而改也。且曰：‘巧言令色鮮矣仁，彼忠信之士，於今當路時，雖齟齬可憎，後必徐得其力，諂諛之人，於今誠有順適之快，若一旦失勢，必有賣公以自售者。’意謂吕惠卿。對賓客，輒指言之曰：‘覆王氏者，必惠卿也。小人本以利合，勢傾利移，何所不至。’其後六年，而惠卿叛安石，上書告其罪，苟可以覆王氏者，靡不爲也。由是天下服公先知。

公求補外，上猶欲用公，公不可。以端明殿學士出知永興軍。朝辭進對，猶乞免本路青苗、助役。

宣撫使下令，分義勇四番，欲以更戍邊，選諸軍驍勇，募閭里惡少爲奇兵，調民爲幹糧皴飯，雖内郡不被邊，皆修城池樓櫓如邊郡，且遣兵就糧長安、河中、鬧，三輔騷然。公上疏，極言：‘方今歲凶，公私困弊，不可舉事，而永興一路城池樓櫓皆不急，幹糧皴飯昔嘗造，後無用腐棄之，宣撫司令，臣皆未敢從。若乏，軍興，臣坐之。’於是一路獨得免。

頃之，詔移知許州，不赴，遂乞判西京留司御史臺以歸。自是絶口不論事。以祀明堂恩，加上柱國。

至熙寧七年，上以天下旱、蝗，詔求直言。公讀詔泣下，欲默不忍，乃復陳六事。一青苗，二免役，三市易，四邊事，五保甲，六水利，此尤病民者［編著者按，《縣志》作“也”。］，宜先罷。又以書責宰相吴充：‘天子仁聖如此，而公不言，何也？’

元豐五年，公忽得語澀疾，自疑當中風，乃豫作遺［編著者按，《縣志》衍“文”字。］表，大略如六事加詳盡，感慨親書，緘封置卧内，且死，當以授所善范純仁、范祖禹，使上之。

凡居洛十五年，再任留司御史臺，四任提舉崇福宫。官制行，改太中大夫加資政殿學士。

神宗崩，公赴闕臨，衛士見公入，皆以手加額，曰：‘此司馬相公也。’民遮道呼曰：‘公無歸洛，留相天子，活百姓。’所在數千人聚觀之。公懼，會放辭謝，遂徑歸洛。

太皇太后聞之，詰問主者，遣使勞公，問所當先者。公言：‘近歲士大夫以言爲諱，閭閻愁苦於下，而上不知；明主憂勤於上，而下無所訴。此罪在群臣，而愚民無知，歸怨先帝，宜下詔首開言路。’從之。下詔榜朝堂，而當時有不欲者，於詔語中設六事以禁切言者曰：‘若陰有所懷；犯非其分；或扇摇機事之重；或迎合已行之令；上以觀望朝廷之意以僥幸希進；下以眩惑流俗之情以干取虚譽。若此者，必罰無赦。’太皇太后封詔草以問公。公曰：‘此非求諫，乃拒諫也。人臣惟不言，言則入六事矣。’時太府少卿宋彭年、水部員外郎王諤皆應詔言事。有欲借此二人以懲天下言者，皆以非職而言，贖銅三十斤。公具論其情，且請改賜詔書，行之天下。從之。於是，四方吏民言新法不便者數千人。

公方草具所當行者，而太皇太后已有旨，散遣修京城役夫，罷減皇城内覘者，止御前工作，出近侍之無狀者三十餘人，戒敕中外無敢苛刻暴斂，廢導洛司物貨場，及民所養户馬寬保馬限，皆從中出，大臣不與。公上疏謝：‘當今急務，陛下略已行之矣，小臣稽慢，罪當萬死。’詔除公知陳州，且過闕入見。使者勞問，相望於道，至則拜門下侍郎。公力辭，不許。數賜手詔：‘先帝新棄天下，天子沖幼，此何時，而君辭佐耶?’公不敢復辭，以覃恩遷通議大夫。

初，神宗皇帝以英偉絶人之資，勵精求治，凛凛乎漢宣帝、唐太宗之上矣。而宰相王安石用心過當，急於功利，小人得乘間而入，吕惠卿之流以此得志，後來者慕之，爭先相高，而天下病矣。先帝明聖，獨見其非，出安石金陵，天下欣然，意法必變，雖安石亦自悔恨。其去而復用也，欲稍自改，而惠卿之流，恐法變身危，持之不肯改。然先帝終疑之，遂退安石，八年不復召，而惠卿亦再逐不用。元豐之末，天下多故，及二聖嗣位，民［編著者按，《縣志》無。］日夜引領以觀新政。而進説者以爲三年無改於父之道，欲稍損其甚者，毛舉數事，以塞人言。公慨然爭之曰：‘先帝之法，其善者，雖百世不可變也。若安石、惠卿等所建，爲天下害，非先帝本意者，改之，當如救焚拯溺，猶恐不及。昔漢文帝除肉刑，斬右趾者棄市，笞五百者多死。景帝元年即改之。武帝作鹽鐵、榷酤、均輸等法，昭帝罷之。唐代宗縱宦官，公求賂遺，置客省拘滯四方之人。德宗立未三月，罷之。德宗晚年爲官［編著者按，《縣志》作“宫”。］市，五坊小兒暴横，鹽鐵月進羨餘。順宗即位，罷之。當時悦服，後世稱頌，未有或非之者也。況太皇太后以母改子，非子改父。’衆議乃定。

公以爲：‘治亂之機，在於用人，邪正一分，則消長之勢自定。每論事，必以人物爲先，凡所進退，皆天下所謂當然者，然後朝廷清明，人主始得聞天下利害之實。’遂罷保甲團教，依義勇法，歲一閲。保馬不復買，見在者還監牧給諸軍。廢市易法，所儲物皆鬻之，不取息，而民所欠錢皆除其息。京東鑄鐵錢，河北、江西、福建、湖南鹽及福建茶法，皆復其舊。獨川、陝茶，以邊用，未即罷。遣使相視，去其甚者。户部左右曹錢穀皆領之尚書。凡昔之三司使事，有散隸五曹及寺監者，皆歸户部，使尚書周知其數，量入以爲出。於是天下釋然，曰：‘此先帝本意也，非吾本意也［編著者按，《縣志》無此句。］，非吾君之子，不能行吾君之意。’時獨免役、青苗、將官之法猶在，而西戎之議未決也。

山陵畢，遷公正議大夫。公自以不與顧命，不敢當，詔不許。

元祐元年正月，公始得疾。詔公［編著者按，《縣志》無“公”。］與尚書左丞吕公著朝會，與執政異班再拜而已，不舞蹈。公疾度益甚，嘆曰：‘四患未除，吾死不瞑目矣。’乃力疾上疏論免役五害，乞直降敕罷之，率用熙寧以前法。有未便，州縣監司節級以聞，爲一路一州一縣法。詔即日行之。又論西戎大略，以和戎爲便，用兵爲非。時異議者甚衆，公持之益堅。其後太師文彦博議與公合，衆不能奪。又論將官之害，詔諸將兵皆隸州縣，軍政委守令通決之。又乞廢提舉常平司，以其事歸之轉運使及提點刑獄。公謂監司多新進少年，務爲刻急，天下病之，乞自太中大夫、待制以上，於郡守中舉轉運使、提點刑獄，於通判中舉轉運判官。又以文學、德行、吏事、武略等爲十科，以求天下遺才，命文臣升朝，以上歲舉經明行修一人，以爲進士高選。皆從之。

拜左僕射。疾稍間，將起視事，詔免朝覲，許以肩輿，三日一入都堂或門下尚書省。公不敢當，曰：'不見君，不可以視事。'詔公肩輿至内東門，子康扶入對小殿，且曰毋拜。公惶恐入對延和殿，再拜。遂罷青苗錢，專行常平糶糴法，以歲上中下熟爲三等，穀賤及下等則增價糴，貴及上等則減價糶，惟中等則否，及下等而不糴，及上等而不糶皆坐之。時二聖恭儉慈孝，視民如傷，虛己以聽公。公知無不爲，以身任天下之責。

數月復病，以九月丙辰朔，薨於西府，享年六十八。太皇太后聞之慟，上亦感涕不已。時方躬祀明堂，禮成不賀，二聖皆臨其喪，哭之哀甚，輟視朝三日［編著者按，《縣志》無"三日"。］。贈太師、温國公，襚以一品禮服，賻銀三千兩，絹四千匹，賜龍腦水銀以斂。命户部侍郎趙瞻、入内内侍省押班馮宗道護其喪，歸葬夏縣，官其親族十人。

公忠信孝友，恭儉正直，出於天性。自少及老，語未嘗妄。其好學如饑之嗜食，於財利紛華，如惡惡臭。誠心自然，天下信之。退居於洛，往來陝郊，陝、洛間皆化其德，師其學，法其儉。有不善，曰：'君實得無知之乎？'博學無所不通，音樂、律曆、天文、書數，皆極其妙。晚節尤好禮，爲冠婚喪祭法，適古今之宜。不喜釋、老，曰：'其微言不能出吾書，其誕吾不信。'不事生産，買第洛中，僅庇風雨。有田三頃，喪其夫人，質田以葬。惡衣菲食，以終其身。

自以遭遇聖明，言聽計從，欲以身徇天下，躬親庶務，不舍晝夜。賓客見其體羸，曰：'諸葛孔明二十罰以上皆親之，以此致疾，公不可以不戒。'公曰：'死生，命也。'爲之益力。病革，諄諄不復自覺，如夢中語，然皆朝廷天下事也。既没，其家得遺奏八紙，上之，皆手札論當世要務。京師民畫其像，刻印鬻之，家置一本，飲食必祝焉。四方皆遣人購之京師，時畫工有致富者。

有《文集》八十卷，《資治通鑒》三百二十四卷，《考異》三十卷，《歷年圖》七卷，《通曆》八十卷，《稽古録》二十卷，《本朝百官公卿表》六卷，《翰林詞章》三卷，《注古文孝經》一卷，《易說》三卷，《注繫辭》二卷，《注老子道德經》二卷，《集注太玄經》八卷，《大學中庸義》各一卷，《集注揚子》十三卷，《文中子傳》一卷，《河外諮目》三卷，《書儀》八卷，《家範》十卷，《續詩話》一卷，《游山行記》十二卷，《醫問》七篇。其文如金玉谷帛藥石也，必有適於用，無益之文，未嘗一語及之。初，公患歷代史繁重，學者不能綜，況於人主，遂約戰國至秦二世，如左氏體，爲《通志》八卷以進。英宗悅之，命公續其書，置局秘閣，以其素所賢者劉攽、劉恕、范祖禹爲屬官。凡十九年而成。起周威烈王訖五代，上下一千三百六十二載。其是非疑似之間，皆有辯論，一事而數説者，必考合異同而歸之一，作《考異》以志之。神宗尤重其書，以爲賢於荀悦，親爲製序，賜名《資治通鑒》，詔邇英讀其書，賜穎邸舊書二千四百二卷。書成，拜資政殿學士，賜金帛甚厚。

娶張氏，禮部尚書存之女，封清河郡君，先公卒，追封温國夫人。子三人，童、唐皆早亡，康今爲秘書省校書郎。孫二人，植、桓［編著者按，《縣志》作“楨”，誤。］，皆承奉郎。

公歷事四朝，皆爲人主所敬。然神宗知公最深，公思有以報之，常摘孟子之言曰：‘責難於君謂之恭，陳善閉邪謂之敬，謂吾君不能謂之賊。’故雖議論違忤，而神宗識其意，待之愈厚。及拜資政殿學士，蓋有意復用公也。夫復用公者，豈徒然哉，將必行其所言。公亦識其意，故爲政之日，自信而不疑。嗚呼，若先帝可謂知人矣，其知之也深。公可謂不負所知矣，其報之也大。

軾從公游二十年，知公生平爲詳，故録其大者爲行狀。其餘，非天下所以治亂安危者，皆不載。謹狀。”

三、《縣志·人物志》“賢才”：“司馬光，字君實。生而神異，不喜華靡。年七歲，與群兒戲，一兒墜瓮中，群兒皆走，公以石擊瓮，破之，水迸，兒得活。年二十，中進士甲科，通判并州。仁宗嘉祐六年，擢同判尚書禮部。言：‘日食不滿分而雨，不當賀。’帝從之。是年，知諫院。時，儲嗣未立，入對，首言之，帝大感動，遂力贊韓琦等定議，帝始立英宗爲嗣。復進三札五規，帝皆嘉納。英宗即位，兩宮爲左右讒構有隙，京師大雨水，公極言讒賊離間之罪，勸帝盡孝道，自是兩宫之情漸釋。治平二年，加龍圖閣直學士兼侍講。神宗即位，以公爲翰林學士，力辭。不許。未幾，又爲御史中丞。帝欲大用公，拜樞密副使。王安石、吕惠卿力沮之，公以道不行，固辭，疏凡七上，乃收還誥敕。爲翰林學士，與范祖禹、劉恕、黄庭堅、子康，同修《資治通鑒》。熙寧四年，以公判西京留臺，公上疏力辭，久之，乃從其請，以端明殿學士致仕歸洛，自是絶口不言天下事。築園‘獨樂’，時與邵堯夫同寓洛中，人化其德，有不善，曰：‘勿令司馬端明、邵先生知’。公退，安石、惠卿輩遂專用事，變祖宗法，天下騷然。元豐七年，《資治通鑒》成，詔以爲資政殿學士，降詔獎諭。哲宗立，宣仁太后同聽政，知天下苦新法，首起公爲門下侍郎，公以天下爲己任，變新法。又進爲尚書左僕射，與吕公著同心輔政，民歡欣鼓舞，甚於更生。遼人敕其邊吏曰：‘中國相司馬矣，慎無生事，開邊隙’。在位九月而薨，太皇太后爲之慟，即日與帝臨其喪。贈太師、温國公，謚文正。京師爲之罷市往弔，鬻衣以致奠，巷哭以過車，及如夏葬送者，如哭私親。嶺南登州父老，亦相率具祭。都中四方，皆畫像以祀，飲食必祝焉。哲宗親篆‘忠清粹德之碑’，命學士蘇軾撰文，樹諸墓道。理宗寶慶二年，圖公像於昭勛崇德閣。著述甚富，傳於世。《宋史》有傳。度宗咸淳元年，從祀孔子廟庭。前明録其後，訪之，夏縣無人，移文於浙，復其家。隆慶初元，後裔晰自浙還夏，祠墓復有世守矣。祀鄉賢。”

修復司馬光碑祠記

【簡介】

明嘉靖二年（1523年）五月。吕柟撰文，張英書丹，王秀篆額，廖紀、榮察立石。

碑爲螭首方座。身首分體。首高98、寬106、厚32厘米。身高258、寬100、厚28厘米。座因埋於地下，尺寸不詳。文23行，行14—62字，字徑4—5厘米。正書。首題“朱御史修復宋温國公司馬先生碑祠記”。額篆“朱御史修復司馬温國公先生碑祠記”。

吕柟，《解州全志·宦績》載：“字仲木，高陵（今陝西）人。正德三年（1508年）進士。嘉靖時因議大禮與張桂忤而獲罪，謫解州判官，攝行州事。減丁役，勸農桑，興水利，築堤護鹽池，建司馬温公祠、解梁書院，政績頗著。後升職於南京宗人府，累至南京禮部侍郎等，世稱“涇野先生。”

張英，時爲巡按山西監察御史。河北三河人。

王秀，山東萊陽人。時亦爲巡按山西監察御史。

廖紀，嘉靖時平陽知府。

著録見《縣志》、《總目》。

碑今立於禪院大殿後。

【碑文】

朱御史修復宋温國公司馬先生碑祠記[一]

賜進士及第、翰林院修撰、儒林郎、經筵講官[1]、同修國史高陵吕柟撰。

賜進士第、文林郎[2]、巡按山西監察御史萊陽王秀篆。

賜進士第、文林郎、巡按山西監察御史三河張英書。

御史朱君士光巡按河東，至則先適夏縣鳴條岡之涑水鄉，謁温公墓及其世家，拜於祠下。祠二：一祀公之父待制池暨公；一祀公之子右正言康。祠皆卑隘，而餘慶禪院又前障之，士光弗是也。乃遵詔例，命夏令榮察鼎建其祠爲一宇，正堂三楹[3]，撤東舊祠附以材作兩廡[4]，廡皆三楹。廡南作應門，扁[5]曰：“崇賢”。將毀禪院，既而曰：“司馬氏之後既西遷叙、南遷山陰矣，存此猶可以爲墳守，況亦公之初意乎？”則止斷寺殿之北楠[6]用廠門，除又辟路于院西墉[7]之外爲先門，扁曰：“仰德。”改西祠爲士夫謁憩之所，扁曰：“誠一堂。”自門而堂，東轉而祠，皆有垣墻，始不混于佛室也。又與其鄉前刑科都給事中馬君騤，考求其家世應祀者。於是，坐待制于祠中南向，坐公之兄太中大夫旦于左西面，坐公於右東面，坐正言于太中之後遷窔[8]，坐公之猶孫[9]兵部侍郎朴於公之後遷奥[10]，父子祖孫，萃於有廟，弗相戾[11]也。士光又曰：“墳故有‘忠清粹德碑’，哲宗篆也，而命蘇學士軾爲文。紹聖、崇寧間，姦人章惇、蔡卞擊裂其碑，瘞[12]諸深土，額趺雖存，巋然中莽[13]。”乃命訪石于絳之稷山，獲奇珉[14]焉。紫潤堅鏗[15]，礱[16]且成長溢二丈，厚二尺有五寸，闊三，其厚有七寸，百牛所難移也。況自稷達夏二百餘里，中復阻以汾、涑，乃檄[17]解州判官牟景孝、絳州判官戴麒，遲冬深禾刈[18]，塗涑河，殺[19]農隙，客筏停積，又可橋梁乃濟。遂摹舊篆于額，重勒蘇子文，以竪於原趺之上，□若元祐□年[二]之所建也，仍作亭以居之。亭四柱，柱高三丈有五尺，四面皆横桴[20]，而洞虛懸達，視司馬桂之碑樓，亦無孫[21]焉。功始去年秋七月，凡五月而告成。其□取諸官□之□[三]。嗚呼！蘇子有言，公之道信華夷、動天地者，至誠惟一而已。夫感天人者，效也；存誠一者，本也。然其致用之德，猶有可述者。公嘗論治心之要：一曰仁，二曰明，三曰武，公蓋庶幾蹈之。公惟仁也，視百姓爲一體，是故新法病民，即辭樞密；義勇遺害，即犯宰相；救災節用，即倡廷僚。甚至身羸食少，而以死生委命；病革夢語，而于朝廷未忘；四患未除，而嘆死不瞑目。公惟明也，不受名山，度諒祚之難制；議耕窟野，計河東之省輸。論辯新法，雖惠卿亦沮；料覆王氏，雖安石不知；志綏遼、夏，必趙滋、高宜之請謬。公惟武也，見義如嗜欲，好善如飲食。是故濮王之議，不避帝親；宗實之建，不懼帝諱；充媛、夏竦、麥允言葬謚之論，不畏帝寵。又力罷曹佾之使相，黜任守忠之交構，劾王廣淵、高居簡之私結寄資。是故誠一暢發，天人協應，宜士光修復碑祠之移曰：民懷懿德，雖勞不怨；吏重風教，雖費不奢云。且公之初薨也，天下畫像以祀，哲宗命治墳壙，發陝、解、蒲、華之卒，計工萬有八千九百三十，至選尚方百工爲葬具。咸淳間，且令天下從祀孔子廟庭，若是其盛也。然自惇、卞欲毁其冢，而墓祠實廢。元大德間，張式始祠公於夏學之左。延祐間，李榮祖始作塑像。至于士光，祠斯備矣。宋碑既仆，至金皇統間，王廷直謁墓，見銀杏生於龜趺之側，蟉枝蟠屈，周蔭交護，如幄如蓋。廷直乃緣杏索碑，得諸趺下，因裂四分，并其額、趺，共成六石。而選碑翻刻，彼則未能，其在今兹之舉也。夫士光名寔昌，江西高安人。正德戊辰進士。素志温公之爲人。

明嘉靖二年歲次癸未夏五月吉日，平陽府知府廖紀、夏縣知縣榮察立石。

【校勘記】

［一］“朱御史”《總目》誤爲“宋御史”。《縣志》無碑前、碑末人名及官銜。

［二］此處剥蝕不清，有二字不識。

［三］因碑石剥蝕，三字不詳。

【注釋】

［1］賜進士第：明清時，舉人會試中式，殿試一甲三名，賜進士及第，二甲賜進士出身，三甲賜同進士出身，均通稱進士，凡列銜都先寫賜進士及第或出身。

儒林郎：官階名。隋置，散官。唐爲正九品，明清爲六品。

經筵講官：爲帝王講解經史的職官。經筵，古代帝王爲研讀經史而特設的御前講席。

［2］文林郎：文散官名。隋置。唐宋時從九品上曰文林郎。金改爲正八品上，元改正七品，明清則爲正七品之文散官階。

［3］檼：音：yǐn。屋棟。

［4］廡：音：wǔ。廊屋。

［5］扁：同“匾。”

［6］樀：音 dí。屋檐。

［7］墉：音：yōng。墻壁。

［8］窔：音 yào。室之東南隅曰窔。

［9］猶孫：即從孫。如同猶子、猶女爲從子、從女一樣。

［10］奥：音：ào。室之西南隅曰奥。

［11］戾：音：lì。乖張；暴戾。引申爲違反。

［12］瘞：音：yì。埋。

［13］莽：叢生的草木。

［14］稷山：今山西運城市稷山縣。珉，音：mín。似玉的美石。

［15］堅鏗：堅固而鏗鏘有聲。鏗，音：kēng。象聲詞。

［16］礱：音：lóng。磨礪。

［17］檄：音：xí。古代官方文書用木簡，長尺二寸，多作徵召、曉喻、申討等用。若有急事，則插上羽毛，稱爲羽檄。後泛指這類官用文書爲檄。

［18］刈：音：yì。割取。

［19］殺：收煞，結束。

［20］桴：音：fú。屋棟。

［21］孫：當爲“遜”。

【附録】

《縣志·人物志》“賢才”：

1.“司馬伋，字季思，温公曾孫。出鎮廣州，終開國伯、吏部侍郎。所交皆天下名士，洪邁輩樂與之游。凡温公之書，必梓行之。於《資治通鑒》，得公凡例，於殘稿中，撮其要例，傳與世，予奪之旨大明。克昌家學，大有功於文正。高宗南渡，扈從寓杭，遂爲山陰始祖云。祀忠孝祠。”

2.“司馬夢求，僑叙州，光之裔。母程，歸及門，夫死，誓不他適，旌曰‘節婦’。夢求，其族子，取以爲後。景定三年，舉進士。咸淳末，調江陵沙市監。沙市恃水爲防。德祐元年，潮［編著者按，此字誤。當作“湖”。］水忽涸，北兵横遏中道，都統程文亮、制置使高達降，夢求朝服望闕再拜，自經死。”

又，《宋史》“忠義”：“司馬夢求，叙州人，温國公光之後也。母程，歸及門，夫死，誓不它適，旌其門曰‘節婦’。夢求，其族子，取以爲後。景定三年，舉進士。咸淳末，調江陵沙市監鎮。沙市距城纔十五里，南阻蜀江，北倚江陵，地勢險固，爲舟車之會，恃水爲防。德祐元年，湖水忽涸，北兵横遏中道，乘南風縱火，都統程文亮逆戰於馬頭岸，制置使高達束手不援，文亮降。夢求朝服望闕再拜，自經死。”

司馬故里坊碑記

【簡介】

明嘉靖二年（1523年）六月。朱寔昌撰文，張英書丹，王秀篆額，高遷立石。

碑爲螭首龜趺。首高114、寬112、厚35厘米。趺長173、寬106厘米，因埋於地，高度不詳。身高270、寬104、厚26厘米。文20行，行7—53字，字徑5厘米。正書。首題“司馬故里坊碑記”。

高遷，時爲河東、陝西都轉運鹽使司、同知藍田副使。籍貫不詳。

著録見《縣志》、《總目》。

碑今立於禪院大殿後。

【碑文】

司馬故里坊碑記[一]

賜進士第、文林郎、巡按山西監察御史高安朱寔昌撰。

賜進士第、文林郎、巡按山西監察御史萊陽王秀篆。

賜進士第、文林郎、巡按山西監察御史三河張英書。

予既修復宋温國公司馬文正先生[二]墓祠，及其“忠清粹德碑”事竣，巡按王君士英、清戎張君伯含皆按部至，乃同謁于祠下，并周覽其山川而問俗焉，知其地至今猶稱爲“司馬里”。王君顧曰：“餘慶禪院猶與祠、墓并列而三，而院門殿貌猶雄，不表厥宅里，樹之風聲，則過者將無所瞻仰。”伯含曰：“是在士光[三]。”予於是遂以二君之意，乃[四]檄運司判官高遷[五]，取蒲州官木四株作柱，鳩工[1]集材，建坊牌一座[六]於仰德門之前，扁曰：“司馬故里。”盡寺之東面作牌門，實據鳴條岡之勝。士英曰：“兹可名‘鳴條發秀’矣。”西面亦爲門于墓墻之盡，涑水望而環焉。伯含曰：“是非‘涑水鍾靈’乎？”乃各登其額，而以横垣屬于中之大坊，偉然都宫，人不知有佛室矣。二君命記之，且以示同心之好[七]。予曰：文正先生家世[八]、行實[2]，具在國史，其道德、文章著於天下，聞於夷狄，頌於當時，傳於後世。“誠、一”之功，宋東坡蘇公已具述之；“仁、明、武”致用之德，吕太史涇野年兄詳矣[九]。是皆百世不磨者也，予復何言？然惟先生有言，“佛氏微言[3]不能出吾書，其誕吾不信”。今餘慶禪院乃得依其祠墓，《縣志》謂“公之初意”，予則以爲非信筆[4]也，且無他據[一〇]。意者[5]子孫既遷，懷德之民以此葺[一一]香火耳。否則，託名賜額以幸存，未可知也。予又聞，司馬子孫遷山陰者最爲蕃昌[6]，文獻不絶。景泰[7]初，十一世孫廷，得請于朝，始祀公於其縣。成化[8]十二年，十三世孫垺來居夏縣修奉祠[一二]事，未幾南還，其亦以其先世里第爲禪院所據，無所於居乎？予三人者之是舉也，蓋有得於先生不喜釋者之心焉。異時，山陰之族有崇德像賢、懷水木本源之念[一三]如垺者復來歸焉，則賢有司當以他廢寺處禪院僧佛，而盡還司馬氏之故物，則王君所謂表宅里而樹風聲者，於是乎可徵矣。況人其人，廬其居，韓子亦有名言乎？雖然，予復有感焉。秉懿[一四]好德之心，貫萬世而一者也。方金皇統、元大德間，視宋爲讎敵，去先生未遠，而張式、王廷直乃能祠公立石，至我皇明，列聖天覆地載之恩，於古聖賢祠墓世加修葺，敦以詔旨而表章之，實乃有待於今兹之舉，則所望於賢有司者，亦豈可必乎？坊之立月日，與碑同，是爲記。

嘉靖二年歲次癸未六月十二日。河東、陝西都轉運鹽使司[9]、同知田蘭副使任似判官高遷立石[一五]。

【校勘記】

［一］碑前、碑末撰書、立石人等及官銜《縣志》均略而未録。

［二］“司馬文正先生”，《縣志》無。

［三］《縣志》缺“伯含曰：是在士光”。

［四］《縣志》缺“遂以二君之意，乃……”。

［五］《縣志》於“高遷”後衍“夏令滎察”。

［六］《縣志》無“一座”二字。

［七］《縣志》衍作“二君命記之石，以志同心之好”。

［八］《縣志》作“文正公之家世”。

［九］《縣志》作“吕太史涇野言之詳矣”。

［一〇］“且無他據”，《縣志》缺。

［一一］“葺”，《縣志》作“緝”。

［一二］《縣志》作“祀”。

［一三］“念”，《縣志》作“人”。

［一四］“懿”，《縣志》作“彝”。

［一五］“田蘭”，《總目》作“藍田”。

【注釋】

［1］鳩工：聚集工匠。鳩，音：jiū。聚集。

［2］行實：生平事蹟。記述一人生平的文字。

［3］佛氏微言：即佛家之言。微言：精微之言。

［4］信筆：真實、確切的可據文字。

［5］意者：抑或，料想。

［6］蕃昌：繁息昌盛。山陰：今浙江紹興。

［7］景泰：明代宗朱祁鈺年號。公元1450—1456年。

［8］成化：明憲宗朱見深年號。公元1465—1487年。

［9］都轉運鹽使：官名。專掌鹽運。

謁司馬光祠詩

【簡介】

刻於“朱御史修復温國公司馬先生碑祠記”之陰。

嘉靖四年（1525 年）十月。王溱、吕柟撰詩，單文彪刊。

碑之形制、尺寸同“碑祠記”。詩文刻於碑之上部。文字部分高 90、寬 80 厘米。文 18 行，行 1—25 字，字徑 2—4 厘米。行草。首題“謁司馬先生祠”。

王溱，開州（有三個，不知具體爲哪一個）人，人稱“玉溪先生”，職官不詳。

單文彪，時爲夏縣尹。

著録僅見《總目》。

【碑文】

謁司馬先生祠[一]

矯矯温國公[1]，進退一何舒。
洛社隨耆英[2]，翛然賦閑居[3]。
一朝登政府，□□□□樞[二]。
兒童識姓字，故舊寂無書[4]。
有舊亦不嫌，無書亦不疎。
悠悠玄化流[5]，日月自盈虚。
君子道有常，小人則不如。
感時悲且歌，結思聊以紓[6]。

開州王溱

曉行鹽澤畔[7]，白露零群芳[8]。
促駕追王子[9]，言訪司馬莊[10]。
蘆花垂白雪，菊蕊正悠揚。
睠此苦池水[11]，長途何莽蒼。
志在警枕前，道於擊甕行[12]。

猛虎産深谷，顧子猶慈祥。
嗟彼澤中虺[13]，興心毒未央[14]。
日月毓生物[15]，楚丘詠終臧[16]。
安得生羽翰，長嘯學歸暘[17]。

高陵吕柟

送玉溪先生至温公祠有作

玄雲流碧樹[18]，紫蓋轉清漪[19]。
整駕訪司馬，式閭感魏斯[20]。
初冬天尚暖，久宦地相宜。
步驟俱周道，將無得我師。

涇野柟[21]

留别涇野子

寒日苦初短，百年此送遥。
交情寧在酒，野望且停軺[22]。
路轉山猶近，風迴霧漸消。
長歌多古意，蓬髩對蕭蕭[23]。

玉溪溱[24]

嘉靖四年十月丁亥。夏縣尹單縣單文彪刻。

【校勘記】

［一］此詩刻於“朱御史修復宋温國公司馬先生碑祠記”之陰，《總目》誤作刻於“司馬故里坊碑記”之陰，與《謁公祠墓》混爲一碑。同時亦把吕柟、涇野（吕柟號）誤作兩人。

［二］此處剥泐四字，不識。

【注釋】

［1］矯矯：出衆之貌。

［2］耆英：即耆英會。宋元豐五年，文彦博留守西京，仿唐白居易九老會，聚居洛陽高年者十二人，於富弼之第置酒相樂，司馬光即爲其中之一，但唯其一人年紀不及七十。宴時尚齒不尚官，稱“洛陽耆英會”。司馬光曾爲該會作序。

［3］翛然：自然超脱貌。翛，音：xiāo。

［4］故舊：故交，老友。

［5］玄化：至德的教化。

［6］紓：音 shū。解除。

［7］鹽澤：即今山西運城鹽池。

［8］零：凋落。

［9］王子：即王溱。子，古代對人的尊稱。

［10］司馬莊：司馬光故里。

［11］睠：音 juàn。反顧。

［12］警枕、擊甕：即司馬光以圓木爲枕，勤奮苦讀和擊甕救童兩則膾炙人口的故事。

［13］虺：音 huǐ。毒蛇。大者長八九尺，扁頭大眼，色如泥土。俗稱土虺蛇。

［14］未央：未盡。

［15］躭：方言，懷孕。孕育之意。生物：有生命的物質。

［16］楚丘：複姓。戰國齊有楚丘先生，年七十，披裘帶索往説孟嘗君。借喻司馬光。

［17］歸暘：元代河南祥符人。官至集賢院學士，禮部尚書。因欽慕司馬光爲人，於元末動亂之際，不避路途艱險，來到夏縣，卜居於司馬温公墓側，直到逝世，死後亦葬於此。

［18］玄雲：黑雲。

［19］紫蓋：亦指雲氣。

［20］式閭：式，車前橫木，通“軾”。閭，里門。車至里門，人立車中，俯憑車前橫木，用以表示敬意。

魏斯：即魏文候斯，戰國時魏國的建立者。魏國早期國都即在今山西夏縣禹王城，距司馬光塋祠不遠。

［21］涇野柟：即“涇野先生”吕柟。

［22］軺：音：yáo。馬車。

［23］髩：音：bìn。同“鬢”。鬢角。

［24］玉溪溱：即“玉溪先生”王溱。

謁司馬光祠墓詩并序[一]

【簡介】

刻於“司馬故里坊碑記”之陰。

明嘉靖四年（1525年）十月。王溱、吕枬撰，張文魁書，單文彪刊。

碑之形制、尺寸同“司馬故里坊碑記”。詩文刻於碑之上部。文字部分高90、寬102厘米。序文8行，行3—10字，字徑4—5厘米。隸書。詩及落款共7行，行4—14字，字徑4厘米。行書。

著録僅見《總目》。

【碑文】

維嘉靖四年十月丁亥，平陽知府開州王溱迺偕解州判官高陵吕枬，謹以瓣香清酒[1]，敢告于宋丞相太師温國文正公神道前曰：溱等晨披霜露，來自安邑[2]，敬申瞻拜，罄[3]兹仰止。

謁公祠墓

涑水縈環司馬林，長松原上晝陰陰。

石麟無語自終古，相業有光還到今。

荆國何心偏見左[4]，宣仁雖女亦知欽[5]。

仰高此日登臨望，南畔條山幾翠岑[6]。

嘉靖乙酉初冬蘭陽張文魁書[7]。

知縣單文彪刊。

【校勘記】

［一］碑無首題，據文意擬。

【注釋】

［1］瓣香：古以拈香一瓣，表示對他人的敬仰，稱瓣香。

清酒：清潔的陳酒，專作祭祀用，與事酒、昔酒合稱三酒。

［2］安邑：舊縣，屬今山西運城市鹽湖區。

［3］罄：盡；完。

［4］荆國：即王安石，其封號爲“荆國公，”世稱“荆公。”

［5］宣仁：即高太后。宋哲宗之祖母。

［6］岑：音：cén。小而高的山。

［7］嘉靖乙酉：即明嘉靖四年，公元1525年。

司馬光像贊刻石

【簡介】

明嘉靖八年（1529年）。方孝孺詩，馬鑾跋，馬珂書，裴廷朝鎸。

石右下角微殘。高63、寬32、厚12.5厘米。其中像高32、寬12厘米。像上居中爲司馬光《自題寫真》七言絶句一首。詩6行，行4—6字。行書。像左爲明方孝孺《司馬文正公贊》四言詩一首，4行，滿行28字。正書。像右爲明馬鑾跋。文6行，行8—28字。正書。並有印記三方。首題“宋涑水司馬文正公真像”。

方孝孺（1357—1402年），明浙江寧海人。字希直，又字希古，人稱“正學先生”。惠帝時任侍講學士。燕王（即明成祖）兵入京師（今江蘇南京）後，他不肯爲成祖起草登極詔書，被殺。著有《遜志齋集》。

馬鑾，字子端，明夏縣（今屬山西）人。力學敦行，極慕司馬光之爲人。因司馬光號“迂叟”，自號“希迂子。”著有《温公年譜》。馬珂爲其子。

鎸刻者裴廷朝，夏縣人。

著録僅見《總目》。

石今存於禪院。

【碑文】

宋涑水司馬文正公真像[一]

公自題寫真

黄面霜鬚細瘦身，從來未識漫相親[1]。

居然不肯市朝住[2]，骨相天生林野人。

司馬文正公贊　正學方先生著

儒者之澤，大行於民。伊周以來[3]，惟公一人。

始未可爲，萬鍾不受[4]。逢時多艱，爲世父母。

凡民之心，惟久乃安。欲其即從，聖人猶難。

亦獨何修，政化甚速。誠於爲善，四海悦服。

用術相欺，惟恐不深。公神在天，汝果何心！

温公深衣[5]小像，上係以《自題》絶句，盖摹家廟，儀刑[二]逼真。原石刻嵌□□□間，歲久中斷。嘉靖己丑[6]南陽鍾侯恕知縣事，别鐫此石，以便摹搨□□□跋數語於其側，因事中輟，爾後遂不知石之所在。去歲季冬十二夜□□震，書院傾頹，舊石覆没。邇日子珂經瑶臺山[7]，覩新刻卧道院地上，遂□□家塾，并紀其由，以見保之不易云。後二十七年[8]，歲在丙辰季秋望日，鄉□學希迂生馬巒謹跋[三]。

（印三方，略）

涑水晚學馬珂頓首謹書。

石工邑人裴廷朝鐫。

【校勘記】

［一］《總目》云：此石刻於明嘉靖二十五年（1546年）秋，不知何據。

［二］“刑”，當作“型”。

［三］“希迂”，《總目》誤作“希廷”。

【注釋】

［1］漫：隨意，不受拘束。

［2］市朝：市，交易買賣的場所；朝，官府治事的地方。因以市朝指爭名爭利的場所。

［3］伊周：即伊尹、周公。兩人都曾攝政，常常爲人並稱。指主持國政的大臣。

［4］萬鍾：指豐實的糧食。鐘，古量器名。這里指優厚的俸禄。

［5］深衣：古代諸侯、大夫、士在家所穿的衣服。又是庶人的平常禮服。衣裳相連，前後深長，故稱深衣。

［6］嘉靖己丑，即明嘉靖八年，公元1529年。

［7］瑶臺山：在山西夏縣城東。

［8］後二十七年：即鍾恕嘉靖八年刻此石之後二十七年，時當嘉靖三十五年（1556年），歲在“丙辰”，與跋語吻合。

薛瑄像贊刻石

【簡介】

刻於“宋涑水司馬文正公真像”之陰。

明隆慶五年（1571年）。李性摹像，馬珂識，馬化龍跋，裴廷儒鎸。

石高同“司馬光像贊”。像高32、寬13厘米。像上居中爲薛瑄《臨終口號》七言絶句一首。詩6行，行4—6字，字徑1.5厘米。行書。像右爲明馬巒《薛文清公贊》詩一首。4行，滿行28字，字徑1厘米。正書。像左爲馬化龍跋。文6行，行28字。正書。首題“大明河汾薛文清公真像”。

薛瑄（1389或1392—1464年），明學者。字德温，號敬軒，河津（今屬山西萬榮）人。官至禮部右侍郎，謚文清。性剛直，曾因觸怒王震下獄。學宗程朱。其修己教人，以復性爲主，有“河東派”之稱。著有《讀書録》、《薛文清文集》。

馬化龍，馬巒孫，馬珂子。

著録僅見《總目》。

【碑文】

大明河汾薛文清公真像[1]

公臨終口號

土床羊褥紙屏風，睡覺東窗日影紅。

七十六年無一事，此心惟覺性天通。

薛文清公贊　涑水希迂子著[一]

覩公之容，愠然其可親[2]；

諦公之色，肅然其可敬[3]。

有程正叔之端嚴[4]，司馬公之純正。

心能默契乎前賢，學必精求乎往聖。

蓋一代之碩儒[5]，盛世之思孟也。

家塾有温公小像石碣，先太父[6]雲棲希迂翁嘗紀厥由，鎸諸像側。更謂薛文清公昭代碩儒，鄉哲密邇者也。欲於碣陰鐫厥遺像，用表景慕之同。歲月因循，竟莫克酬夙志。奈天命靡常，哲人不壽。客歲仲夏，先子云亡。今年春，謀營襄事，刻誌石甫畢，家君嗚菴翁泣命化龍，覓公遺像，繪鐫碣後。上係公"臨終自題口號"，併太父贊，成先志也。因紀厥由，以見太父崇德之心，并家君繼述之孝云。長孫化龍泣血謹跋。（印一方，略）

隆慶辛未[7]仲春望日，孤男馬珂泣血謹識。（印一方，略）

古宛順齋李性摹像。

石工邑人裴廷儒鐫。

【校勘記】

［一］"迂"，《總目》誤作"遇"。

【注釋】

［1］河汾：即黄河、汾河。薛瑄，原屬河津人，今屬萬榮人。其地均處河、汾之間，故稱。

［2］愠然：惱怒的樣子。愠，音：yùn。惱怒。

［3］諦：音：dì 。細察，注意。

［4］程正叔：即程頤（1033—1107 年），宋洛陽人，字正叔，世稱"伊川先生"。宦績不顯，以理學聞名。

［5］碩儒：大儒。舊指深有學問，並以著述爲事者。

［6］太父：即祖父。

［7］隆慶辛未，即明隆慶五年，公元 1571 年。

司馬光祠碑

【簡介】

明萬曆三十六年（1608年）三月。韓爌撰文，馬崇謙書丹，劉敏寬篆額，李尚富等鐫，胡枬立石。

碑爲螭首龜趺。首高98、寬100、厚40厘米。身高264、寬94、厚32厘米。趺長160、寬102厘米。因埋於土中，高度不詳。文24行，行10—86字，字徑2.5厘米。正書。首題“宋太師司馬温國文正公祠碑”。

撰文者韓爌（1564—1644年），字象雲，明蒲州（今山西永濟）人。萬曆十二年（1592年）進士，官至太子太傅、健極殿大學士、内閣首輔。於晚明三大案之一“紅丸案”、處治魏忠賢等事件，均有政績。後因袁崇焕被殺，他是袁的座師而被罷職，居家十七年而歿，歲八十。

書丹者馬崇謙，時任通議大夫，整飭懷隆等處兵備、山東提刑按察司按察使。

篆額者劉敏寬，山西運城人。時任巡撫延綏等處地方贊理軍務、都察院右僉都御史。

著録僅見《總目》。

碑今立於禪院大殿後。

【碑文】

宋太師司馬温國文正公祠碑[一]

賜進士出身、翰林院編修、文林郎、蒲阪[1]後學韓爌撰。

賜進士第、通議大夫、巡撫延綏等處地方贊理軍務、都察院右僉都御史[2]劉敏寬[二]篆。

賜進士第、通議大夫、整飭懷隆等處兵備、山東提刑按察司按察使[3]馬崇謙書。

司馬文正公故里祠，在夏縣西涑水鄉公墓左。嘉靖壬午歲，御史朱公寔昌恢建，祀公及父待制公池、兄旦、子康、從孫朴，以世次焉。復伐石準初碑式，摹“忠清粹德”篆額，勒蘇文忠公撰文，加故阯[4]之趺，仍作亭其上，碑崇四尋[5]。亭稱[6]之時，以爲不遜司馬桂碑樓者也，具載原《記》中，以迄于今，若而年[7]矣。歷日縣長[8]，浸以頹敝。萬曆癸卯[9]歲，分巡大夫詹公思虞行部謁祠墓，顧謂吏士：“此公封樹地，不以時葺治，無以妥神靈、稱令甲[10]、崇明祀。”意乃言于御史曾公舜漁。會分守大夫喬公學詩至，相與參度[11]，捐秩奉以佐工費，夏令姜君承德、胡君栴，後先領其事，乃繕祠若亭，易其棟橑[12]撓敗者，完其蓋堿碣[13]缺者，塗繪其丹堊[14]剥蝕者，乃治塋封，薙其菑翳[15]，封殖[16]其嘉木，而築培其繚垣[17]危削者，諸如坊表門楔，咸一新之，期有五月而竣。蓋緒若就於因，而工幾埒[18]於作也。屬[19]御史康公丕揚按部檄縣，置腴田三十畝，供祀事。詹大夫從邑人質請，規[20]山田二區爲歲修費。胡君復出餐錢增置之。而又請置役，以供掃除。司筦[21]鑰官爲給稟，編之常賦，如邑中祠例。兩大夫又檄公裔孫來自越[22]者、故孝廉晰之子諸生露，俾時省祀，無怠備已。於是徵言紀事，以詔來者，則君又以大夫之命來。嗚呼！公猷[23]績在史書，著述在遺籍，其道德風流、片言一節之美，見於縉紳先生所論著，而聲名姓字稱於四方里巷之口者，數百年一日也，而且昭之金石，崇碑巨辭，夫既或述之矣。秩祠之典，責在有司，往往束於吏務，即心所向往，謂若差緩，而能毅然協謀，從□于簿牒，程書[24]之所不責，不謂難乎，斯亦直書，而美自見者也。顧兹重有感焉。公，一代碩儒也。學宫俎豆[25]遍海内，而況邑里；覩繪像以想徽烈[26]，而況丘墓。戎馬倫囊[27]中，往往不難刻斷碑、修闕祀，而況平世。宗服慕效，有問關卜築依依隴側者，而況其昆仍與其鄉人之子弟也。蓋聞氣類之合，冥契千古，九原墟墓之間，有志之士識所歸焉。有如巋然新宫，照暎條山涑水間，所不能動仰止之思，而奮私淑[28]之志者，非夫[29]也。夫公休勛偉烈，未易參迹，乃其持身典職，踐[30]實而行，可以家喻而人至者。凡我里人謂宜奉其典言，守爲薙矩[31]，學無以絺繪[32]售芬華，而仕無以藻飾挑功譽，如昔賢以一誠師公者，可法也。而爲之宗裔者，亦宜服習家範，纘修其緒，溯水木之本源，儼[33]著存於廟貌，期永永無離遏[34]焉。且聞諸君子既時獎撫之已，其亦億吾鬼神而寧吾族姓，使人謂大賢之胄，儼爲崇隆不遷之宗，斯不尤章榮歟？而又以時瞻省祠宇，察其敗徵而補葺之；有歲額在不給，則以諗[35]鄉之人。又甚，則請於長吏部使，當有篤古敦教、式閭表墓如諸君子者。夫追甄[36]往哲治化世風，無亦以精喻之，而以迹攝之也。而兹以誦法契至精，以擊仰修軌迹，庶俾盛美引無替焉。抑諸君子所願於公之鄉里後人者，意在斯乎？爌不敏，覩兹成事，無能有所贊誦，爰述其興修之概，與里人士所以嘉賴志意，言之不足，而詩以歌之，刊兹貞石，用識不忘。其辭曰：

奕奕條岡，在涑之將[37]。地靈天章[38]，爲公之鄉。

日月霧虹，龍蛇斯蟄。疇畀忠良，食于兹邑。

維德孔盛[39]，賁我人文[40]。如卞如惇[41]，羞其後昆。

聖代褒賢，表厥宅里。治其隴祠，秩之明祀。

維兹祀典，職在守臣。有舉無廢，匪敝胡新。

皇皇使旌，臨兹原墅。陟彼高岡，過祠而下。

顧瞻喟息，稽其歲年。仰徵上棟，作者載焉。

七紀于斯，依其陳迹。莫或嗣之，伊誰之責。

龜筴既叶[42]，詢謀既同。乃程百物，以命庶工。

工來如雲，民不知賦。適臻厥成[43]，不愆于素[44]。

猗與新廟，式媲前摹[45]。基崇楝隆，匪飾匪塗。

鬱鬱丘塋，松楸斯兑[46]。桓表屹如[47]，垣墉是賴。

有亭孔碩，峙其東南。旅楹有閑[48]，隆碑是龕。

疇奉嘗蒸[49]，疇司楗篝[50]。是究是圖，咸俾勿替。

乃諏時日[51]，乃潔樽鋤[52]。以落其成，以妥公靈。

威儀孔時，笙鏞和奏。簪組拜前[53]，佩衿拜後[54]。

百禮畢洽，神人其懽。逵閧臚言[55]，欣兹曠觀。

吁嗟我公，炳靈兹土。令德令儀，可規可萬[56]。

緬惟高躅[57]，百世所欽。有如日星，無有古今。

凡我邦鄰，瞻依匪遠。俾臧俾嘉，式是訓典。

咨爾昆裔，宗緒繩繩。以佀以續[58]，是憑是承。

何以承之，明明忠孝。何以憑之，儼儼廟貌。

春秋窀穸[59]，此祠此丘。銘垂匪石[60]，昭示千秋。

萬曆戊申歲春三月吉旦。

夏縣知縣胡楠立石，督工□□□，監工□□□[三]。

鐫匠堯都李尚富、李應爵。

【校勘記】

［一］"司馬溫國"，《總目》誤作"司馬溫公"。

［二］劉敏寬，《總目》誤作"劉敬寬"。

［三］督工、監工人姓名被磨去，不識。

【注釋】

［1］蒲阪：即蒲坂，古地名。在今山西永濟。

［2］延綏：明代北方九處重鎮之一。

都察院：官署名。漢以後有御史臺，專監察彈劾官吏，參與審理重大案件。明洪武十三年改御史臺設都察院，以都御史爲長官，其次有副都御史、僉都御史、監察御史等。

［3］按察使：官名，明代沿前代官制，建提刑按察使司，以按察使爲一省司法長官。清因之。

［4］阯：音：zhǐ。基址。同“址。”

［5］尋：古長度單位。八尺爲一尋。

［6］稱：舉。

［7］若而年：若干年。若而，不定之詞。

［8］縣長：很長。縣，音：xuán。“懸”的本字。差距，甚遠。

［9］萬曆癸卯：即明萬曆三十一年，公元1603年。

［10］令甲：法令編次的第一篇。後作法令的通稱。

［11］參度：參與謀劃。

［12］榱：音：cuī。椽子。

［13］堿：音：cè。臺階。礭：音 huǐ。敗壞。同“毀”。

［14］丹堊：指油漆粉刷。丹，紅漆。堊，白土。

［15］薙，音 tì。除草。菑翳：茂密的草叢。

［16］封殖：栽培，種植。

［17］繚垣：圍墻。

［18］埒：音 liè：界限。

［19］屬：音：zhǔ。通“囑。”

［20］規：籌謀。

［21］筦：音：guǎn。同“管。”

［22］越：古國名。浙江山陰一帶。司馬後裔多遷聚於此。

［23］猷：音 yóu。道，法則。

［24］程書：《史記·秦始皇本紀》：“天下之事無小大皆决於上，上至以衡石量書，日夜有呈（程），不中呈，不得休息。”後因稱每日必須批閱的公文爲“程書。”

［25］俎豆：俎，置肉的幾；豆，盛干肉一類的器皿。都是古代宴客、朝聘、祭祀用的禮器。

［26］徽烈：美好的業績。

［27］傖囊：疑爲“搶攘”，紛亂貌。

［28］私淑：稱未得深受其教，而宗仰其人爲私淑。

［29］非夫：謂非大夫，懦夫。

［30］蹠：踐，音：zhí，踐，踩。

［31］蒦矩：法度。

［32］絺繪：可能爲“絺句繪章”之省。即指雕琢文字章句，增加文采。絺，音：

chī。

［33］儼：莊重貌。

［34］逷：遠。音：tì。

［35］諗：告知。諗，音：shěn。

［36］甄：音：zhēn。彰明。

［37］條岡、涑：即鳴條岡、涑水河。將：旁邊。

［38］天章：猶言天文，指分布在天空的日月星辰等。

［39］孔：大。

［40］賁：宏大，盛美。音：fén。

［41］卞、惇：即蔡卞、章惇。

［42］龜筴：古時卜筮之工具。筴，同"策"。

［43］遹：音：yù。發語詞。

［44］愆：音：qiān。超過。

［45］式：發語詞。

［46］兑：直。

［47］桓：標誌物，桓，爲表柱。以横交柱頭，作道路的標識。也作和表、華表。

［48］旅：衆。

［49］疇：同"籌。"嘗蒸：泛指祭祀。

［50］楗：音：jiàn。關門閂。篲，音 huì。掃帚。

［51］諏：音：zōu。問，諮詢。

［52］樽：音：zūn。盛酒器。鉶：音：xíng。盛羹器。

［53］簪組：簪，冠簪；組，冠帶。指官服或顯貴。

［54］佩衿：佩，擊物於衣帶。衿：古代衣服的交領。按，古者斜領下連於衿，故稱領爲衿。青衿爲學子所穿，故稱秀才爲青衿，亦省稱衿，如紳衿；出仕者爲紳，學者爲衿。

［55］逵：四通八達的道路。閧，喧鬧。臚言：傳言。

［56］萬：音：yǔ。校正直角的一種工具，即今曲尺。通"矩。"

［57］高躅：高尚的行跡。躅，音：zhuó，足跡。

［58］佀：即"似"的本字。

［59］窀穸：音：zhūn xī。墓穴。長埋謂之窀，長夜謂之穸。亦轉指爲墓葬。

［60］匪石：本比喻意志堅定。但在此似與文意不太通。匪，疑作"彼"解。

司馬光祖塋周垣記

【簡介】

明萬曆四十二年（1614 年）八月。□應鳳撰文，司馬露立石。

碑高 92、寬 58、厚 15 厘米。文 20 行，行 9—36 字不等，字徑 2.5—3 厘米。正書。碑額及碑身下部或斷殘或剥蝕。額題篆書，僅存“馬……祖……記”。首題“□□司馬温國文正公祖塋周垣記”。

撰文者□應鳳，會稽（今浙江紹興）人。時爲奉訓大夫、禮部主客清吏司員外郎。

司馬露，爲司馬光十八世孫。

著録僅見《總目》。

碑今存於禪院。

【碑文】

□□司馬温國文正公祖塋周垣記

宋太師司馬温公墓，在夏縣鳴條岡。其先世遠祖墓，在公墓東□半里許，而中有石羊若虎□温公墓□展禮先墓□□所亭□，亦有古柏數株可徵也。自塋垣若亭之頹圮，歷載遠矣，當□葺哉。壙土荒榛[1]，行人路之，樵牧□薪刍[2]之。公十八世孫諸生露□當掃祭，徘徊俯仰欷歔。□□蘇公、汝南燦巖李公、鹺臺河北伾南楊公，三公先後下記，令邑當興厥[3]工，值邑多故，故因□□擇賢令以侯名上。侯奉天子命來宰夏，下車剔蠹流仁[4]，猾惡憚神明，而□氓親怙恃[5]。一日，□諸曹簿牘，見臺使君所下□君下記先墓之役，當力任之，亟遴良吏諏日鳩徒[6]，興畚鍤[7]而築□焉。侯不時督課，經始于□□，丈五尺，屹屹[8]隆觀矣。露德侯[9]無量，求勒貞碑，走使□越，緘書而問餘，言紀侯功。嗚呼！餘□□□負譜牒北也。餘髮未燥，今幸繳一第，備員客部，恒思假便，使過夏拜謁司馬墓，一省舅□□□餘能已言乎。司馬自漢遷、晉孚及居夏始祖征東大將軍[10]以來，賢臣逸士無慮數十輩，□□□已切德，三札五規，爲時要策，辭樞拜相，爲世大範，以名係夷□安危二十餘年，秉政不□□□。於是司馬氏自待制公[11]以前皆重光矣。紹、崇間[12]，姦臣如卞如惇[13]，挾險側之心，仆公碑，欲□□□其後裔愛欲加諸膝上，今且追其先世而垣其塋，卞乎、惇乎，余知其塚纍必泯没，而其子□□是若祖墓也，其子孫必慚灼欲死，逃之而不肯認。姑且勿論卞、惇，温公塋固有介甫[14]表公□□，安用□此墟？嗚呼！扶輿[15]間之正氣，千萬古之真心，故自脉脉流也。總[16]仆碑能仆正氣，欲毁□□，地當岡阜[17]，土燥不任築，每數日一雨，自肇工抵竣事，未嘗□一燥而間畚鍤，謂非侯之用□□求先德，衹奉明禋[18]，訓諸兒讀書修行，勿得失聖賢家法，以□侯崇重之意云。侯名可久，號□□。

賜進士出身、奉訓大夫、禮部主客清吏司員外郎會稽驛桐□應鳳撰[一]。

萬曆四十二年歲次甲寅秋八月吉旦。温公十八世孫生員司馬露頓首立石。

【校勘記】

[一] 吏部主客清吏司，《總目》誤"主客"爲"至客"。"驛桐"，《總目》誤作"峰桐"。

【注釋】

[1] 荒榛：荒蕪、草荆遍地。

[2] 刍：音 chú。喂牲口草。

[3] 厥：音 jué。其。

[4] 剔蠹：剔除時弊。蠹，音 dù。蛀蟲。或喻侵奪、損耗財物者。

流仁：傳佈好的道德行爲。流，傳佈，傳遞。仁，古代一種含義廣泛的道德觀念，其核心指人與人相親相愛。

[5] 氓：草野之民。怙恃，音 hù shì。父母之代稱。故舊時父死稱失怙，母亡稱失恃。

[6] 諏日：選擇吉日。鳩徒：即召集人馬。鳩，同"糾"。

[7] 畚鍤：農具。鍤，音 chā，鍬。亦作"臿"、"插"。

[8] 屹屹：高聳貌。

[9] 露：即司馬露。德：感激。侯：即夏縣宰侯可久。

[10] 漢遷：即西漢司馬遷。晉孚：即司馬光先祖晉司馬孚。居夏始祖征東大將軍：即司馬陽。

[11] 待制公：即司馬光父親司馬池。

[12] 紹崇：即宋紹聖、崇寧年間。

[13] 卞、惇：即蔡卞、章惇。

[14] 介甫：即王安石。

[15] 輿間：即輿地之間。輿，地。《史記》索隱："謂地爲輿者，天地有覆載之德，故謂天爲蓋，謂地爲輿，故地圖稱輿地圖"。

［16］總：音 zòng。通“縱”。即使，縱然。

［17］岡：山脊，山嶺。阜：土山，丘陵。

［18］祇奉：敬奉。祇，恭敬。明，神明。禋，音 yín。烟祭。這裏泛指祭祀。

重修司馬光祠堂碑記

【簡介】

清康熙四十三年（1704年）十一月。劉子章撰，曾旭立石。

碑爲圓首方座，首身通體。通高186、寬69、厚17厘米。座長78、寬49厘米。因埋於土中，不詳高度。文18行，滿行51字，字徑2.5厘米。正書。首題“重修温國司馬文正公祠堂碑記”。

撰文者劉子章，貴陽人，時爲欽差巡按河東督理鹽課監察御史。

立石者曾旭，時爲安邑縣知縣署夏縣事。

此碑石質粗劣，碑面文字風化過甚，並多處龜裂。

著録僅見《總目》。

碑今立於禪院大殿後。

【碑文】

重修温國司馬文正公祠堂碑記

余家居日，每讀史至司馬文正公傳，未嘗不掩卷歔欷，想見其爲人。歲甲申[1]，視鹾[2]河東，行部[3]夏縣，因得謁公墓於涑水南原之晁村，摩杪[4]所謂“忠清粹德碑”者。碑自紹聖之仆，已亡其舊，此蓋重經摹勒者也。問其祠宇，則兵燹[5]之後，化爲榛莽[6]矣。竊謂：賢如司馬公，而桑梓之區，丘壠之□，□□一塚片瓦之□，以□神靈，而肅□□官斯土者，能無責乎？感嘆之餘，方圖修復，而同年友安邑令曾君適攝夏篆[7]，願董是□□，遂捐金若干兩以付之。庀[8]材□□，凡數閱月而告竣。爲堂三楹，既壯且麗；崇墉屹□，繚于四周。於是蠲吉[9]□主肅將牲牢[10]，率僚屬而往拜焉。既迄事，曾君欲勒石□紀□，乃以載筆[11]見屬。余按司馬公德業文章，焜耀天壤，自《宋史》而外，其載之志狀[12]與散見於士大夫之論列者，固詳哉其言之矣。蘇文忠[13]述公之德，至于感天地、動鬼神，而蔽之以“誠”與“一”。張公敬夫謂其臨事發言，雖聖人不易近□終條理者。而朱文公[14]亦謂其人正而□學問。其活國救世，既有次第，而規模又大，且□智仁勇許[15]之。諸君子之於公，所以發揚而褒大之者。至於如此，不腆[16]如餘，縱復極意□□，豈能有加于□□。顧嘗就宋之國勢而論之，靖康之禍，釀於紹聖，而根於熙寧、元豐之間。使杲庸公言，于變法之初，則聚斂掊克[17]□□□，至于蠹國而擾民，使不反公政于既没之後，則救紛拯溺之功，猶足以善後而延世。乃以荆、舒用事之故，投閑洛下者十五餘年也。元祐柄政，方見施行，而未幾□没，章、蔡之□龑□□，於是奪謚仆碑，首列姦黨。舉天下之賢人君子，株□禁錮，無復留□。而公之所□□□發櫛以蘇剥割，而安□□□，一切借口紹述，悉還舊轍，蓋宋之國運元氣，從此已□削殆盡，固不待青城北狩，江左偏安[18]，而後知其不□也。由是以觀，公之進退存亡，維擊於國家之治亂安危者，何如而豈其小哉？故因曾君之請，而論之如右，以附諸君子之後，俾來者有以考焉。至於公之德業文章，固敻絶[19]而不可幾及，抑[20]猶與曾君共勉焉，以彷彿其萬一。則今兹之役，庶乎其不僅修故事，示崇奉而已也。曾君名旭，以雲南舉人來令於此。旦生，其字云。

皇清康熙四十三年歲在甲申冬十一月吉日。欽差巡按河東督理鹽課監察御史貴陽後學劉子章撰。

安邑縣知縣署夏縣事建水曾旭立石。

【注釋】

［1］甲申：康熙四十三年，公元1704年。

［2］鹺：音cuó。鹽。

［3］行部：漢制，刺史常于八月巡視部屬，考察刑政，稱爲行部。這裏是説視察部屬。

［4］摩枈：撫摸。枈，音suō。又作“挲”、“娑”。

［5］兵燹：因戰爭所遭受的焚燒破壞。燹：音xiǎn。火。多指兵亂中縱火焚燒。

［6］榛莽：雜亂叢生的草木。榛：音zhēn。叢木。

［7］攝夏篆：即主持夏縣政事。篆：官印的舊稱。如接印叫接篆，代理叫攝篆。這裏即指後者。

［8］庀：音pǐ。具備。

［9］蠲吉：選擇吉日。蠲，音juān。

［10］牲牢：供祭祀用的牲畜。即牛、羊、豕。

［11］載筆：携帶文具記録事情。

［12］志狀：志即史志，狀即行狀。

［13］蘇文忠公：即蘇軾。

［14］朱文公：即朱熹。

［15］許：贊許；心服。

［16］不腆：不豐厚，不善。自謙之辭。腆，音tiǎn。美好。

［17］掊克：以苛税搜刮民財。也指搜刮民財的人。掊，音 póu。搜括，聚斂。

［18］青城北狩，江左偏安：意謂宋徽、欽二宗被虜，南宋偏安一隅。

［19］夐絶：寥遠。猶迥絶。夐：音 xiòng。遠。

［20］抑：連詞。

臨濟宗序贊[一]

【簡介】

清乾隆四年（1739年）。沙門體元、體臣識。

碑爲圓首方座，首身連體。通高157、寬60、厚15.5厘米。座長69、寬45、高30厘米。文字内容分兩部分，一爲臨濟宗派序贊；一爲補葺餘慶禪院正殿及創建觀音閣記事。序贊文7行，行3—26字，字徑1.5厘米。修建殿、閣文4行，行11—35字，字徑1厘米。均爲正書。無首題。

著録僅見《總目》。

碑今立於禪院。

【碑文】

臨濟宗[1]

自義玄禪師下，越二十世，嗣法門人福慶，號雲巖，又出臨濟一派。云：福德弘慈廣，普賢覺道成，利益無邊量，宗本永興隆。于宋祥符二年[2]，碧峰弘濟禪師住崇勝禪寺，又復續三十二字，派曰：

文志福行，法遠義臨。圓修定慧，果證蓮成。

本智續體，常德悟明。真如同禮，覺了傳興。

嗣[3]祖沙門[4]體元、體臣[二]謹識。

敕賜餘慶禪院自宋至今，興廢不一。於明弘治五年，興[5]先師祖諱臨潭者，本邑人，俗姓程氏，□興之九世祖，募化重修。至清乾隆四年，興承先人之志，補葺正殿，創建觀音閣三間。謹記於此，以爲後世之張本云爾[6]。

徒[三]特賜度牒[7]戒僧體元、體臣[四]謹識。

【校勘記】

［一］碑無首題，據文意擬。

［二］碑作“沙門體元臣”，《總目》誤作“體元臣”。

［三］“徒”，《總目》誤作“姪”。

［四］同［二］。

【注釋】

［1］臨濟宗：中國佛教中禪宗五家之一。由於此宗的開創者義玄，在河北鎮州（今河北省正定縣）的臨濟禪院舉揚一家的宗風，故稱。義玄（？—867年），是六祖慧能下的第六代，曹州南華縣人。圓寂後，敕謚“慧照禪師”。

［2］祥符二年，即宋真宗大中祥符二年，公元1009年。

［3］嗣：繼承，接續。

［4］沙門：僧徒。梵語音譯。

［5］興：即僧人續興，參見《重修餘慶禪院碑記》。

［6］張本：預爲後來之地。云爾：語末助詞。相當於“如此而已”。

［7］度牒：僧伲出家，由官府發給賃證。有牒者可免去地税、徭役。唐宋時，官府並出售度牒，以充軍政費用。南宋間，軍費大增，度牒收入曾成爲官府收入的一項重要來源。

重修水口碑記

【簡介】

清乾隆五年（1740年）三月。未署撰、書者姓名。石匠裴文魁刻。

碑爲圓首，無座。高106、寬45、厚12厘米。正文5行，行5—50字，字徑2—2.3厘米。施地及輸資人等9—14行，字徑1—1.5厘米。均正書。首題“重修村東青龍溝水口碑記”。額題“重修水口碑”，左右并有“日”“月”二字及圖案。碑文四周飾卷草紋。

碑陰刻“重修后土廟碑記”（因與司馬光無關，略去）。

碑今存禪院。

【碑文】

重修村東青龍溝水口碑記

雍正八年[1]五月二十八日，文正公二十一世孫諱灝文，字燕克，居浙之山陰。登進士，拔翰林院庶吉士[2]，任太谷縣[3]，升任沁州[4]。來夏祭祖，捐銀叁拾兩。共費銀叁拾伍兩零。

乾隆五年[5]，復被大水冲損。費銀壹拾伍兩柒錢，重加修築，仍如其舊。

前後經理首人：

程有信	程可林	衛秉正	范自□
程萬□	衛　□	柴起瑞	衛秉義
衛景禹	喬建廷	衛秉□	程從禹
盧德發	程有榮	司馬訓	

［編著者按，以下爲施地及輸資者50餘人，因書刻零亂，且字蹟甚小，行將磨滅，難以卒識，故略。］

乾隆五年三月十八日立。

石匠裴文魁。

【注釋】

［1］雍正八年：公元1730年。

［2］庶吉士：官名。明洪武初采《尚書·立政》“庶常吉士”之義而置，六科及中書

皆有之。永樂二年始，專隸於翰林院，以進士中擅長文學及書法者任之。清因之。設庶常館，進士殿試後朝考前列者，得選用爲庶吉士。肄業三年期滿再經考試，按等第而分別授職，謂之散館。二甲進士授編修，三甲授檢討，不入選者，内用六部主事、内閣中書，外用知縣。

［3］太谷：屬今山西省。

［4］沁州：屬今山西省。

［5］乾隆五年：公元 1740 年。

重修餘慶禪院碑記

【簡介】

刻於“臨濟宗序贊”碑陰。

清乾隆十一年（1746年）孟秋。盧贇撰文，盧永暭書丹，高芊篆額，裴成祥、李青雲鐫刻。

碑爲圓首連體。額之左右飾以海水、雲龍。碑四邊飾吉祥圖案。高145、寬60、厚12厘米。文22行，行8—59字，字徑2厘米。正書。首題“重修餘慶禪院碑記”。篆額同首題。

著録僅見《總目》。

【碑文】

重修餘慶禪院碑記

國學監生盧贇參斯甫[1]撰文兼督工[一]。

儒學增生高芊卓如甫篆額兼督工[二]。

國學監生盧永暭明遠甫書丹兼督工[三]。

餘慶禪院，乃宋太師司馬温國文正公，爲先世晉征東大將軍諱陽塋、並陽以後諸賢塋俱在院右，無人看守，因奏請宋神宗皇帝敕建禪院。名“餘慶”者，取司馬氏積善之謂也。厥後，公父兄故，亦建塋於院數十武[2]外，而公附葬焉。自宋室南遷，臣僚盡徙浙，夏邑遂無司馬氏子孫矣。金、元及明初，供司馬公掃除者，衹僧人耳，故昔有“雲礽[3]已盡猶香火”之嘆。是餘慶禪院大有功於先賢，而迥不侔[4]於他寺也。司馬氏之在浙者，并不知祖塋在夏，亦不知夏邑絶祀。逮明中葉嘉靖年間，有司馬御史公諱相者，欽差山右[5]，經過聞喜[6]，始知文正公塋在夏蛾眉嶺[7]，即登墳祭奠掃除，不勝怵惕悽愴[8]之至，因題“盛德豈無後，還鄉自有期”之句。奈年壽不永，未遂厥志。臨終，囑子孫曰：“祖塋在夏，子孫無一人守墳，水源木本之謂何？我死之後，有能還夏奉祀者，即吾孝子慈孫也”。隆慶元年[9]，御史子諱祉、孫諱晰者，遂挾圖籍、影像來夏。邑侯李公諱溥者，買地基、置祭田，兼造房屋，安置城中西街居住。萬曆元年[10]癸酉科，邑人夜夢城隍廟前張鄉試[11]榜，姓名不辨識，止[12]見榜首書：“功著河洛當年盛，發明經史萬代宗”一聯，人以爲此温公事也，司馬氏叔姪其同登科第乎？及秋闈[13]榜放，晰果發解[14]，祉果獲雋[15]。祉後成進士，宦遊回浙，而解元公永留夏焉。越六世，而至邑庠生員諱衍者，老實學問[16]，端方品格，饒有文正公之遺風，勵學使取優生[17]，而扁以“洛英繼起”，非虛譽也。特家計僅足糊口，而城、墳兩祠堂、塋垣、碑樓及禪院，日漸頹圮，無可如何。幸而邑侯許公諱日熾者，欽仰先賢，捐俸修葺塋墻，兼飭“忠清粹德碑”樓。太谷侯司馬公諱灝文者，亦文正公後裔也。來夏拜掃，重新城中祠堂，墳上祠堂猶可稍待，而餘慶禪院毀壞特甚。衍念禪院係文正公請建，數百年來，僧人又供司馬諸公香火，何忍坐視傾倒，而不早爲之計乎？因常住，養贍頗有餘，與僧人商議，每年撥麥數石，再加營運佛殿，庶有整理之資。僧人本立首肯[18]，撥麥數年，麥糶銀五十餘兩。衍又營數年，銀滿百兩，交付僧人動工，更請晁村耆老[19]督率。不意，工未及半，而衍與本立忽即世[20]矣。賴本立徒孫續興、體元者，頗有才能，更兼伏義陸續出銀五百餘兩，院前後樹木又賣銀一百兩，而佛殿及墳門遂告成。人佛殿後觀音一尊，面文正公祠堂，嫌不合款，建閣於金剛殿舊基址，而移觀音於其上。登臨遠望，香山左峙，鹺海[21]右瀠，巫山條嶺[22]，峻嶒[23]羅列於其前，則亦夏邑一大觀也。兹值工竣，行將勒石，因序其始末，以爲記。

時大清乾隆十一年歲次丙寅孟秋谷旦立石。

督工耆老：三賢莊續崇德、張永寧、吴生宦。司馬村盧呈麟、宋雲漢、衛景禹、程萬良、衛秉全、盧得發、程興廉。小晁村程萬祚。司馬莊盧生德、張起彦。

温公二十世孫、奉祀生員司馬沅；男奉祀生員訓、詔；孫術、衎、衜。

温公二十二世孫、奉祀生員司馬衛。

住持僧續興；徒體元、體臣；孫常琳、常瑞、常琮、常玥、常琪、常琰；曾孫德真。

石工裴成祥、李青雲鐫。

【校勘記】

［一］“國學監生”，《總目》誤作“國子監生”。

［二］“卓如甫”，《總目》漏“甫”字。

［三］“國學”《總目》誤作“邑學”。

【注釋】

［1］甫：男子的美稱。

［2］武：古以六尺爲步，半步爲武。

［3］雲礽：同“雲仍”。遠孫。後代。

［4］迥：音 jiǒng。遠。侔：音 móu。相等。

［5］山右：山西省之舊稱。因在太行山之右，故名。

［6］聞喜：在今山西省運城市。

［7］蛾眉嶺：通常作“峨嵋嶺”。又稱“鳴條岡”。

［8］怵惕：音 chù tì。戒懼，驚懼。悽愴：音 qī chuàng。悲感。

［9］隆慶元年，即公元 1567 年。隆慶，明穆宗年號。

［10］萬曆元年，即公元 1573 年。明神宗朱翊鈞年號。

［11］鄉試：科舉時代，每三年，各省集士子于省城，朝廷選派正副主考官，試四書、五經、策問、八股文等，謂之鄉試。中試者稱舉人。

［12］止：同“祇”。

［13］秋闈：同“秋試”。科舉朝代，鄉試例於八月舉行，故稱“秋闈”。

［14］發解：唐取進士，頒格於州縣，合格者謂之選人，由所在州郡發遣解送到京參與禮部會試，稱發解。宋沿其制。明時於各直省舉行鄉試，中試者稱舉人，也稱發解。

［15］獲雋：科舉考試得中。

［16］老實學問：扎扎實實做學問。

［17］優生：優秀後生。

［18］首肯：同意。

［19］耆老：年長而有望者。耆，音 qí。

［20］即世：死，去世。

［21］鹺海：指河東鹽池，即運城鹽池。

［22］巫山：即位於夏縣城東的瑶臺山。因巫咸墳在此山下，故稱巫山。條嶺：即中條山。

［23］崚嶒：音 léng céng。高峻重叠貌。

【附録】

《縣志·人物志》“賢才”：

1.“司馬祉，温公十六世孫。温公後自侍郎伋南渡，家會稽，至恂，官大司成，嘗過夏展祀。恂弟軫子垚，官主事；垔，官御史。直隸提學埰，來夏奉祀，充博士弟子員。以父喪還，尋卒。至祉父相，起家進士，爲比部郎，至夏祭掃，慨然有卜築志，後不果，嘗以爲憾。相四子：曰初、曰禄、曰法。祉，其季也。隆慶改元，祉偕初之子暐、晰，遵遺訓負譜牒，始至夏定居焉。萬曆癸酉，舉于鄉。甲戌，聯捷成進士，授刑部主事，歷官陝西，行太僕寺少卿。居鄉，訓授生徒，文教頓起。暐，中萬曆丙子舉人，歷任嘉興教諭，信豐、仁化知縣。”

2．“司馬晰，暐弟。與季父祉同登萬曆癸酉鄉薦，晰爲第一人。先是，邑人夢觀鄉榜於城隍廟，初無姓氏，僅見榜首書一聯曰：‘功著河洛當年盛，發明經史萬代宗。’人皆擬爲温公後也。後司馬叔姪果得同科，人咸異之。”

3．“司馬衎，邑庠生，温公二十二代孫。性端恪，力憲先型。學政舉優行，書‘洛英繼起’以獎之。”

餘慶禪院粧聖像記

【簡介】

清乾隆十一年（1746 年）孟秋。盧贊撰文，張綸書丹，張永祥篆額。

碑爲圓首方座。高 158、寬 64、厚 15 厘米。座長 71、寬 44、高 30 厘米。文 22 行，行字不等。内容爲正文（即“記”）與督工、功德首事人名兩部分。其中正文 11 行，行 16—50 字，字徑 2.5—3 厘米。正書。首題“金粧餘慶禪院佛像衆神記”。額篆“餘慶禪院粧聖像記”。額左右飾海水雲龍圖；碑四周飾花草、雲龍。

碑陰爲布施花名，額題“百世流芳”。

碑今立於禪院。

【碑文】

金粧餘慶禪院佛像衆神記

國學監生盧贊參斯甫撰文兼督工[一]。

恩貢候銓儒學教諭張永祥麟徵甫篆額兼督工。

儒學生員張綸涣居甫書丹兼督工[二]。

餘慶禪院重飭工竣，神像尚未金飾，而資財已竭，不能完成。十方[1]善士欲各輸已貲，共成盛事。住持僧不敢遽[2]謀乞化，而力又不能獨任其事。展轉思維，欲商之首事諸公，而又恐人謂：“僧人每舉一事，輒牽引衆人，借人之力，以博虛名，而邀寔惠。”因是不敢遽舉。既而自思，古人有言：“眼前都是好人，十方既皆尚義。”豈至今日而頓異初心？特因無人言及此，遂置之不問耳，必不至如人所云云也。即使果有後言，而避嫌遠怨，工廢于一簣，此鄉里小丈夫之所爲，僧人所不敢出矣。因與首事諸公議，附近村莊沿門持鉢，而紳士庶民共發仁心，同行義事，各量力輸貲，而金飾之事，不數月而工告竣。不惟神殿重新，而神像亦焕然生光彩矣。工始於乾隆五年[3]四月，工竣於八年九月，費金七十三兩二錢零。是爲記。

時大清乾隆十一年歲次丙寅孟秋吉旦。

督工耆老：

盧呈麟　　衛秉全　　續崇德　　盧德發

程興廉　張永寧　吳生宦　司馬衡奉祀生

衛景禹　程萬祚　盧生德　程萬良

張起彥　宋雲漢　司馬訓奉祀生

功德首事人：

張元臣廪生　張嵩齡監生　張熊飛生員

吳國俊監生　張　餶監生　楊貞德監生

張學儒　張篤敬　孫重略　楊廷璉

張七會　張九昌　馮林聰　張彥文

景守義　柴少勤　黃增彥　張　海

衛從貴　白雲魁　傅思公

壽聖寺僧官法秀捐銀壹兩。福興寺達興捐銀伍錢。下生寺通禎助工。普賢寺湛洪、徒然禎助工。

住持僧續興，徒體元、體臣，孫常琳、常瑞、常琮、常玥、常琪、常琰，曾孫德真立石。

塑匠蘇成運、張克家。

石工李青雲。

【校勘記】

［一］“國學監生”，《總目》誤作“國子監生”。

［二］“渙居”，《總目》誤作“漁居”。

【注釋】

［1］十方：指東、南、西、北、東南、西南、東北、西北、上、下十方。

［2］遽：音：jù。倉猝。

［3］乾隆五年，即公元1740年。

歸暘并張謙墓碑序

【簡介】

清乾隆二十八年（公元1763年）。李遵唐撰。

碑爲圓首連體。高110、寬50、厚8厘米。文13行，行27字，字徑3厘米，行書。

《縣志·古迹》："集賢學士歸暘墓，在縣西司馬温公墳餘慶禪院左二十餘步。舊志以爲僅能指點其處，惜無碑記。今其遺塚尚存。邑令李遵唐爲文，并張謙墓序之，立石墓前"。

又，"張謙墓：今歸暘墓左高阜似墓，然不能確指矣"。

李遵堂，固始縣（屬今河南）舉人，乾隆間知夏縣。明幹有爲，百廢俱舉，宦績顯著，詳載《縣志》。

碑文見《縣志·古迹》。

碑今存祠堂院内殘石處。

【碑文】

元寓賢歸張二公墓序碑

元有大賢曰歸陽，河南祥符人，官於朝，至集賢院學士、禮部尚書。初筮仕穎州同知[1]，即以抗直著，後仕益顯。愈峻丰裁[2]，志行嶽嶽[3]。丁元末擾亂，以慕温公爲人也，特間關[4]避兵來夏，卜居於温公墓側，至死不忍去，遂葬焉。同時，又有臨朐張先生名謙，慕歸公遠來從寓，以薦爲邑司鐸[5]。能其官，諸士雲集。卒後，從歸公葬。兩公墓地，舊《志》即云"僅能指點其處"，今就所稱"餘慶禪院左二十餘步"求之，有一荒墓竦然特起，詢之土人，皆稱曰"歸塚"。又左二十餘步有高阜處，則不能確指爲張矣。余命土人善護之，恐久而益淹，因爲選石樹表於歸墓之側。夫兩公之文章節概，邑人士恒能道之，特其以一念景仰之誠，遂作千秋魂魄之附，信道篤而立志專，有古人所不能及者。挹[6]其高風，殆與澄泓涑水共有千古矣。用并叙其顛末，有所稽考焉。

直隸解州夏縣知縣固陵李遵堂撰并書[一]。乾隆二十八年二月立[二]。

【校勘記】

［一］《縣志》無。

［二］《縣志》作“乾隆壬午嘉平月立石。”

【注釋】

［1］同知：官名。清代府、州以及鹽運使均設同知。府同知即以同知爲官稱，州同知則稱州同，鹽同知稱運同。

［2］丰裁：風度。

［3］嶽嶽：高聳突出貌。比喻人顯露頭角。

［4］間關：謂道路崎嶇難行。

［5］司鐸：相傳古代頒布新令，必奮木鐸以警衆。故後來稱主持教化者爲司鐸。後世亦稱教官爲司鐸。

［6］挹：音 yì。舀，酌取。索引，援引。

司馬光香火院碑記

【簡介】

清乾隆三十八年（1773年）閏三月。紀在譜撰，李上選書丹，盧飛熊篆額，司馬詔等刊。

碑爲圓首連體。高208、寬73、厚17厘米。座長80、寬50、高24厘米。兩面均刻文。碑陽中心題刻“宋太師司馬温國文正公香火院碑”1行13字，字徑11—12厘米。碑右上部刻文5行，行20字，字徑2厘米。額篆“司馬香火院記”6字，九叠體。

碑陰刻所立香火院碑由來。文174行，行7—54字不等，字徑約3厘米左右。正書。額題“碑陰”二字。左右飾蓮花圖案。無首題。

著録僅見《總目》。

碑今立于禪院前。

【碑文】

（碑　陽）

宋太師司馬温國文正公香火院

紀太老爺審得餘慶禪院，原係宋太師司馬温國文正公香火院，與僧人常瑞等毫無干涉。着常瑞等仍照前敬奉香火，修理祠墓。至從前常瑞等所欠之麥，即作如今移修祠堂之費。俟祠堂造就，依舊每年出麥拾石，以爲春秋修補祠墓之用。即刻碑石，以垂永久。此判。

（碑　陰）

山東萊州府膠州癸酉科舉人、署[1]夏縣知縣事紀在譜撰。

乾隆癸巳春正月，餘奉憲委署夏邑，得謁司馬温國文正公祠。觀其禮器[2]，讀其像贊，因詢其墳墓所在。或曰：“去城二十里，岡名鳴條。墓側仍有祠。自宋元豐以來，代有敕賜碑碣。名卿巨相以及賢人奇士來謁者，類有題咏。‘忠清粹德之碑’雖毁，而僧圓真[一]爲之重鐫，護碑杏樹已枯，而古柏夭嬌蒼翠，猶自可觀。”餘蓋眷眷[3]於中，亟思一謁，而未果行也。越旬日，其奉祠生司馬衎，以餘慶禪院控行者常瑞等負約到案，惟時未詳“餘慶”之義。幾[4]以司馬氏在夏子孫衰微，藉墓侵及僧院，心竊悼之。乃親謁公墓，并閲祠與墓前所勒碑文不下數十首，無非贊揚公之理學淵源，勳猷[5]充塞，罕見有道及禪院者。惟崇賢祠之前，有宋敕賜碑云，創置僧院始於元豐八年，乃悟取名“餘慶”二字之所由來也。及歸，衎等復呈其家所藏《何遠録》[6]，并前明萬歷間牒照餘慶禪院，源流始詳。夫餘慶禪院，專爲司馬守墓而設，則守墓之院僧，惡[7]得與司馬氏爭産業哉！嗚呼，常瑞俗僧，不如其師之所見遠□。先是，公孫有諱灝文者宰陽邑，餘慶禪院行者體元來往署中，灝每分俸贈之。其人頗識道理，不習禪語，常曰：“吾爲僧，得守司馬先賢墓，勝於參禪受戒多矣!”灝因書“釋而儒”三字，以顔[8]其居。今常瑞果能守其師之説而行之，公之塋域必不至荒圮若此。今諭衎等勒石，大書深刻，題以“宋太師司馬温國文正公香火院”，復以此文附碑陰，一使後之行者知禪院所自來，謹奉香火，修葺祠墓，世守勿替。又使司馬子孫念先世乞賜“餘慶禪院”爲額，並皇宋特賜“餘慶禪院”爲額之義。砥德礪行，各知自勉，以揚前人休[9]，是則余所厚望也夫時。

邑庠生員擇菴甫李上選書丹。

邑庠生員渭叟甫盧飛熊篆額。

温公二十一世裔孫司馬詔，二十二世衔、奉祀生衎、衜、衡，二十三世艇、韇、軀、躬、躴、軆、躲[二]敬刊。

住持僧常瑞、常玥、常琰。

鐵筆裴大本、裴大公鐫。

乾隆三十八年歲次癸巳閏三月谷旦立。

【校勘記】

[一]“真”，《縣志》及以上諸碑中皆作“珍”。

[二]《總目》缺漏“躴”。并將“躲”作“躲”。

【注釋】

[1] 署：攝官。指代理、暫任或試充官職。

[2] 禮器：祭器。

[3] 眷眷：依戀向往貌。

[4] 幾：考察。

[5] 勳：大功勞。《史記》：“古者人臣，功有五品，以德立宗廟定社稷曰勛。”猷：道，法則。

[6] 何遠録：内容未詳。

[7] 惡：音 wū。疑問代詞。怎，如何，何。

[8] 顔：門楣，匾額。

[9] 休：吉慶。

移建司馬光祠堂碑記

【簡介】

清乾隆三十九年（1774 年）仲夏。李遵堂撰文，申暢書，晉廷楫篆額，邢姬封校正，司馬詔等立石。

碑爲圓首連體。通高 220、寬 70、厚 14 厘米。座長 79、寬 48、高 35 厘米。文 21 行，行 9—72 字不等，字徑 2.5 厘米。正書。額篆“移建温公祠堂碑記”8 字。首題“移建宋太師司馬温國文正公墳祠序”。額之左右及碑身四周均飾有花紋圖案。

碑陰刻捐助人花名。

著録僅見《總目》。

碑今立於祠堂。

【碑文】

移建宋太師司馬温國文正公墳祠序

余讀史至宋神宗時，而竊嘆[1]司馬温公之爲人也。其出處本末、正言讜論[2]、濟世利物諸大政，蓋不獨中國愛之，而四夷亦慕之。天下後世，仰止景行，孔孟後有數人而已。余佩服前賢，每以不同時同地爲憾。歲庚辰[3]，適承簡命[4]，來涖兹土。下車後，瞻謁祠廟，並詢其後裔，竊嘆式微[5]已甚，宜昔人“有悲無後”之句也。越春，詣墓所，抵餘慶禪院，其守寺僧體元頗讀儒書、工書畫，即其弟體沉暨徒輩，皆謹守清規，翛然有出塵之概。蓋自宋迄元、明以來，已經數世，温公之後寥寥無幾，而僧人看守墳墓，以供香火，未嘗有闕[6]焉，此誠温公之功臣也。體元告余曰：“此院後有温公祠，其制創於金，增於明之嘉靖間，今頹圮不堪甚矣。僧意欲重修之，奈功程浩大，有志未逮[7]。且祠設於佛殿後，明堂擁塞，體制亦不合”。余曰：“噫！此余之志也。”因相度地勢，移祠基於墳、寺兩界之間，復爲纂立緣簿，捐俸首倡，又出示曉喻合縣並司馬氏裔孫，推選首事，共成義舉。乃未幾，而余奉調桐鄉[8]。未幾，而遷汾州[9]郡丞。未幾，而署朔平府正堂印務[10]，以疾告歸。區區之意，遂不克終。甲午[11]春，餘以病痊赴都，路經夏，詢及温公之祠，知大殿講堂[12]已成。嗚呼！温公去今已數百載，而僧人等乃自庚辰迄甲午，閲十餘年之久，經營調度，始終不倦，竭心力以成此大功。且聞募緣所至無遠邇，凡有貲力者，莫不鼓舞樂輸，以襄乃事。此益以見温公之德澤渥[13]人至深，而懿好[14]之在人心，合僧俗無殊致也。余多[15]體元、體沉暨其徒常瑞等之善舉，而且以余前未了之心意，幸而病痊[16]過此，又適值大功告竣之秋，未始[17]非余之切慕誠於中，而温公之靈爽默爲之佑啓也。於是爲文以記之，俾勒之石，以垂於後。且使餘以一念之誠，亦得以賤名附先賢之側，誠生平之大幸也。是爲序。

誥授奉政大夫[18]、原任汾州府清軍水利分府、署朔平府正堂印務、前知解州夏縣事、加三級記録五次、又記大功七次、中州李遵堂撰文。

特授[19]文林郎、知夏縣事、加三級記録五次、江西李孝游檢閱。

敕授[20]文林郎、原任浙江寧波府定海縣知縣、加三級紀録五次、又記大功三次、前知杭州府新城縣事、癸酉舉人、甲戌明通[21]邑後學晉廷楫篆額[一]。

特恩[22]壬申科舉人、吏部揀選、知縣、邑後學邢姬封校正。

儒學生員、邑後學申暢謹書。

督工士庶：

生員　秦九戩　貢生　李　燦　生員　秦有倫

監生　張嵩齡　生員　石映璧　千總　張世焕

生員　張文元　監生　盧元琰　稟生　張玉潤

監生　盧元玠　監生　盧世�;

程興廉　盧元瑞　喬恩榮　續光輝　吴生焕

衛道生　衛　淮　張心直　柴起祥　衛　維　程生智

温公二十一世裔孫司馬詔，二十二世衍、奉祀生員術、衜、衡，二十三世鋌、軀、軀、躬、躴、軆、躶敬立石。

皇清乾隆三十九年歲次甲午仲夏月谷旦立。

聞喜縣石工王大臣刻。

【校勘記】

[一] 篆額人具名、職銜《總目》全無。

【注釋】

[1] 竊嘆：暗自概嘆。

[2] 讜論：正直之論。讜，音：dǎng。正直。

[3] 庚辰：乾隆二十五年，公元 1760 年。

[4] 簡命：選拔任命。

[5] 式微：式，發語詞。微，衰落。泛稱事物由盛而衰曰式微。

［6］闕：同“缺”。

［7］逮：音：dài。及。

［8］桐鄉：今山西聞喜古稱桐鄉。

［9］汾州：在今山西省。

［10］朔平：在今山西省。正堂：官府治事的大廳。明清時稱知府、知縣等地方正印官爲正堂。正印，即正方形官印。清制，自布政使至知州、知縣等各級地方官均爲正印，故府州縣官又稱正印官。

［11］甲午：乾隆三十九年，公元1774年。

［12］講堂：講經之堂。

［13］渥：音wò。沾潤。恩惠。

［14］懿：音：yì。美，美德。好，美，善。

［15］多：贊許。

［16］痊：病愈。

［17］未始：未嘗。始，猶“嘗”。

［18］誥授：清制五品以上官。本身之封曰誥授，曾祖父母、祖父母、父母及妻，存者曰誥封，歿者曰誥贈。

奉政大夫：官名。金置，爲文職正六品的封階，元升爲正五品，明清因之。

［19］特授：破格授予。

［20］敕授：唐制，封授三品以上官稱册授，五品以上稱制授，六品以下稱敕授。

［21］明通：清代科舉有明通榜，取文理明通者登第。

［22］特恩：特殊恩賜。

重刊禮祀先賢事碑[一]

【簡介】

原刻於明萬曆三十五年（1607 年）六月。知縣胡枘、縣丞李充榮、典史謝繼祖等立。督工郭講、陰大博、劉一貴。過硃杜國卿。重刊於清同治十一年（1872 年）九月。校對喬景山，過硃喬金鑑，住持續唐及弟子本元、徒孫覺理，與司馬光後裔願、懋、鯉、鯨、鴻同立。

碑爲圭首連體。高 223、寬 84、厚 20 厘米。座長 103、寬 48、高 35 厘米。文 15 行，行 6—45 字，字徑 3 厘米。正書。額題"昭哉嗣服"四字。無首題。額之左右飾龍紋，碑身四周飾海水、行龍等圖案。

著録僅見《總目》。

碑今立於祠堂。

【碑文】

平陽府解州夏縣爲禮祀先賢事

蒙巡按山西監察史康憲牌[1]本院觀風[2]兹土鄉賢名宦，例得查核表揚，及照[3]夏縣司馬温公忠清大節，照映古今，前本院欲行親祀，未果。途中，一青衿[4]來見。詢之，知係公後，乃以寒微無力，祀祭缺然，每遇節令，率多曠缺。如此名賢，可使與凡品泯没耶？誠觀風地方者之責矣。爲此，牌仰本縣，即動院贖[5]，或該縣堪動官銀内，速於近墳處置上地三十餘畝，給其奉祀子孫耕種。每年即以耕收所出，世世舉祭，仍爲除出雜差，無使貽累。牌到，限十日内置完前地，用過價銀，造册申院，仍立石碣，永久存照。蒙此，本縣胡知縣依蒙親詣司馬先賢墳所，勸諭附近居民，擇有肥厚上地[6]情願出賣者，動用萬曆三十三年支剩綱[7]銀五十餘兩有奇，易買各主地土共計三十畝零，各取有文券印，給奉祀生員司馬露收執管業訖，仍將各主地段、座落、去處、四鄰姓名、長闊丈尺分畝，備開碑面，立於墳前，用垂永久，以彰本院旌賢[8]崇祀之盛典云。

一段平地十畝。買守信坊趙展西蘇村村東、白沙河北第三畛南北畛祖業地。東至張希聖，西至業，南北俱至小河，給價銀三十六兩。

一分山莊地，不計畝分。買帖佛里一甲王堅、里長翟一鳳老人翟鳴雁絶户地，給價銀一十四兩。

明萬曆三十五年閏六月吉日立石。知縣胡枘。縣丞李充榮。典史謝繼祖。督工官郭講，工房吏陰大博、劉一貴。過硃杜國卿。

大清同治十一年九月吉日重刻原文。校對從九喬景山。過硃稟生喬金鑑。住持續唐，徒本元，徒孫覺理。經理裔孫願、懋、鯉、鯨、鴻同立。

【校勘記】

［一］碑無首題，據文意擬。此碑重刊于清同治十一年九月。《總目》却云："重刊年代不詳"。不知何故。

【注釋】

［1］牌：用作符信憑證者曰牌。這裏可能爲官府文書的一種。

［2］觀風：觀察風氣，或觀察民俗得失。

［3］照：察看。通知。

［4］青衿：稱士子。亦借指少年。

［5］贖：音：shú。用財物换回人身自由或抵押品。

［6］上地：上等土地。

［7］綱：舊時成批運輸貨物的組織。

［8］旌賢：表彰賢達。

重建碑樓記

【簡介】

刻于“重刊禮祀先賢事碑”之陰。

清同治十一年（1872 年）。喬景山撰文，喬敬鑑書丹，司馬願等立石。

碑之形制、尺寸與“重刊禮祀先賢事碑”同。文 16 行，行 9—50 字，字徑 3.5—4 厘米。額題“皇清”。均爲正書。首題“重建忠清粹德碑樓記”。額之左右飾龍紋；碑身四周飾圖案花紋。

著録僅見《總目》。

【碑文】

重建忠清粹德碑樓記

竊思：司馬温公之德至矣，其忠盡矣。是以聲名洋溢乎中國，施及四夷。舉天下後世，孰不心慕而誠服哉！余才學譾陋，雖切羹墻[1]之思，而無如管窺[2]之見，不敢復贅一辭。兹因温公之裔孫願與弟懋等重修碑樓，問余爲記，余詢其始終，略爲敷陳，用光前人之德，成後昆[3]之美也。溯“忠清粹德之碑”，原係宋哲宗御篆其額，表於公之墓道，命學士蘇文忠公爲文以書之。後被姦黨譖毁，擊斷其碑。至明嘉靖二年，御史朱實昌重立碑碣，修復舊文，而建樓以護之。世更代易，歷年久遠，被風雨漂摇，幾欲傾圮。願兄弟等目覩心惻，有不勝愧赧者。遂奮志直前，與户衆相商，欲動義舉。第工大費繁，誠非易易，恐貲[4]財不給，未免遺有初鮮終之誚。幸蒙縣主陳公諄諄告誡，勸願等努力成功，莫可坐視顛覆。勢不能已，因將墳内之柏樹出賣，又收墳地之積累租課，獲銀數百，以襄盛事。爰卜吉動工於同治十年五月，至今歲四月而厥工告竣。斯時也，願等奉先思孝之心，愈發於不自禁，又將先賢之神像衣冠，裝飾而文采之，以及正殿、講堂、山門，黝堊[5]而繪畫之，雖仍舊貫而焕然維新。約共費金四百六十餘兩。是舉也，使非先賢之靈爽[6]默爲佑啓，而後世之誠敬篤於繼述，何以吉無不利，而霞蔚雲蒸也哉！自兹以往，春秋之拜謁者，僾[7]乎其有見也，愾乎其有聞也。永言孝思，孝思維則。余援筆而有感於詩曰：

昭兹來許，繩其祖武[8]。于萬斯年，受天之祜[9]。

誠有望於後裔之。子子孫孫勿替引[10]之。是安可以不記？

敕授登仕佐郎、吏部侯選州右堂、從九品静亭甫喬景山謹撰。

邑庠優行廪膳生員[11]寶三甫喬敬鑑敬書。

經理人二十四世孫願、懋，二十五世孫鯉、鯨，二十六世孫鴻敬立。

石工聞喜縣朱秀智刻字。

時同治十一年，歲在元默涒灘日躔大火之次[12]。

【注釋】

［1］羹墻：《後漢書·李固傳》："昔堯殂之後，舜仰慕三年，坐則見堯於墻，食則睹堯於羹，斯所謂聿追來孝，不失臣子節者"。後因以羹墻爲思慕之詞。

［2］管窺：比喻所見者狭小。

［3］後昆：後代子孫。

［4］貲：財貨。同"資"。

［5］黝堊：塗以黑色和白色。堊，音：è。

［6］靈爽：指神明、神氣。

［7］僾：音 ài。仿佛，隱約。《禮·祭儀》："祭之日，入室，僾乎必有見乎其位"。

［8］"繩其祖武"句：出自《詩經·大雅》。意謂繼承祖先。又簡稱"繩武"、"繩祖"。

［9］祜：福。本句出自《詩經·小雅·信南》。

［10］替引：廢弃接緒。

［11］邑庠：明清時稱縣學爲邑庠。庠，古學校之名。

廪膳生員：明洪武二年，令府、州、縣皆置學，府學生員四十人，州、縣以次減十，人月給廪米六斗。後來名額增多，食廪者謂之廪膳生員，省稱廪生；增多者謂之增廣生員，省稱增生，無廪米；後來名額再增，稱附學生員。清沿明制。廪生名額及待遇視州縣大小而异，月給廪餼銀四兩。經歲、科兩試成績優秀者，增生可依次升廪生，稱補廪；廪生可依次升國子監學生，稱歲貢。等等。

［12］元默：即玄默，天干"壬"的别稱。黓，音 yì。涒灘：十二支中"申"的别稱，用以紀年。太歲在申曰涒灘。日躔：太陽運行的度次。躔，音 chán。大火：星名。心宿中央的紅色大星，即螢惑星。

重修餘慶寺碑記

【簡介】

民國三年（1914年）九月。馬毓卯撰並書，吉星輝題額。

碑爲圓首連體。通高166、寬62厘米。座長73、寬44、高30厘米。正文12行（不計經理人、募緣人等姓名），行7—56字，字徑2.5厘米，正書。題額正書“流芳千載”。首題“重修餘慶寺碑記”。額之兩側及碑身四周均裝飾有龍紋和花紋圖案。

碑陰刻布施花名，題額曰“萬善同歸”（殘）。

著録僅見《總目》。

碑存立於禪院。

【碑文】

重修餘慶寺碑記

嗚條餘慶寺，爲司馬温國文正公香火禪院。哲宗以其有功宋室，於公没而敕賜，以奉香火焉。謂“餘慶”者，即《易》“積善餘慶”之義也。自宋迄清，代有圮修。至戊寅大祲[1]之後，内無住持經理，兼以戊戌[2]風雹過甚，桷[3]摧瓦解，殿宇精舍，敝漏傾圮，誠不堪以栖神焉。有善士[4]楊德新、杜春發者，以拾字勸善，寓居其中，見其殿閣剥落，廬舍坍塌，慨然思欲修葺，奈功程浩大，未易猝舉。於是，募緣四方，設立同善抽籤[5]會。二次，又有善士王寶真爲之樂助。共醵金[6]若干兩。由小及大，漸次修理。始而齋房，繼而神閣，又於大門上創造倉聖[7]神樓，大門東起蓋焚字井塔，前院右竪建磨房三楹。周圍墻垣，靡不備築。但功大遽難告竟。不意，事未蕆[8]而楊、杜二公丹詔西歸[9]焉。復有善士吉星輝者，身肩其任，偕諸友而繼勷[10]焉。又爲募緣遐邇，抽紅集金，遂將大殿葺修。神像則繪彩披金，楹桷則丹鏤朱蔚。上棟下宇，黝堊一新。寺前照墻，胥爲整理。自是缺者補之，敝者新之；原有者加修，其無者增鼎。輪奂崇煌，照耀四顧，斯則神靈妥而人心悦矣。起工於前清光緒乙巳[11]孟冬，落成於中華民國甲寅季秋。約費金七百兩有奇。功成，乞予爲文，以記其事。予思夫三佛世尊，教傳西域，化普東林。龍漢、赤明、延康[12]，大開普度，利濟天人，九六[13]佛子，同歸浄土[14]，以做收圓，共證極樂上品[15]，法雨曇雲[16]。衆生莫不仰賴，咸登佛果。

其功德之廣大感人，詎[17]有涯哉！於中每逢聖會佳期，講道談經，餘亦嘗從聽講，熟悉其事。值此厥功告竣，聖果圓成，余深嘉諸公前後勤勞之力，衆善好施之忱，因即其巔末[18]，而樂爲之叙，勒諸瑱珉[19]，以永垂不朽云。

前清邑庠生員、古稀叟小耕馬毓卯撰并書。

聞邑宣講生、光三吉星輝篆額[一]。

已故經理人：楊德新、杜春發、王寶真、段德修、馬德茂。

經理首人：吉星輝、馬毓卯、郭復覺、賈有剛、刑吉昌、李堃垣。

募緣人：楊興春、王普濟、張克恭、姚問政、晉思温、王志仁、秦作璋。

山主：司馬鮎、司馬鳳、司馬梟、司馬雙鎖。

中華民國三年歲次甲寅菊月[20]下旬穀旦立。

【校勘記】

［一］碑署“吉星輝篆額”，然碑額爲正書，二者不符。

【注釋】

［1］戊寅：即光緒四年，公元 1878 年。祲：音：jīn。陰陽二氣相侵所形成的徵象不祥的雲氣。

［2］戊戌：即光緒二十四年，公元 1898 年。

［3］桷，音 jué。方形的椽子。方曰桷，圓爲椽。

［4］善士：佛教稱皈依佛門，遵守五戒而不出家的教徒。

［5］抽簽：削竹爲簽，配以詩語，在神前抽掣以占吉凶的迷信活動；或製簽以決事。

［6］醵金：凑錢。酬錢。醵，音 jù。集衆人之錢曰“醵”。

［7］倉聖：疑即“倉靈”。星名。漢揚雄《太玄戾》：“倉靈之雌，不同宿而離失，則歲之功乖”。《集注》：“倉靈，木之精，歲星也。其雌，金之精，謂太白也”。

［8］蕆，音 chǎn。解決。

［9］丹詔西歸：即亡故。丹詔，皇帝的敕命。這裏指上天之命。

［10］勷，音 ráng。同攘以處作襄助。

［11］光緒乙巳：公元 1905 年，光緒三十一年。

［12］龍漢：道家謂天地之數有五劫：龍漢、赤明、上皇、開皇、延康。龍漢爲始劫，一運歷九萬九千九百九十九劫，氣運終極，天淪地崩，四海冥合，乾坤破裂，無復光明，經一億劫，天地乃開，劫 名赤明。赤明經二劫，天地又壞，無復光明。具更五劫，天地乃開。

［13］九六：佛教用語。疑爲佛家所説古印度的九十六種外道。九六，實爲概數，喻外道之多。

［14］淨土：佛教用詞。大乘佛教傳説佛所住的世界，亦稱“净刹”、“净界”、“净國”、“佛國”。與世俗衆生居住的世間所謂“穢土”、“穢國”相對。據説，佛有無數，故净土也無數。

［15］極樂上品：即極樂世界。佛教指阿彌陀佛所居住的世界。

［16］法雨：佛家謂佛法普及衆生，如雨之潤澤萬物。曇雲：佛家之語。意基本同前者。

［17］詎，音 jù 。何，豈。

［18］巔末：頭尾。始終。

［19］瑱珉：玉石。

［20］菊月：陰曆九月是菊花開放的時期，因稱九月爲“菊月”。

陳文恭箴言[一]

【簡介】

民國十一年（公元1922年）九月。陳文恭撰，吴慶莪書。

碑作横式。高54、寬121厘米。因嵌於墻壁，故厚度不詳。箴言8行，行6字，字徑6.5—7厘米。跋9行，行4—8字，字徑4厘米。均魏體。無首題。

陳文恭，即陳宏謀（1696—1771年），清廣西臨桂人。雍正進士，官至東閣大學士。輯有《司馬温公年譜》。

著録僅見《總目》。

碑今嵌於禪院大殿前壁。

【碑文】

謹言語以寡過[1]，節飲食以養心；

省嗜欲以尊生[2]，戒喜怒以平氣；

崇退讓以敦禮[3]，耐煩勞以盡職；

重然諾以全信[4]，減耗費以惜福[5]。

右陳文恭公語。安邑令鄭君裕孚囑余書之石。君字有愚，廣西桂林人。歷知神池、清源、和順、崞縣、臨晉、臨汾事[6]。能文章，有政績。

紹興采之吴慶莪識於滬上[7]。

時民國十一年秋九月。

【校勘記】

［一］碑無首題，據文意擬。

【注釋】

［1］寡過：即少犯錯誤。寡，少，缺少。

［2］尊生：猶養生。

［3］敦禮：篤重禮義。

［4］全信：保全信義。

［5］惜福：惜，愛惜，珍視。福，古稱富、貴、壽、考等爲“福”。《書·洪範》：“五福：一曰壽，二曰富，三曰康寧，四曰攸好德，五曰考終命”。

［6］神池、清源、和順、崞縣、臨晉、臨汾等地，均在今山西。

［7］滬上：上海。

謁司馬光塋祠詩

【簡介】

民國十四年（1925年）十二月。趙炳麟撰，鄭裕孚書，楊吉堂鐫字。

碑作横式。高70、寬130厘米。因嵌於壁，厚度不詳。文24行，行字不等，字徑1.5—3.5厘米（包括詩文自注）。行書。

著録僅見《總目》。

碑今嵌於禪院大殿前壁。

【碑文】

乙丑[1]重陽前二日與安邑縣鄭有愚大令裕孚赴夏縣謁司馬温公祠堂、墳寺

我爲御史時，曾得司馬硯。

器之題跋東坡銘，手持進講邇英殿。

得硯之時我壯年，時人謬許繼鐵面[2]。

吾友諫官新昌胡，長歌和[3]我泪如霰。

宣統二年[4]，余得司馬文正硯，爲長歌記之。御史胡思敬爲長歌和之。見《柏岩詩存》卷三。

是時末政已不綱，須臾竟遇滄桑變。

吏隱[5]憶復司馬渠，手批公牘獎其善。

六年前，夏縣知事呈報復修司馬渠，余手批獎其利民。

今來展謁名公墳，趨旁更瞻香火院。

形像猶存贛直神，裔孫時有馨香薦[6]。

折紋雖新碑復竪，杏花早萎人誰見。

宋群小仆碑後，金時夏縣令王庭直見碑脚土上有杏花一株，色香奇異，商文公後人掘之，得蘇軾書神道碑，復績竪之，並爲杏立碑以誌。

況際神洲已陸沉[7]，四郊正聚蝸牛戰[8]。

遺碑斷没宿草多[9]，傳家一集孰修繕[10]。

天蒼蒼兮地茫茫，應瞻中國生邦彦[11]。

桂林趙炳麟稿。

桂林鄭裕孚書。

民國十四年十二月，稷山楊吉堂鐫字。

【注釋】

［1］乙丑：即民國十四年，公元 1925 年。

［2］鐵面：喻剛直無私。宋趙抃爲殿中侍御史，彈劾不避權貴，京師曾號爲“鐵面御史”。

［3］和：音：hè。應和。霰，音 xiàn。雪珠，雨點下降遇冷凝結而成的微小冰粒。

［4］宣統二年：公元 1910 年。

［5］吏隱：舊時士大夫常以官職低微，自稱“吏隱”，意思是隱於下位。

［6］馨香：香美。馨，音 xīn。香氣遠聞。

［7］陸沉：比喻國土沉淪。

［8］蝸牛戰：疑爲“蝸戰”。其意思是爲瑣細之事而引起的爭鬬。

［9］宿草：隔年的草。後喻墓地。

［10］傳家一集：即《司馬文正公傳家集》。

［11］邦彥：國中英俊之士。

香花供養司馬光

【簡介】

無年代。供養人、詩作者、書者及銘刻者均無。

碑爲長方形。高 60、寬 33、厚 9.5 厘米。上段爲供養人像，三人，綫刻；下段爲詩文，共 9 行，行 7 字，字徑 1.5—2 厘米。正書。首題“香花供養司馬太師”。

著録僅見《總目》。

碑今存於禪院。

【碑文】

香花供養[1]司馬太師[一]

己未已已過田年[2]，灾來覆照自天然。

千萬重陽難賞菊，却赴瑶臺會九仙[3]。

誤了清朝多少事[4]，深恨無常甚不偏[5]。

君恩厚禄遷誰守，爭奈初更上帝宣[6]。

九月初二上石。

【校勘記】

［一］碑無紀年。《總目》謂“金皇統九年九月初二日”，不知何據。

【注釋】

［1］香花供養：以香花供佛，表示虔誠恭敬。佛教稱供獻神佛或設飯食招待僧人爲“供養”。

［2］已已：止。猶言不能自制。

［3］瑶臺：神話中神仙所居之地。

［4］清朝：清明的朝廷。

［5］無常：佛教謂世間一切事物不能久住，都處於生滅成壞之中，故稱無常。

［6］爭奈：怎奈。

司馬光墳地界石

【簡介】

無年月。

石基本呈方形。高 47、寬 50、厚 10 厘米。文 2 行，行 5 字，字徑 7—8 厘米。正書。

著録僅見《總目》。

石今存於祠堂碑亭。

【碑文】

故司馬太師墳東北角堠[1]。

【注釋】

［1］堠：音 hòu。古代記里程的土堆。可引申爲里程。

□散佚碑誌

司馬池碑銘

【簡介】

宋慶曆二年（1042年）。龐籍撰文。

《金石記》："天章閣待制司馬池墓碑，慶曆二年。舊在夏縣西三十里鳴條岡。舊《通志》：'司馬溫公之父也。龐莊敏公籍撰，雲旦、光護櫬歸於故鄉，葬於涑水南原之晁村，以從先塋。'"

《縣志·古蹟》基本上照録《金石記》内容。

碑文見《縣志·藝文》。

【碑文】

宋天章閣待制司馬府君碑銘　　龐　籍

君諱池，字和中，其先河内[1]人，晉安平獻王之後。王之裔孫征東大將軍陽，始葬陝州夏縣涑水鄉高堠里，子孫因定居，遂爲里人焉。曾祖林，祖政，當五代叔運[2]，不求仕達，皆以氣節[3]，鄉黨嚴尊[4]之。考炫，舉進士，仕至耀州富平[5]令，以府君登朝，累贈太常少卿。妣揩皇甫氏，追封安定縣[6]太君。少卿治行士節，具於張唐卿所造《墓表》[7]云。府君方嚴重默[8]，見於齠齔[9]，志度淵遠，人莫窺其際[10]。讀書研求精意，不喜膚末[11]；爲文根於正道，不爲琱琢。而億事度物[12]，燭見冥遠[13]。先是，運兩池[14]鹽，率由蒲版[15]亂竇津[16]、截太陽[17]、經底柱[18]之險，路迂且惡[19]。至道[20]中，有建白開峆山道自聞喜抵垣曲[21]，比前運減費什六七[22]。陝人[23]無賢愚，皆推服其功。府君未冠，獨曰："鹽利通流諸夏[24]，前之議運者，未知此道之便而利人，與有而不知，知而不爲，謂前無仁智者乎？殆[25]有巨害於其間耳。"衆皆少之而不然其說。其夏，山水潰出，運車洎[26]，人、牛漂流，不可勝計，道遂廢，衆始服焉。景德二年[27]，進士及第，授河南府永寧縣主簿，以清勤愛民聞。縣宰陳中孚，傲狠人也。待府君驕慢，而奉之益恭，不阿意以隨其曲，不求玼以彰其過，人皆重之。歷睦州建德[28]、益州郫縣[29]二尉，郫民忽有訛言云："戍兵將變"。又云："群蠻已叛"。富室爭瘞珍寶，竄匿林野，人心蠢騷。知宰閭邱夢陽託他事詣府避之。府君攝行縣政，適在正月之望，乃命開郭門，然鐙[30]恣民游樂。廷中吏叩頭爭之，一不聽惑。由是人心安，訛言止。考滿，搢紳薦能者十有三章，遷鄭州防御判官。頃之，移知光州光山縣[31]。所知交薦[32]，拜秘書省著作佐郎，出監壽州安豐縣酒税[33]。尋徙知遂州小溪縣[34]，事就除本省丞。秩滿還朝，會龍圖閣劉學士燁出知河南府兼留守司[35]，辟知司録司事[36]。俄拜太常博士[37]，留守通判闕。復以薦升，數日入爲群牧判官。任中，除尚書屯田[38]員外郎，出知耀州，擢授利州路[39]轉運司，進曹度支[40]。洎[41]兵部代還，固求外職，知鳳翔[42]軍府事。以知諫院召，懇辭不就。上固知其退讓，至是益嘉之，進直史館[43]，府職如故。又以户部判官召到省，改判鹽鐵勾院[44]。上滋欲進擢之，以本官兼侍御史知雜事，在臺，拜工部郎中，賜服金紫。數上疏，言得失。歷三司户部、度支、鹽鐵副使。景祐[45]末，天章閣待制，知河中府[46]，道改同州[47]。歲餘，遷兵部郎中，仍前職，知杭州，移虢州[48]、晉州[49]。慶曆元年[50]十一月癸未，以疾終於郡治之安静堂，享壽六十三。先娶曹氏，無子，亡。後娶聶氏，秘閣校理震之女，封錢塘縣太君。才淑之懿，孝睦之行，著於閨門，而稱於鄉黨焉，先府君一年而逝。三子，旦，以蔭補將作監主簿，服中改太常寺奉禮郎；望，早秀而夭；光，進士高等，以將作監主簿簽署平江軍節度判官公事。旦、光皆文雅夙成，而有清直之氣，是可知遺軌之不墜矣。女一人，適博陵崔穀[51]。孫二人，良，試將作監主簿；富，試中書省正字。府君之捐背[52]，旦、光泣護旅櫬[53]歸於故鄉。二年八月癸酉，葬於涑水南原之晁村，以從先塋。二夫人祔[54]。謹按，府君之爲人，奉身儉潔，而臨財無吝。始，少卿終，俸禄餘積，直錢數十萬。府君一毫不留，盡奉諸父，而自以至貧居喪。及佐永寧，齏鹽[55]不充，身常乘驢，人皆信其貞素。不謂矯詭[56]，安於静退，恬於榮利，優游銓調[57]十七年，他人爲之憤嘆，而處之怡然。先朝以馬政[58]之大專付樞弼[59]，且許自擇其僚，得判官者，其遷次不内佐京府計，省則出爲糾刑漕運。時情奔，唯恐失之。樞密使曹侍中利用，與府君無素，采公論而薦辟。既聞召命，即投牒河南府。固請不赴。旨下敦遣，乃行就職。時，曹之權炎，熏灼天下，趨比之者，盡脂韋嚅唲[60]之態。府君端愨[61]自守，非公事未嘗私造[62]，已見其勢偪[63]禍速。然以交疏[64]，不克規[65]之。洎曹之南貶，坐朋附[66]得罪逐者十數人，衆美其先見而免。府君曰："前在洛，聞召謂入爲御史，非所樂，故辭。苟知曹公舉佐群牧，登即行矣。"自是不出一語彰曹之短，誦言嗟痛之，士夫益服其行。在岐下，朝廷虚諫院以召之。府君謂："諫諍之職，不過二途，或犯顔箴闕[67]，以盡臣節；或吐剛養望[68]，以取貴仕。是不害身則喪名，烏能兩全之?"決志請讓，爲時所稱。及在鹽鐵，歲滿，宰司進擬[69]，適爲權近所毁，故上初無恩言。俄曰："是嘗辭群牧諫院者，真名節士"，乃有天章閣之拜。惟君知臣，豈虚也哉? 府君生平奉上官不回曲，於朋友盡規切知人之善。面則勵之，背則揚之。爲政大抵以正剛紀、塞僥倖、抑權豪、恤孤弱爲心。尤不好名譽。在餘、杭，不飾厨傳[70]，不樂游宴，以静臨下，而事益簡寡；以公制物，而政無私謁。亦以是獲怨惡，仍罷去。退處小郡，未嘗芥蒂[71]於心，亦不以曲直之理而思校焉。初，府君以孤介之節，無左右之助，自進直太史，入副剛憲，以至於登内閣、爲侍臣，實由天子特知之。在光山時，薦者已衆。一夕，夢吏銓引對[72]，遥望扆寧[73]，天姿尚幼，時真廟撫運[74]。既驚悟，心悸汗洽[75]，而不敢言。因默念升改之期方遠，俄而代歸，鈎校[76]於天官[77]，對："有日矣"。自以夢兆絶無遷望，屬[78]先聖違豫[79]思簡政，以便頤養。今上在春宫有詔，非大除拜、大刑政[80]，皆皇儲決之。後數日，有司啓引於資善堂，仰瞻睟表[81]，一如夢中。豈龍德飛見[82]，必示期於冥兆耶？將君臣感會[83]，皆攝契於未形[84]耶？不然，何神明覺諭昭晰[85]之如是乎？藉獲接府君之游舊矣。始聯事於群牧，後藉[86]爲户部判官，府君實本部副使，遂同爲待制臣，故知周而契篤。旦、光洎[87]猶子[88]里、永，惟徽[89]懿謀列金石，泣書行實[90]，見求撰次[91]。藉以制兵監邊，方事之劇，無復栖念於文矣。然以和中[92]之知，與二三子之勤請，曷敢不勉銘之。銘曰：

禍萌惟微，見之者明。我智既效，疇云弗矜。
權人薦推，常心所榮。我方拒避，嚴敦乃行。
勢盈禍速，罪連比朋。先見之哲，推而不膺。
帝求諍臣，詔來自京。懇章以辭，收命於成。
嗚呼和中，懷此明識。始終險夷，莫匪清德。
衆人皆進，我獨退之。衆人多曲，我獨直之。
直豈我名，退惟我當。誰其知之，哲君惟皇。
道遐命局，鬱矣其亡。琢兹温礎，永識端良。

【注釋】

［1］河内：黄河以北的地方，相當於今河南省。
［2］叔運：國運之衰亂。叔：衰亂。
［3］氣節：志氣和節操。
［4］嚴尊：尊重。
［5］耀州富平：屬今陝西省。
［6］安定：爲今陝西省子長縣。
［7］即"大宋故司馬府君（炫）墓碑。"
［8］方嚴：方正嚴肅。重默，喜於安静。默，幽，静。
［9］齠齔：音 tiáo chèn。垂齠换齒之時。指童年。
［10］際：邊際。長寬、深淺。

［11］膚末：即表面，末節。

［12］億事：料事。度：音：dúo。揣測，考慮。

［13］燭見冥遠：即看的深遠。燭：洞悉。

［14］兩池鹽：即河東之鹽。

［15］蒲版：即蒲坂。今在山西省永濟，爲舜都之地。

［16］竇津：孔道、渡口。疑指古茅津渡。

［17］截：直渡。太陽：古渡，在今山西平陸縣。

［18］底柱：即砥柱。山名。在今平陸與三門峽間黄河中。所謂“中流砥柱”是也。

［19］迂：彎曲。惡：險惡。

［20］至道：北宋趙光義年號。公元995—997年。

［21］山：中條山的一段或一支。聞喜、垣曲，均在今山西運城。

［22］什六七：即十分之六七。什，通“十”。

［23］陝人：當爲宋陝州之人。

［24］諸夏：指周代分封的諸侯國，這里泛指中國。

［25］殆：音dài。大概。

［26］洎：音jì。浸。

［27］景德二年：即公元1005年。景德，宋真宗趙恒年號。

［28］睦州：隋置。轄境相當於今浙江桐廬、建德、淳安三縣地。

［29］益州：漢武帝時置。唐宋時曾改蜀郡、成都府爲益州。郫縣，即今四川郫縣。

［30］然鐙：當爲燃燈。

［31］光州光山縣：在今河南省。

［32］交薦：交相舉薦。交：并，都。

［33］壽州安豐縣：屬今安徽省。

［34］遂州小溪：不詳。

［35］留守：官名。宋承唐制，皇帝外出巡視或親征時，命親王或大臣留守京城，掌管宫鑰或城守衛、修葺、彈壓等事，以及京畿地區錢谷兵民之政。西京河南府、南京應天府與北京大名府亦各置留守。以知府兼任。

［36］司録：即司録參軍。官名。諸州稱録事參軍，諸府稱司録參軍。如帶京朝官、選人、三班使臣等階官或試銜者任職，則稱“知録”。掌府衙庶務，户婚訴訟，通書六曹案牒。

［37］太常博士：官名。屬太常寺。元豐改制前爲寄禄官。改制後，掌講定五禮儀式，如有所改本，即據經典審議；依法應加謚號者，考其行狀，撰定謚文；祭祀時則檢查儀物並兼贊導。

［38］屯田：官署名。屬工部。宋初，設判屯田事一人，以無職事朝官充任。無職掌。元豐改制，設郎中、員外郎，掌屯田、營田、職田、學田、官莊等事務。

［39］利州路：北宋咸平四年（1001年）分四川路東北部置，治興元府（今陝西漢中）。轄境相當於今四川營山南部以北，通江、平昌以西，平武、梓潼以東地區和陝西秦嶺以南，子午河、星子山以西地區。南宋紹興十四年（1144年）後，時分時合。

［40］曹：古時分科辦事的官署。度支：官署名。北宋三司設度支部（三司：北宋最高財政機構。以鹽鐵、度支、户部三部合爲三司）。尚書省户部所屬度支無職掌，僅有判度支事一人，以無職事朝官充任。元豐改制，尚書省户部度支掌計度財政收支、支付漕運費及賞賜、俸給、驛券等事務。設郎中、員外郎。

［41］洎：及。達到。

［42］鳳翔，在今陝西。

［43］直史館：又簡稱“直史。”

［44］鹽鐵勾院：未詳。

［45］景祐：北宋仁宗趙禎年號。公元1034—1038年。

［46］河中府：地屬今山西永濟市。

［47］同州：漢代左馮翊地。北魏永平三年改爲同州。地屬今陝西大荔縣。

［48］虢州：《辭源》無。唯“虢”作爲周分封的諸侯國者，有三：一爲西虢（在今陝西寶鷄市）；後徙上陽稱南虢；一爲東虢（今在河南滎陽）；一爲北虢（在今山西平陸）。

［49］晉州：北魏置，稱東雍州，建義元年又改爲晉州，治所在平陽（今山西臨汾）城東北。宋政和六年升爲平陽府。

［50］慶曆元年，即北宋仁宗趙禎年號，公元1041年。

［51］博陵：地名。漢桓帝在此爲其父立博陵，故縣也以此得名。故城在今河北蠡縣南。博陵崔氏，爲封建時代名門望族。

［52］捐背：棄去，即亡故。

［53］旅櫬：在旅居之地停放的靈柩。櫬，音chèn。棺材。

［54］祔：音fù。爲合葬。

［55］齏鹽：素食。指清苦生活。齏，音jī。調味。引申爲調味的細碎咸菜。

［56］矯詭：欺詐。

［57］優游：悠閑自得。銓調：選授官職，反復調動。

［58］馬政：謂養馬之政教。後世採辦馬匹之事，亦歸於馬政。

［59］樞弼：重要部門一個輔佐之人。

［60］脂韋：脂，油脂；韋，韋皮。後以喻阿諛、圓滑。嚅唲：音rú ér。强笑順從

的樣子。

［61］端愨：正直誠實。愨，音 què 。

［62］私造：私下造訪。

［63］偪：音 bì。同“逼。”

［64］交疏：往來不多。

［65］規：規勸，勸誡。

［66］坐：因……而獲罪。朋附：朋黨從屬。

［67］箴：規諫，告誡。闕，皇帝所居。這里指朝廷、皇帝。

［68］吐剛：怕硬的意思。《詩·大雅·丞民》：“柔則茹之，剛則吐之。”養望：矯飾以招名。

［69］擬：擬議。計劃、打算。

［70］厨傳：即驛站。厨，指供應過客飲食。傳，指供應過客車馬、住處。宋程大昌謂：以好飲食招待過客爲飾厨，供應車馬人役爲飾傳。本爲二事，後合二爲一，僅指豐盛的飲食。

［71］芥蒂：比喻心中的嫌隙與不快。蒂，音 dì。

［72］引對：帝王召見臣僚詢問對答曰“引對”。

［73］扆寧：君主的座位。猶言御座。這裏指皇帝。

［74］真廟：即宋真宗。

［75］洽：霑潤。

［76］鉤校：猶言查對。

［77］天官：掌祀鬼神、治曆數等職者。

［78］屬：即“囑”。

［79］違：避開、離開。豫：安樂、娱樂。

［80］除拜：授官。刑政：刑罰與政令。

［81］晬：音 zuì。兩解：一作“一周時”；一作“嬰兒周歲，嬰兒滿百日。”這裏指後者。表：外表。

［82］龍德飛見：《易·乾》：“飛龍在天，利見大人。”《疏》：“若聖人有龍德，飛騰而居天位。”後以“龍飛”，喻皇帝興起或即位。

［83］感會：即感應。

［84］攝契：集聚投舍。未形：事情尚未形成。

［85］覺：明。諭：告示。昭晰：彰明。

［86］籍：即龐籍，其自稱也。

［87］洎：疑爲“洎”誤。

［88］猶子：本指喪服而言，後來稱兄弟之子爲猶子。漢人稱從子。

［89］徽：美、善。

［90］行實：生平事蹟。

［91］撰次：即撰述之先後。

［92］和中：司馬池之字。

【附録】

《宋史·司馬池傳》附司馬旦："旦，字伯康，清直敏強，雖小事必審思，度不中不釋。以父任，爲秘書省校書郎，歷鄭縣主簿。鄭有婦藺訟奪人田者，家多金錢，市黨買吏，合爲姦謾，十年不決。旦取案一閱，情僞立見，黜吏十數輩，冤者以直。又井元慶豪欺鄉里，莫敢誰何，旦擒致於法。時旦年尚少，上下易之，自是驚服。吏捕蝗，因緣擾民。旦言：'蝗，民之仇，宜聽自捕，輸之官。'後著爲令。丁内外艱，服除，監饒州永平鑄錢監。知祁縣，天大旱，人乏食，群盜剽敚，富家巨室至以兵自備。旦召富者開以禍福，於是爭出粟，減直以糶，猶不失其贏，饑者獲濟，盜患亦彌。

舉監在京百萬倉，時祁隸太原，以太原留，不召。通判乾州，未行，舉監在京雜物庫。知宜興縣，其民嚚訟，旦每獄必窮根株，痛繩之，校擊縣門，民稍以詆冒爲耻。市貫大溪，賈昌朝所作長橋，壞廢歲久，旦勸民葺復，不勞而成。

時王安石守常州，開運河，調夫諸縣。旦言：'役大而亟，民有不勝，則其患非徒不可就而已。請令諸縣歲遞一役，雖緩必成。'安石不聽。秋，大霖雨，民苦之，多自經死，役竟罷。歷知梁山軍、安州。旦治郡有大體，所施設，取於適理便事。再監鳳翔太平宫，以熙寧八年致仕。歷官十七遷，至太中大夫。元祐二年，卒，年八十二。

旦澹薄無欲，奉養苟完，人不見其貴。與弟光尤友愛終始，人無間言。光居洛，旦居夏縣，皆有園沼勝概。光歲一往省旦，旦亦間至洛視光。凡光平時所與論天下事，旦有助焉。及光被門下侍郎召，固辭不拜。旦引大義語之曰：'生平誦堯、舜之道，思致其君，今時可而違，非進退之正也。'光幡然就位。方是時，天下懼光之終不出，及聞此，皆欣然稱旦曰：'長者之言也。'

英宗即位，例以親屬入賀得官，時旦在梁山，諸孫未仕者皆不遣，惟遣其從兄子稟。旦與人交以信義，喜周其急。嘗有以罪免官貧不能存者，月分俸濟之，其人無以報，願以女爲妾。旦驚謝之，亟出妻奩中物使嫁之。旦生於丙午，與文彦博、程公珦、席汝言爲同年會，賦詩繪像，世以爲盛事，比唐九老。三子：良，試將作監主簿；富永［編著者按，據《修墳記》等碑石文獻記載，此人均作"富"，惟此作"富永"，詳情待考。］，承議郎、陝州通判；宏，陳留令。宏子朴。"

《縣志·人物志》"賢才"："司馬旦，字伯康，光兄。清直強敏，由秘書省校書郎歷知鄭、祁縣，梁山軍、安州。治郡有大體，所施設，取於適理便事，所在多有惠政。以熙寧八年致仕，歷官至大中太夫。與弟光友愛尤篤，凡光平昔所與論天下事，旦有助焉。及光被召門下侍郎，固辭不拜，旦引大義語之曰：‘生平誦堯、舜之道，思致其君，今時可而違，非進退之正也。’光幡然就道。天下方懼光之終不出，及聞，皆欣然曰：‘長者之言也。’與弟光、富弼、文彥博諸賢爲‘真率會’。衣冠偉然，所至都人聚觀。旦生於丙午，又與程珦諸賢爲‘同甲會’，賦詩繪像，世傳爲盛事，比唐九老云。《宋史》有傳。嘉靖十七年祀鄉賢。”

又，“司馬良，旦長子，試將作監主簿。富，字希道，旦仲子。善屬文，仕爲承議郎，通判陝州事。”

“司馬宏，旦季子。性剛正。紹聖黨事起，上書論辯，得罪，謫永州，終陳留令，卒死於黨禍。祀忠孝祠。”

司馬沂墓誌銘

【簡介】

宋嘉祐六年（1061年）。司馬光撰。

誌文見《文集》。

【誌文】

贈都官郎中司馬君墓誌銘　　嘉祐六年作

君諱某，其先出自晉安平獻王。自周、隋之前，家涑水之上。至唐，仕宦陵夷[1]，降在畎畝。曾祖諱林，祖諱政，父諱炳。累世同爨[2]，食口甚衆。父兄以君孝謹，自幼以家事委之。君晝夜服勤，不遺餘力，專以稼穡、畜牧致饒給。不事奇衺末業，所獲悉以奉六親[3]。有餘，則及鄉人。身無私焉。年三十二，以某年月日終，某年月日葬於涑水南原。先待制府君常嘆曰："自吾兄之亡，而家始貧。使天下之民，皆若吾兄之爲，雖古至治[4]之世，何以尚諸[5]？惜其無位，而才不大施也。夫人李氏，同里人，年二十八而寡。父母欲奪其志，夫家尊章亦遣焉。夫人自誓不許，惡衣蔬食，躬執勤苦，教畜二子詠、里。詠，不幸早世[6]；里，登進士第，累遷尚書都官郎中，歷典數州。贈君官至尚書都官郎中，夫人封永壽縣太君。夫人爲人孝慈勤儉，中外宗族慕仰其德，一無間言[7]。子爲二千石，極其榮養，年八十三，以某年月日終於京師，某年月日祔於君之墓。光不及事君而事夫人久，敢書聞見之實，而擊之以銘曰：

士不得位，善無所施。勤儉於躬，家道以肥。

宗族是賴，鄉黨是師。壽之少多，命不可移。

有配有子，後無棄基。淑慝之效[8]，昭然不欺。

【注釋】

[1] 陵夷：衰落。

[2] 爨：音 cuàn。竈。炊。

[3] 六親：歷來説法不一。或謂父子、兄弟、姑姊、甥舅、姻亞；或謂父子、兄弟、夫婦；或謂父母、兄弟、妻子；或謂父子、兄弟、從父兄弟、從祖兄弟、從曾祖兄

弟、同族兄弟；或謂外祖父母、父母、姊妹、妻兄弟之子、從母的子女之子。

[4] 至治：最完美的政治。

[5] 尚：尊崇。超過。諸：通“之”，指代人或事、物。

[6] 早世：早死。後稱夭死爲“早世”。

[7] 間言：即閑言。間，閑的俗字。

[8] 淑：善良。慝，音 tè。邪惡。

司馬里墓誌銘

【簡介】

宋治平三年（1066年）。司馬光撰。

《縣志》："太常少卿司馬里墓，在涑水南原之先塋。弟光誌銘"。

《金石記》將司馬旦誤作司馬里。云："太常少卿司馬旦墓誌銘，治平二年。今在夏縣涑水南原。《夏縣志》：'在天章閣待制司馬池墓側，溫公兄也。公撰《誌》'。"

按，《宋史》司馬旦："歷官十七遷，至太中大夫，元祐二年卒，年八十二。"可見，旦從無任過"太常少卿"之職，最高爵銜爲"太中大夫"；更爲重要的是，司馬旦卒於司馬光之後，這樣，問題也就帶有了複雜性。是先死者司馬光爲後死者司馬旦預作了墓誌？即便古代也有先例，但司馬光在其兄死前十二年即撰寫墓誌，恐怕就難於成爲可能。而且，在司馬光《文集》裏，我們也找不到司馬光爲其兄所作的誌文。《金石記》及其所引《夏縣志》爲何這樣記載，不得而知。

司馬里誌文，見《文集》，《縣志·藝文》亦載。

【誌文】

太常少卿司馬府君墓誌銘　　治平三年作

兄諱某[一]，字昭遠。曾祖考諱某，妣某氏。祖考諱某，妣某氏。考諱某[二]，追贈光禄卿[1]；妣李氏，封永壽縣太君。兄舉進士及第，初命威勝軍判官，又調涇州觀察推官，尋監渭州酒税，改大理寺[三]丞[2]，知猗氏縣[3]。未幾，簽書保大軍節度判官事。故丞相龐公[4]爲鄜延經略使，奏兄通判鄜州事[四]，徙知渝州，歷知慶成軍解、房二州。解、房皆未到官，徙知商州。自商還京師，監右厢店宅務[5]。丁永壽太君憂。服除，知乾州。以治平三年正月辛酉，終於州廨，享年六十有九。累官至太常少卿。兄爲人孝友，居喪致哀；寬厚容物，而内守[6]勁直。在鄜州，州長皆武人，多驕恣不法。兄[五]平居與之燕游笑語，若無不可者。及臨公事，則正色力爭，必當理然後已。州長雖甚怒，無如之何。然知其無害己心[六]，亦不深怨也。在渝州，其佐曰："趙寅以傲狠[七]刻暴名於世。雖在[八]卑位，常行行[7]視天，意氣如公相"。兄始至，閲獄囚，釋寅所妄繫者近百人。寅爭之，兄[九]一不顧。既而詞禮倨慢，兄亦不與之校[一〇]。久之，寅浸[8]自愧悔謝服。及寅官滿，泣涕不忍去。兄早孤，年過三十乃仕，以是周知民間情僞，其爲政務合民心，有狡悍爲民害者，痛繩以法；愚弱不識理者，徐爲諭解。往往曉悟欣[一一]悦，輟訟而去。故所至民愛慕，去之久猶思詠不已。然其奉上官，無過分之禮。每罷官入京師，多閉户家居，未嘗及權貴之門。視審官缺員，榜於壁，人久不取者，輒受以去。惟掌店宅時留京師凡再期，自餘率不過數月已去矣。以是獨所治之民，知其才業之美，而朝廷終無從知之。他人或仕宦絶在兄後，或才能出兄下遠甚，以熟於時態，往往取顯官，兄處之晏然，倶若不見聞者。嘗曰："吾幸以寒士積官至二千石，自足已久，尚何求於人哉?"司馬氏同居累世，宗族甚大，兄爲之長，凡二十餘年，能一施以恩，無親疏賢不肖之間，故人人無怨。善爲詩，多爲人傳誦。夫人同郡魏氏，封某縣君，故處士贈著作郎野之女。處士名重於真宗朝，列傳在國史。夫人先兄十八年終於渝州，享年若干。子男二人；雍，太廟室長；應，試將作監主簿。女三人：長適内殿承制雷周祐[一二]；次適馮翊縣尉王淳，早卒；次適郊社齋郎崔穎。兄終之歲某月某甲子，與夫人合葬於先塋。光以葬日之迫，不暇請於他人，故忍泣叙而銘之。光後兄二十一歲[一三]而生，加之各從宦四方，於兄治行不能得其詳，姑録其所知者，以傳永久，不敢以一言私也。銘曰：

壽雖未高[一四]不爲夭；
官雖未顯[一五]不爲卑。
德之和爲衆所慕，
政之便爲民所知。
仕不苟進兮，於道無虧；
兄今何恨兮，生者同悲。
嗚呼哀哉!

【校勘記】

[一]《縣志》作"里"。

[二]《縣志》作"沂"。

[三]《縣志》無"寺"。

[四]《縣志》無"事"字。

[五]《縣志》作"凡"，誤。

[六]《縣志》"已"後無"心"字。

[七]《文集》、《縣志》均作"狼"，疑爲"狠"。

[八]《縣志》"雖"後無"在"字。

[九]《縣志》"一不顧"前無"兄"字。

［一〇］“校”，《縣志》作“較”。

［一一］“欣”，《縣志》作“版”，誤。

［一二］“周祐”，《縣志》作“州佑”。

［一三］《縣志》作“一十一歲”，誤。

［一四］《縣志》於“壽雖未高”後加“而”連接“不爲夭”。

［一五］《縣志》於“顯”、“不”間加“而”字相連接。

【注釋】

［1］光禄卿：官名。屬光禄寺。宋承唐設置。初以朝官以上充任，掌供祠祭酒醴、果實、薪炭及點饌、進胙。元豐改制後，以光禄卿、少卿爲長官、副長官，丞助理寺務，掌管有關祭祀、朝會、宴享等事務。

［2］大理寺丞：大理寺官名。元豐改制，設卿一員，少卿二員，正二員，丞十員。職掌刑獄之事。

［3］猗氏縣：1954 年與臨晉縣合併爲今山西臨猗縣。

［4］龐公：即龐籍。

［5］店宅務：官署名。宋初有樓店務，太平興國初年改爲左右厢店宅務。端拱二年（989 年）並爲都店宅務。此後屢有更改。掌管官房及邸店，籌劃出租及修造事項。

［6］内守：心中所持的處世原則。

［7］行行：音 hàng hàng。剛强貌。

［8］浸：音 qīn。逐漸。

【附録】

一、《宋史·司馬池傳》附司馬里：“里，字昭遠。進士釋褐，授威勝軍判官，改大理寺丞。龐籍爲鄜延經略使，奏通判鄜州。州將武人，不法，里平居與之歡甚，臨事正色力爭，不少假借。性廉静質直，所至有惠政。每罷官，至京師，未嘗有所謁視。審官榜久闕，人所不取者，乃受之而去。後知乾州，爲太常少卿而卒。”

二、《縣志·人物志》“賢才”：“司馬里，字昭遠，沂子，光再從兄。舉進士。龐籍爲鄜延經略使，奏通判鄜州。州將不法，里正色力爭，不少假借，所至有惠政。終太常少卿。爲人孝友、寬厚、容物，而内守勁直。善爲詩。《宋史》有傳。嘉靖十七年祀鄉賢。”

司馬宣墓誌銘

【簡介】

宋熙寧九年（1076年）。司馬光撰。

《縣志·古迹》："駕部員外郎司馬宣墓，在涑水南原之先塋。弟光誌銘。"

志文見《文集》，《縣志·藝文》亦載。

【誌文】

駕部員外郎司馬府君墓誌銘　　熙寧九年作

兄諱某[一]，字周卿。曾大父諱某，大父諱某，皆不仕。父諱某[二]，以通《毛詩》[1]屢應州舉，名升禮部。及兄登朝，累贈衛尉卿。母某氏，封某縣太君。司馬氏累世聚居，食口常不減數十。衛尉府君爲之長。兄年十六，衛尉即以家事委之。衣食均贍，宗族無間言。衛尉得以優游自適，十餘年而終。兄用從父太尉府君蔭補郊社齋郎[三]。太尉以家事非兄不能辦，未聽。從宦後數年，乃調達州、通州[四]、尉州。有宣漢鹽井，距州十[五]餘里。惟一溪僅通小舟可以往來。守井吏恃其險遠，大爲姦利。州遣兄往按[2]之。因爲之區處利害，凡再往返，遂革其弊。考滿，除華州司理參軍[3]。州將驕貴，數用私欲撓公法，兄執不聽。有幕僚性剛戾，自將以下皆惡之，共文致其罪，俾兄鞫[4]之。幕僚復上書訟州官，皆獲罪，唯兄不染於辭[5]，人以是益知其公平。有驍騎十[六]餘卒犯罪，謀亡去，監押捕獲之，誣云："共圖不軌"。欲殺之以求功賞，州官信之，謂兄必考掠取服。兄不從，據實鞫之，皆止杖罪，餘囚負冤得直[6]者甚衆。既而，遭繼母郭氏憂去官，直冤者或炷香於頂臂以送之。服除，授解州聞喜尉。用薦者，遷大理寺丞，知河中府猗氏縣，徙閬州[7]新井縣，通判登、均二州[8]。先是，房州[9]竹山有金溪，出金甚多。山谷窮僻，人迹罕至，豪族專其利。監司欲命官置場市之，皆憚其險，辭不行。時，兄年逾六十，奮曰："利其禄而避其勞，可乎？"遂往。躋攀[七]崖巘[10]，爲之經畫條目，使公私俱利。仍每月一按行[11]，凡歲餘，乃還。均州秩滿，徙知梁山軍，累官至駕部員外郎。年甫七十，體力尚壯，即求致仕。詔補子廣郊社齋郎。及[八]廣爲虢州盧氏主簿，迎兄之官。以熙寧八年十二月戊子朔，暴得疾[九]。己丑，終於官舍，年七十有三。兄爲人沉厚寬裕，喜愠不形於外。少時家貧，有衣一筍[12]，夜遺火。比家人覺，狼狽救之。筍衣已盡，兄獨卧不起。家人尤[13]之曰："燒衣蕩盡，何心尚安卧耶?"兄曰："衣已燒矣，起視何益。"轉枕復寢，人皆服其度量。子孫、僕役有過，徐訓諭之，不輕駡辱。然當官公直，能知小民情僞，吏不敢以絲毫欺也。雖練習律令，而不爲峭刻。斷獄必求厭人心，摧抑强猾，扶衛愚弱，所治職事[一〇]，皆有方略。或素號繁劇者，兄處之嘗有餘暇。氣色不動，而衆務修舉，廷中永晝寂無人聲，其下皆畏而愛之，久猶見思。從[一一]仕三十餘年，未嘗有過。然性恬静，不自矜譽[一二]，故人知之者亦鮮，無所超越，循常調終身，兄亦不憾也。其奉養儉素，自爲布衣，至二千石，飲啜服用，未嘗少異於[一三]鄉人。平[一四]居和易簡静，故歿之日，聞者無不嘆惜。先娶紐氏，早終；再娶張氏，解州助教震之女。柔静慈良，宜於族姻，封清河縣君，治平四年，終於鄧州，年五十八[一五]。子男[一六]四人：曰齊，曰庭，曰廣，曰房。庭，虢州虢略尉。女四人：長適解[一七]人樊景讓；次適陝人張安仁；次二人未嫁皆早夭。齊等以熙寧九年二月壬寅，奉兄及嫂之喪，葬於夏川鄉先塋之西南。光以期日之迫[一八]，不暇請於時之賢士大夫，自爲之銘曰：

廓然有容，頽然無爭。
所涖之政，不煩而成。
去久而人益思，無求而人莫知。
年至歸休，始終無虧。

【校勘記】

[一]《縣志》作"宣"。
[二]《縣志》作"浩"。
[三]《縣志》作"郎"，《文集》誤作"即"，從《縣志》。
[四]《文集》作"川"，《縣志》作"州"。《文集》誤，從《縣志》。
[五]《縣志》作"十"，《文集》作"千"，當以《縣志》爲是。
[六]《文集》作"十"，《縣志》作"千"，誤。
[七]《縣志》作"扳"，誤。
[八]《文集》無"及"字，從《縣志》。
[九]《文集》作"疾"，《縣志》作"病"，從《文集》。
[一〇]《縣志》衍作兩個"事"字。
[一一]《縣志》作"後"，誤。
[一二]《縣志》作"譽"，《文集》作"舉"，誤。
[一三]《縣志》作"於"，《文集》作"與"，從《縣志》。
[一四]《縣志》作"平居"，《文集》無"平"字，從《縣志》。

［一五］《縣志》另有“歲”字。《文集》無，從《文集》。

［一六］《縣志》無“子”字。

［一七］《縣志》另有“州”字。

［一八］《縣志》作“以日之迫”。

【注釋】

［1］毛詩：即《詩經》。因其書爲毛公所傳，故稱。毛公者，漢鄭玄《詩譜》稱有大、小毛公。大毛公即爲漢魯國人毛亨；小毛公爲漢趙國人毛萇。

［2］按：遏止，止住。

［3］司理參軍：官名。簡稱司理。開寶六年（973年）置諸州司寇參軍，太平興國四年（979年）改司理參軍。掌獄訟勘鞫。

［4］鞫：音jū。審詢查問。

［5］辭：訴訟的供詞，或責備。

［6］直：伸。

［7］閬州：在四川。

［8］登、均二州：登州，州、府名。治所在今山東。唐宋時轄境地相當今蓬萊、黄縣、栖霞以東地區。均州，在今湖北均縣一帶。

［9］房州：州名。在今湖北。轄境相當於今房縣、竹山等縣地。

［10］巘：音yán。山峰。

［11］按行：巡行。

［12］笥：音sì。盛衣物或飯食的方形盛器，以萑葦或竹爲之。這裏指盛衣物的盛器。

［13］尤：責怪。

【附録】

《縣志·人物志》“賢才”：“司馬宣，字周卿，浩子，温公再從兄。以蔭補郊社齋郎，累官駕部員外郎。初爲華州司户參軍，時多滯獄，宣爲直而釋之。當官公正，能知小民情僞。沉厚寬裕，喜愠不形；性恬静，不自矜譽。及卒，聞者無不嘆惜。温公撰墓銘。嘉靖十七年祀鄉賢。”

司馬光妻張氏墓誌銘

【簡介】

宋元豐六年（1083年）。司馬光爲其先妻張氏所撰。

誌文見《文集》。

【誌文】

敘清河郡君[一] 元豐六年作

清河郡君張氏，冀州信都人，禮部尚書致仕存之女，端明殿學士司馬光之妻也。年十六適司馬氏。夫登朝，封清河縣郡；及爲學士，改郡君。年六十。元豐五年正月壬子晦，終於洛陽。二月辛巳晦，葬涑水先塋。君性和柔敦實，自始嫁至於瞑目，未嘗見其有忿懥[1]之色、矯妄之言。人雖以非意侵加，默而受之，終不與之辯曲直已，亦不復貯于懷也。上承舅姑，旁接娣姒[2]，下撫甥姪，莫不悦而安之。御婢妾寬而知其勞苦，無妒忌心。嘗夜濯足，婢誤以湯沃之，爛其一足，君批其頰數下而止，病足月餘方愈。故其没也，自族姻至於斯養，無親疏大小，哭之極哀，久而不衰，咸出於惻怛[3]，非外飾也。内外無一人私議其短者，玆豈聲音笑貌之所能致邪？平居謹於財，不妄用，自奉甚約。及餘，用之以賙[4]親戚之急，亦未嘗吝也。始，餘爲學官，笥中衣無幾。一夕，盜入室，盡卷以去。時，天向寒，衾無纊[5]絮，客至無衫以見之，余不能不嘆嗟。君笑曰："但願身安，財須復有。"餘賢其言，爲之釋然。近世墓皆有誌刻石，摹其文以遺人。余以爲婦人無外，事有善不出閨門，故止述其事存于家，庶使後世爲婦者有所矜式[6]耳。

【校勘記】

[一]《文集》作"濟河"，誤。

【注釋】

[1] 懥：音 zhì。憤怒。

[2] 姒：音 sì。兄妻爲"姒"。

[3] 惻怛：憂傷。

[4] 賙：音 zhōu。給，救濟。

[5] 纊：音 kuàng。絲棉絮。古人納之以御寒。

[6] 矜式：尊重效法。

司馬光墓誌銘

【簡介】

宋元祐初。范鎮撰。

誌文見《縣志·藝文》。

【誌文】

司馬文正公墓誌銘　　范　鎮

公諱光，字君實。自兒童懔然如成人。公既歿，其家得遺奏八紙，皆手札當時要務。翰林學士蘇軾壯公如此，蓋直記其事。且鎮所目擊，足以示後世者。鎮與公出處交游，四十餘年如一日，公之所以在家如在朝也，事必稽古[1]而行之，動容周旋，無不在禮。嘗自號爲“迂叟”，而親爲隸書，以抵鎮曰：“迂叟之事親，無以逾人，能不欺而已矣。事君亦然”。今觀公得志，澤加於民，天下所以期公者，豈止不欺而已哉？且約鎮生而互爲之傳[2]，後死者當作銘[3]。公則爲鎮傳矣，鎮未及爲而公薨[4]。嗚呼！鎮老矣，不意爲公銘也。銘曰：

於穆安平[5]，有魏忠臣。
更六百年，有其元孫[6]。
元孫温公，前人是似[7]。
率其誠心，以佐天子。
天子聖明，四海一心。
有從有違，咸卒用公。
公之顯用，自我神考。
命于西樞，曰予耆老。
公言如經，其或不然。
帝獨賢公，欲使并存。
公退如避，歸居洛師。
帝徐思之，既克知之。

知而不以，以遺聖子。
惟我聖子，協帝聖母。
人事盡矣，天命順矣。
如川之迴，如冰之開。
或蹈其機，豈人也哉？
公亦不知，曰是惟天。
二聖臨我，如山如淵。
公惟相之，亦何所為？
惟天是因，惟民是師。
事既粗定；公亦不留。
龍衮蟬冠[8]，歸於其邱。
公之在朝，布衣脱粟[9]。
惟其為善，惟曰不足。
生既不有，死亦何失！
四方頌之，豈惟兹石。

【注釋】

[1] 稽古：研習古事。

[2] 傳：書傳，記載。

[3] 銘：爲文刻於器物之上，稱述生平功德，使之傳揚於後世，或用以自警。古多刻於鐘鼎，秦漢以後，或刻於碑石。這裏指刻於碑石上稱述生平功德的文章。

[4] 薨：音 hōng。周代天子死曰“崩”，諸侯死曰“薨”。唐制，凡喪，三品以上稱“薨”，五品以上稱“卒”，自六品至於平民稱“死”。

[5] 於穆：贊嘆詞。於，嘆詞。穆，美。安平：司馬光先祖爲晉安平獻王，故稱。

[6] 元孫：即玄孫。

[7] 前人是似：即效仿先賢之意。

[8] 龍衮：古帝王服，上綉龍紋。蟬冠：漢代，侍從官員之冠，以貂尾蟬文爲飾。後因用蟬冠作爲顯貴的通稱。

[9] 脱粟：粗糧，糙米。

修墳記

【簡介】

元祐元年（1086年）。司馬光之姪司馬富撰。

《金石記》："修墳記，元祐元年，舊在夏縣温公塋。《志略》：温公孫司馬富撰文。略云，十月甲午掘壙，發陝、解、蒲、華四州卒穿土，復選上方百工爲喪具。十二月丙戌墓成。凡用一萬八千九百三十三工，蓋比初計減九千九百三十八工。又曰：易石門以柏，而撤儀槨不用，不逾時而工就。"

按，《志略》謂"温公孫司馬富"，誤。富爲光兄旦之子，從《修墳記》文中即可見。又，司馬光給富的書信《天聖帖》中亦稱"叔光"，可證。

碑文見《縣志·古迹》。

【碑文】

修太師温國公墳記[一]

元祐元年九月丙辰朔，尚書左僕射司馬光薨於位。翌日，上遣使詔其孤康，曰："余之藎臣[1]盡瘁國家，以損厥[2]壽，朕甚愍焉。其從官葬，以報其力"。康稽顙[3]泣血而辭，曰："陛下之先臣實有儉德，平生屢敕子孫以薄葬，自爲終制書尚存也。今朝廷之制，盛大崇廣，上費縣官，下勞民力，懼非先臣之本志也，臣敢固辭。"又明日，上復遣使諭旨，曰："若爾，何以報爲臣之忠且勤者？予自答乃父[4]，此非乃所得辭也。"上復諭諸大臣，令曉以不可辭之旨。康對曰："臣奉先人之訓，不敢以不聞先臣之志。若此，陛下以君命奪之，無不可者，敢不惟陛下之令。"於是，詔尚書户部侍郎趙瞻、入内内侍省[5]押班馮宗道，護公器[6]歸陜州夏縣里第。先喪未發，命入内内侍省供俸官李永言公、開封縣尉廷，挾太史禮直官乘驛詣涑川先塋，相地卜宅。於是，以十月甲午掘壙，發陝、解、蒲、華四州卒穿土，復選上方百工[7]爲喪具。十一月，復命富[8]提舉之。十二月丙戌墓成。其制云，凡用一萬八千九百三十三工，蓋比初計減九千九百三十八工。按舊制，甓壙爲石門，中爲儀槨。内供奉李君初涖事，則謂康曰："敕葬之制，雖舊章，其未安者，小損益之可也。竊惟丞相之志，好實用而惡虚飾。彼石門難得，儀槨華靡，爲費甚大，是二物者足以當其餘百數十品矣，而實於葬無用也。

或能省之，可以減縣官之費十五六，而民不病，若何?”康對曰“唯”。於是，易石門以柏，而撤儀椁不用，不逾時而功就，民無病者。李君善撫士卒，恤其饑寒，而知其勞苦。故自經始至於竣事，無一人莩[9]而死者，則其能可知矣。于是役也，富實與總蒞，惟叔父之忠而勤事，聖主之仁而報功，嘆息感泣，不能自已。又使者將命[10]，敏而從宜，費少而民安，工省而事集，上足以副[11]聖君優賢恤民之志，下足以慰忠臣好儉愛物之心，不可以莫之記也。于是爲記。

【校勘記】

[一]《縣志》爲節選，無碑題。清《解州全志》卷之十二《夏縣·藝文》題作《修太師温國公墳記》(節略)。

【注釋】

[1] 藎臣：本指王所進用之臣，後稱忠誠之臣。藎，音 jìn。進用。

[2] 厥：其。

[3] 稽顙：舊喪禮，居父母之喪時跪拜賓客之禮，以額觸地，表示極度悲痛。稽，音 qǐ。叩頭至地之意。

[4] 乃父：你的父親。乃：你。

[5] 入内内侍省：官署名。簡稱“後省”。掌侍奉宫廷内部生活事務，與帝、后最爲親近。有都都知、都知、副都知、押班等。所屬有御藥院、内東門司、合同憑由司、後苑造作所等。

[6] 公器：王侯的器物，或名位、爵禄等。

[7] 上方百工：御用百工。

[8] 富：即司馬富。

[9] 莩：音 piǎo。餓死。

[10] 將命：傳命。傳達賓主的話。

[11] 副：相稱，符合。

忠清粹德碑樓記

【簡介】

宋元祐三年（1088年）。司馬光之姪孫司馬桂撰。

《金石記》："忠清粹德樓記，元祐二年（應爲"三年"）。温公孫司馬柱[一]撰。舊在夏縣温公塋。"

碑文見《縣志·古迹》。

【碑文】

忠清粹德碑樓記[二]

丞相司馬公既葬之明年，天子敕翰林學士蘇公撰公隧碑之文，論次大節元勳而銘之。上親爲篆字，以表其首曰："忠清粹德之碑。"且命内侍李永言、從孫桂督將作百工，調卒募夫，起樓於墓之東南以居焉。永言、桂既受命，即裁省浮華損約制度，使無侈前人，無廢後觀。凡七月而畢事。其土、木、金、石，圬墁[1]、丹雘之工，總會一萬六千有奇[2]，而所損之數稱是。樓之大制，基極[3]相距凡四丈五尺，上爲四門，門二牖[4]，下爲二門，門一墄[5]。復閣周於碑，回廊環於閣，繚垣[6]四起，爲之蔽衛，此其大略也。至於連甍旅楹[7]、從廣延袤之詳，則匠氏存焉。竊嘗念本朝元老之勳德既如彼，而天子之褒恤又如此，不可蔑而無聞也。嘗思發明朝廷之意，而揄揚君相之美，刻石紀實，使天下後世曉然知之，蓋亦不敢徒爲有司之文具而已。伏觀千古致治[8]之隆，無逾於三代之盛。非獨君之聖也，臣知盡其忠；非獨臣之賢也，君能致其禮。上致禮以使下，下盡忠以報上，故當時太平有不足致，而後世高仰若不可及也。昔之大臣有左右弼亮[9]之勞，訏謀[10]獻納之勤者，天子既録之於其生，又録之於其死，是以藏名於盟府[11]，配享於宗廟[12]，紀於旂常[13]，勒於鐘鼎[14]，使與日月并垂，金石不泯，其爲紀功可謂至矣。雖然，又不若巨碑偉字，陳列茂績，巋然立於墓道之前，使千載而下，知堯舜之君有稷[15]卨之臣，觀其文如睹其人，思其人如生其世，遐想高慕而不可見，則欷歔嘆息而不自勝，非獨搢紳之士能講論談述於上，而閭閻[16]之民亦將謳歌吟頌於下，其逾於古，顧不多哉。嗚呼！後之視今，且復如是，況適當其時，而親其事者，安得而默也。

【校勘記】

［一］《金石記》、《總目》均作“柱”，《縣志》作“桂。”前者誤，當作“桂”。見本碑。

［二］《縣志》未録首題。清《解州全志》卷之十二《夏縣·藝文》題作《修忠清粹德碑樓記》。

【注釋】

［1］圬墁：又作圬鏝。泥瓦工，塗飾墻壁。圬，音 wū。用泥鏝涂墻。墁，音 màn。塗抹。

［2］有奇：有餘。奇，餘，零數。奇，讀 jí。

［3］基極：即樓基與樓頂之高。極，頂點，最高處。

［4］牖：音 yǒu。窗户。

［5］墄：音 cè。臺階。

［6］繚垣：即圍墻。繚，音 liáo。圍繞。

［7］甍：音 méng。棟梁，屋脊。即屋棟。楹：音 yíng。屋一間爲一楹。派，衆多。

［8］致治：達到太平盛世。

［9］弼亮：輔佐。

［10］訏謀：大的謀劃。又作“訏謨”。

［11］盟府：掌管保存盟書的官府。

［12］宗廟：天子、諸侯祭祀祖先的處所。封建帝王把天下據爲一家所有，世代相傳，故以宗廟作爲王室、國家的代稱。

［13］旂常：旂名。古代王用太常，諸侯用旂，以作紀功授勛的儀制。旂，音 qǐ。爲上畫龍形、竿頭擊鈴的旗。

［14］鐘鼎：古代銅器的通稱。古代常以銘紀功勛或刻載大事，以傳後世子孫。

［15］稷：即后稷。卨：音 xiè。殷始祖契。

［16］閭閻：泛指民間。閭，音 lǘ。古代以二十五家爲閭。有里門，曰閭。閻，爲里中門。

【附録】

《縣志·人物志》“賢才”：“司馬桂，温公從孫。博學能文，仕至司户參軍。”

布衾銘刻石

【簡介】

宋元祐三年（1088年）。司馬光書。司馬富摹勒，王磻刻。

《金石記》："司馬温公布衾銘石刻，今在夏縣温公祠。謹案：銘爲温公手書，元祐戊辰姪富模刻。范祖禹有序，略云：文正公所服之布衾，隸書百有十字，曰'景仁惠'者，端明殿學士范公之所贈也。曰'堯夫銘'者，右僕射高平公所作也。元豐中，公在洛，蜀公自許往訪之，贈以是衾。先是，高平公作《布衾銘》，公愛其文義，取而書於衾之首。及寢疾，東府命斂以深衣，而覆以是衾，云云。"

《縣志·古迹》："布衾銘石刻，亦温公手筆，嵌城中祠堂壁間。"

《叢編》："布衾銘，石高一尺三寸二分，廣二尺二寸五分。十三行，行九字。末題四行，行十二字。分書。今在夏縣。"

今北京圖書館有藏拓，拓片高41、寬79厘米。編號爲1246。著録並碑文見《叢編》、《縣志》。

【碑文】

布衾景仁惠、堯夫銘

藜藿[1]之甘，綈布[2]之温。名教[3]之樂，德義之尊，求之孔[4]易，享之常安。綺繡[一][5]之奢，膏粱[6]之珍。權寵[7]之盛，利欲之繁。苦難其得，危辱旋臻[8]。取易捨難，去危就安。至愚[9]且知[二]，士寧不然。顔樂簞食[三][10]，萬世師模[12]。紂居瓊臺[四][13]，死爲獨夫[14]。君子以儉爲德，小人以侈喪軀。然則斯衾之陋，其可忽諸。

先叔丞相頃歲嘗以隸寫《布衾銘》示子孫，俾遵儉德。

元祐戊辰姪富摸勒於石，以傳永久。

玉册官王磻刊。

【校勘記】

[一]《縣志》作"綿繡"，誤。

[二]《縣志》作"智"。

［三］《縣志》作“簞瓢”，均可通。

［四］《縣志》作“瑶臺”，誤。

【注釋】

［1］藜藿：音 lí huò。藜、藿均爲野菜，爲貧者所食。藜，草名。又名莱，俗名紅心灰藋。初生可食，古蒸以爲茹。莖老可作杖。亦用於燃藜照明。藿，豆葉。

［2］綈布：即粗布。綈，音 tí。質粗厚，平滑而有光澤的絲織品名。

［3］名教：名聲與教化，或謂以正名定分爲中心的封建禮教。

［4］孔：副詞。甚，很。

［5］綺、綉：均爲絲織物。綺，音 qǐ。素地織紋起花的絲織物。

［6］膏粱：精美的食物。

［7］權寵：指有權勢而得到皇帝寵幸的人。

［8］旋臻：很快到來。旋，很快。臻，音 zhēn。至，到達。

［9］至愚：最笨（的人）。

［10］寧：豈，難道。

［11］顔樂簞食：典故。《論語》：“一簞食，一瓢飲，在陋巷之中，人不堪其憂，回（顔回）也不改其樂”。《漢書·貨殖傳》：“顔淵簞食瓢飲，在於陋巷”。注：“一簞之飯，一瓢之飲，至貧也”。喻生活貧苦。簞，音 dān。盛飯用的竹器。

［12］師模：師表，模範。

［13］瓊臺：夏帝癸的玉臺。也泛指華美的樓臺。

［14］獨夫：衆叛親離的統治者。

【附録】

一、《叢編》：“按，《夏縣志》：‘布衾銘石刻，亦温公手筆，嵌城中祠堂壁間。’碑末題‘先叔丞相頃歲隸寫《布衾銘》示子孫，俾遵儉德。元祐戊辰姪富摸勒於石，以傳永久。’《宋史》：‘司馬旦子富，承議郎，陝州通判’。《夏縣志》：‘旦仲子。富字希道，善屬文。仕爲承議郎，通判陝州事’。旦爲温公兄，故富稱温公爲叔父。戊辰，元祐三年。碑題‘景仁惠堯夫銘’，《宋史》：范鎮，字景仁。范純仁、邵雍皆號堯夫，此爲范堯夫。見《縣志》。碑末‘玉册官王磻刊’，即刻《司馬文正公神道碑》之人。碑見《寰宇訪碑録》。”

二、《縣志·藝文志》范祖禹《布衾銘并序》：

“温國文正公所服之布衾，隸書百有十字，曰：‘景仁惠’者，端明殿學士范公之所贈也。曰：‘堯夫銘’者，右僕射高平公所作也。元豐中，公在洛，蜀公自許往訪之，贈以是衾。先是，高平公作《布衾銘》以戒學者，公愛其文義，取而書於衾之首。及寢疾，東府治命斂以深衣，而覆以是衾。公於物淡其所好，惟於德義若利欲，其清如水而澄之不已，其直如矢而端之不止。故其居處必有法，動作必有禮。其被服如陋巷之士，一室蕭然，圖書盈幾，經日靜坐自如也。又以圓木爲警枕，小睡則枕，轉而覺，乃起讀書。蓋恭儉勤禮，出於天性，自以爲適，不勉而能。與二范公爲心交，以直道相與，以忠告相益，凡皆如此，其誠終始如一，將歿而猶不忘。祖禹觀公大節與其細行，雖不可遽數，然本於至誠無欲，天下信之，故能奮然有爲，超絶古今。居洛十五年，若將終身焉。一起而功被天下，内外莫不敬其德、服其名，唯至誠故也。公兄子宏，得公手澤紙本於家，屬祖禹序其本末，俾後世師公之儉云。其銘曰……。"［編著者按，以下文同《叢編》所録《布衾銘》，故略。但文末無"先叔……以傳永久"］

司馬康墓誌銘

【簡介】

宋元祐五年（1090年）。范祖禹撰。

《金石記》："諫議大夫司馬康墓誌，范祖禹撰。今在夏縣晁村。見《舊通志》"。

《縣志·輿地志》"古迹"："諫議大夫司馬康墓，在温公墓側。范祖禹撰墓誌。"

文見《欽定四庫全書·范太史集》卷四十（乾隆五十五年七月抄本，今藏國家圖書館）。

【碑文】

直集賢院提舉西京嵩山崇福宫司馬君墓誌銘

元祐五年六月丁酉，詔以秘書省著作佐郎兼侍講司馬康爲左司諫。時已屬疾[1]，五辭不許，就賜告[2]。君奏曰："臣不敢拜君命於家，疾間[3]，當亟起受。"乃留告閤門[4]以俟。詔以君久疾不給俸，其自止日續給之。君辭不受。七月小間，將受命，疾作不能造朝[5]，即奏："臣不可以備言職矣，願卒辭新命。"詔遣内侍挾御醫三人診視治療。以君清貧，命醫毋得受饋，俟疾損取旨。八月，君奏曰："臣之力憊矣，言職不宜久虚，願領宫觀[6]養疾西都。"二聖不得已，許之，除直集賢院提舉西山崇福宫。詔曰："勿藥[7]有聞，即膺[8]吾用。"遣内侍諭旨，俾留京師就醫，藥錫[9]錢三十萬。九月丙寅，以不起聞。明日，輔臣對延和殿，未及奏事。二聖嗟悼不已，命優恤其家，特贈右諫議大夫。遣將作監丞張淳督運木[10]就護殯葬，官給錢百萬；遣中使吊問妻子，賜錢五十萬；又賻錢三十萬，布帛有加。既又遣内侍問行日，賜白金五百兩助襄事。十一月甲申，葬陝州夏縣太師温國文正公墓次。君字公休，文正公諱光之子也。其先出於晉安平獻王孚，歷後魏、隋、唐□及本朝，子孫未嘗去鄉里。積厚流遠，是生大賢。曾祖諱炫，試秘書省校書郎，知耀州富平縣，贈太子太傅。祖諱池，以清直事仁宗，爲天章閣待制，贈太師，追封温國公。曾祖妣皇甫氏，祖妣聶氏，妣張氏，皆封温國太夫人。文正公以道德事四朝，進退以天下，起相二聖，勤勞帝室，慰答民望，爲元祐宗臣。君幼端謹，不妄言笑，事父母至孝，出於天性，文正公與夫人皆器愛之。或當遠出，夫人必自挾以往。既長，入官或數日不返家，夫人輒憂思形於寐魘[11]；或逾月而後歸，則相顧慘然喜欲泣。敏學過人，博通群書。熙寧三年，以明經擢上第，釋褐試秘書省校書郎，耀州富平縣主簿。時文正公爲翰林學士，奏留國子監聽讀。四年，奏授守正字[12]。五年，監西京糧料院，遷大理評事。文正公以端明殿學士提舉嵩山崇福宮，修《資治通鑒》，奏君檢閱文字，官制易階承事郎。丁母憂，勺飲不入口者三日，杖而後能起。毁幾滅性，見者哀之。文正公居洛十五年，往來陝、洛間，士之從學於公者，退與君語，未嘗不有得。塗[13]之人見其容止，雖不識，皆知其爲司馬公之子也。服除，授簽書山南東道節度判官公事。元豐八年，以韓獻肅公[14]薦，擢秘書省正字，轉奉議郎。元祐元年，爲校書郎。文正公爲左僕射，力疾[15]入對，詔君扶掖上殿，賜緋章服。公薨，執喪如喪夫人，哀毁有加焉。治喪皆用《禮經》家法，不爲世俗事。得遺恩，悉以予族人。其啓夫人之喪而合祔也，號慕如初喪。既葬，廬於墓。凡文正公終事，竭誠盡力，無一不致其極者。三年，服除，召爲著作佐郎兼侍講，進講詳明。傳經義，勸上以進德，上必虚已聽之。四年，爲修《神宗實録》檢討官，上疏言："王者，以民爲天，民以食爲天，自古禍亂之興，皆由饑饉。爲國必有九年之蓄，乃可以備水旱。比年以來，旱暵[16]爲虐，民必艱食。若今秋不稔，則公私困竭，盜賊可虞。昔魏李悝爲平糴之法，國以富强。東漢永初[17]以後，水旱十年，和熹鄧太後臨朝，用征和[18]故事，徙置饑民於豐熟諸郡，躬自減撤，以救災厄，故天下復平。唐太宗貞觀初，天下連歲災害，太宗勤而撫之，民雖東西就食，未嘗嗟怨。至四年，天下大稔，流散者咸歸鄉里，米斗不過三四錢。自古聖賢之君，非無水旱之災，惟有以待之，則不爲甚害。如漢、唐之策，已非處處皆有蓄積，故令民東西就食，此策之下者也；魏文侯舉國四境悉令平糴，所在有儲，此策之中者也；三代而上，國有九年之蓄，此策之上者也。今臣願陛下先爲漢、唐之下策，以濟目前之艱；俟及豐穰，乃爲魏文侯之中策；積以歲月，漸及三代之上策。乘今秋熟，令州縣廣糴，民食所餘，悉歸於官。今冬來春，令饑民就食，俟鄉土豐穰，乃還本土。夫國家積貯，惟以安國，民安則國安。故凡爲國者，一絲一毫皆當愛惜；惟於濟民，則不當吝。陛下誠能捐數十萬金帛，以爲天下大本，則四海幸甚！夫實倉廪，使百姓足食，非獨可以消患，太平之化，由是而興，措刑之本，無先於此矣！"初，文正公在相位，與吕正獻公[19]及同列共議稍修官制，以就簡便，令門下、中書二省通職事，亦先帝詔書本意也。草具未上，而文正公薨。至是，君復上舊稿，降付三省[20]，而朝廷未遑[21]有所行也。十月，除右正言。以執政親嫌，辭不就職。五年春，上疏歷陳前世治少而亂多，祖宗創業之艱難，積累之勤勞，以勸上及時嚮學，守天下大器[22]，曰德、曰才、曰識，三者皆由於學。又勸太皇太后每於禁中訓導，其言切至。四月，詔講讀官，奏對邇英閣。君初對，勸上自强於學，以孝德爲治道之先。再對，又言："《孟子》爲書最醇正，陳王道尤明白，所宜觀覽。"上曰："方讀《孟子》。"尋詔講筵官，編修《孟子節解》爲十四卷以進。君自文正公喪，居廬蔬食，寢於地，遂得腹疾。親戚勉以肉食，終不肯。及免喪，毁瘠累然，治療不愈，至是益侵。累奏乞留臺[23]宫觀，詔不許。遣内侍賜御膳勞問，後乃予優告，猶力疾，解《孟子》二卷。自是疾有加，除諫職未受，條具諸所當言以待，曰："得一對極言而死無所恨。"疾病[24]，召醫李積於兖。積居野，年七十矣。鄉民聞之，告積曰："百姓受司馬公恩深，今其子病，願速往也。"來告者日夕不絶。積遂行。至，則疾不可爲也。没，語妻子，以不報國恩爲恨。享年四十一。公卿嗟痛於朝，士大夫相弔於家，處士相弔於野，市井之民，無不哀之。君篤行，内外淳備，必欲如古人。燕居如對大賓[25]，動静有矩法。望之色莊氣和而言厲。嚴於祭祀[26]，爲人潔廉，未嘗言財。文正公既葬，二聖遣使賜白金二千兩立神道碑。君以文正公葬皆官給，碑已具固辭，不許。遣家吏如京師納之。其事君務責難[27]，非堯、舜仁義之道，不陳於上前。待族人委曲周旋，唯恐不得其所欲；與朋友忠信，久而益親。有《文集》十卷。初娶張氏，朝散郎保孫之女，追封真寧縣君；再娶張氏，大理寺丞淮之女，封安仁縣君。二子，曰植，曰桓，皆承奉郎。桓，早夭。三女，長適假承務郎楊克覲，先君卒。其二皆幼。祖禹與君同修《資治通鑒》，同爲正字著作，同修《實録》，同侍經筵，相與猶一體也。君初疾，屬以後事。其孤請銘。嗚呼，其可勝哀也！夫銘曰：

烈烈温公，迪我祖宗。卒相二聖，以成天功。

公休之賢，是學是似。民曰幸哉，温公有子。

温公有子，天子有臣。世其休風[28]，澤我下民。

執經帝前，日勸帝德。帝曰良哉，補于衮職[29]。

惟其所有，訖未一施。中道而止，天實奪之。

惟人之生，惟德可久。没而民思，是謂不朽。

【注釋】

[1] 屬疾：適值有病。屬，適值。

[2] 賜告：古代官吏休假叫"告"。漢律規定，年俸二千石以上有功官員有予告、賜告待遇。準予休假稱"予告"；病滿三月準予回家治病稱"賜告"。以後封建社會中，凡高級官員因老、病準予休假的都叫"予告"。

[3] 間：病痊愈或好轉。

[4] 閤門：宫廷設置的辦事機構之一。唐末、五代有閤門使，掌供奉乘輿，朝會游幸，大宴引贊，引接親王宰相百僚藩國朝見，糾彈失儀。

[5] 造朝：上朝。造，到，去。

[6] 宫觀：本指祠廟，此爲官名。宋宫觀本爲崇奉道教而設，大中祥符五年建玉清昭應宫，始設宫觀使，以前任宰相或現任宰相充任。另外還有提點、主管、判官、都監

等官名，都用來安置閑散官員，没有實職。

［7］勿藥：不用服藥而病自愈。後稱病愈爲“勿藥”。

［8］膺：受，當。

［9］錫：賜給。

［10］木：這裏指棺材。

［11］魘：惡夢。

［12］正字：官名。掌校讐典籍，刊正文章。

［13］塗：通“途”。

［14］韓獻肅公：即韓絳。

［15］力疾：免强支撑病體。

［16］暵：音 hàn。乾旱。

［17］永初：東漢安帝劉祜年號。公元 107—113 年。

［18］征和：漢武帝劉徹年號。公元前 92—前 89 年。

［19］吕正獻公：吕公著。

［20］三省：指中書、門下、尚書三省。

［21］遑：閑暇。

［22］大器：寶器。這裏指社稷。

［23］留臺：即留都。古代王朝遷都後，在舊都常置官留守，故稱。

［24］疾病：病情加重。輕者爲疾，重者爲病。

［25］燕居：退朝而處，閑居。大賓：貴賓。

［26］祭祀：祭神祭祖。

［27］責難：以難事勉人。《孟子·離婁》上：“責難於君謂之恭，陳善閉邪謂之敬……。”

［28］休：美，善。

［29］袞職：三公之職。

【附録】

一、《宋史·司馬光傳》附司馬康：“康字公休，幼端謹，不妄言笑，事父母至孝。敏學過人，博通群書，以明經上第。光修《資治通鑒》，奏檢閱文字。丁母憂，勺飲不入口三日，毁幾滅性。光居洛，士之從學者退與康語，未嘗不有得。塗之人見其容止，雖不識，皆知其爲司馬氏之子也。以韓絳薦，爲秘書，由正字遷校書郎。光薨，治喪皆用《禮經》家法，不爲世俗事。得遺恩，悉以與族人。服除，召爲著作佐郎兼侍講。

上疏言：‘比年以來，旱暵爲虐，民多艱食。若復一不稔，則公私困竭，盜賊可乘。

自古聖賢之君，非無水旱，惟有以待之，則不爲甚害。願及今秋熟，令州縣廣糴，民食所餘，悉歸於官。今冬來春，令流民就食，候鄉里豐穰，乃還本土。凡爲國者，一絲一毫皆當愛惜，惟於濟民則不宜吝。誠能捐數十萬金帛，以爲天下大本，則天下幸甚。'拜右正言，以親嫌未就職。

爲哲宗言前世治少亂多，祖宗創業之艱難，積累之勤勞，勸帝及時嚮學，守天下大器，且勸太皇太后每於禁中訓迪，其言切至。邇英進講，又言：'《孟子》於書最醇正，陳王道尤明白，所宜觀覽。'帝曰：'方讀其書。'尋詔講官節以進。

康自居父喪，居廬疏食，寢於地，遂得腹疾，至是不能朝謁。賜優告。疾且殆，猶具疏所當言者以待，曰：'得一見天子極言而死無恨。'使召醫李積於兖。積老矣，鄉民聞之，往告曰：'百姓受司馬公恩深，今其子病，願速往也。'來者日夜不絶，積遂行；至，則不可爲矣。年四十一而卒。公卿嗟痛於朝，士大夫相弔於家，市井之人，無不哀之。詔贈右諫議大夫。

康爲人廉潔，口不言財。初，光立神道碑，帝遣使賜白金二千兩，康以費皆官給，辭不受。不聽。遣家吏如京師納之，乃止。"

二、《縣志·人物志》"賢才"："司馬康，字公休，温公子。幼端愨，不妄言笑，事父母至孝。博通群書，以明經上第。居母憂，勺飲不入口者三日，杖而後起，見者哀之。温公居洛，士之從學者退與康語，未嘗無所得。途之人見其容止，雖不識，皆知其爲司馬光之子也。公修《通鑒》，康有助焉。公薨，執禮如母喪，哀毁過之。爲講官，上疏陳前世治少而亂多，祖宗創業之艱難，積累之勤勞，勸君及時向學，守天下大器，其言切至。又言：'《孟子》爲書最純正，陳王道，尤宜觀覽。'既病，尤力解《孟子》二卷。會除諫議未受，條具諸所當言以待，曰：'得一對極言而死無所恨矣。'及卒，公卿以至市井之人，無不哀之。爲人廉潔，初，立《温公神道碑》，帝遣使賜白金二千兩，康以費皆官給，辭不受。不聽。遣家吏入京師納之，乃止。范祖禹爲佔其墓。《宋史》有傳。嘉靖十七年祀鄉賢。"

又，"司馬植，温公孫。父康卒，植幼，宣仁后憫之。吕大防謂，康素以邵伯温爲可托，請以伯温爲西京教授，以教植。伯温至官，誨植曰：'温公之孫，大諫之子，賢愚在天下，可畏也。'植聞之，力學不懈，卒有立於世。祀忠孝祠。"

知足齋石刻

【簡介】

金大定十七年（1177年）。司馬光書，姚弁摸刊。

《金石記》："知足齋并潞公畫像題字，大定十七年。今在夏縣温公祠。《夏縣志》：'係温公手筆。旁刻温公并文潞公小像'。按，石爲金大定丁酉安昌姚弁模刊'知足齋'三大字，以隸法書之。左爲潞公像，上題崔臺符《瓊林苑餞行詩》；右爲温公像，上書公《自題寫真詩》。其前又有元大德十一年達魯花赤叁木丁等題記"。

《縣志·古迹》："知足齋石刻，係温公手筆。旁刻温公并文潞公小像，嵌祠堂壁間"。

著録見《金石記》、《縣志》。

【碑文】

知足齋。

[司馬光《自題寫真》詩見前述《司馬光像贊刻石》。崔臺符《瓊林苑餞行詩》，及達魯花赤叁木丁等題記，尚未詳。]

司馬光祠記

【簡介】

元大德間（1297—1307 年）。侯均［編著者按，《總目》誤作侯均興。］撰。

《金石記》："司馬温公祠碑，大德中，侯均撰。今在夏縣學宫東。謹案，撰文之侯均，興元人，《元史》附見《蕭𣂏傳》。"

碑文見《縣志·祠祀志》。

【碑文】

司馬温公祠記[一]

自三代而下，歷漢及唐，宰相學術純正淵深者，莫盛於宋韓、范、富、歐[1]，文章節行，豐功盛烈，天下想聞其風采，固足以振耀千古矣。然而，茂實英聲，聞望四海，著書立言，模範萬世者，温公一人而已。而其所著之書，又皆先後六經[2]，切於日用，如布帛菽粟[3]，無一毫抽青配白、風雲月露之龐雜乎其間，所謂文章節行，豐功盛烈，皆兼而有之。初不愧此，數公也。一時從游之士，如康節邵先生[4]、二程[5]，皆不世[6]人傑也。而公與之講磨論難，故其所就如此。公，夏縣人也，又邱壠[7]在焉。《禮》："凡有功烈於民者，皆在祀典。"又，古者鄉大夫、鄉先生死，則有配食於其鄉之學之社之禮焉。公之當祀，夫復何疑？然未有能舉之者。大德癸未[二]，覃懷張式尹於是邑，始下車，即增修孔子廟，遂祠公於學，而貌像之。凡爲公題詠之石刻，散落民間，及爲治廨勢家鎮石者，亦悉購之，以壁於祠。祠既畢，公介鄉儒樊君仲良求記於濩澤侯均。公之事蹟，焕耀丹青，輝光日月，掞河漢而轟雷霆，不待記而知也。姑述其梗概，及其興建之歲月云。

【校勘記】

［一］據《縣志》擬。

［二］大德癸未：大德，元成宗年號。共十一年，自丁酉（公元 1297 年）至丁未（公元 1307 年）。惟有"癸卯"、"丁未"，從無"癸未"年。《縣志》誤。

另，《縣志·官師志》"歷任令佐"記載，確有張式其人於大德間修孔廟及縣城中温公祠事，但未詳其何年到任。

【注釋】

［1］韓、范、富、歐：爲北宋四位名臣。即：韓琦（1008—1075），宋相州安陽（今屬河南）人。封魏國公。范仲淹（989—1052），宋蘇州吴縣（今江蘇蘇州）人。富弼（1004—1083），宋洛陽（今河南）人。封鄭國公。歐陽修（1007—1072），宋吉州廬陵（今江西吉安）人。謚文忠。

［2］六經：《詩》、《書》、《禮》、《樂》、《易》、《春秋》。

［3］布帛菽粟：爲日常生活所必需，故用以比喻雖屬平常但不可缺少的東西。

［4］康節邵先生：即邵雍（1011—1077），宋共城人。好《易》理，有象數之學。元祐中賜謚"康節"。

［5］二程：即程顥（1032—1085）、程頤（1033—1107）兄弟，宋洛陽人。二人同學於周敦頤，思想學説基本一致。在認識"天理"的方法與步驟上，頗强調由外界的格物，以達到致知的目的。世稱顥爲"大程"，頤爲"小程"，合稱"二程"。

［6］不世：罕有，非常。

［7］邱壠：墳墓。

司馬光壖像記

【簡介】

元至治元年（1321年）。李稚賓撰，補化書丹，郭貫篆額，李榮祖立石，田居敬模勒。

《叢編》："司馬光壖像記，碑高五尺，廣二尺四寸。二十四行，行五十字。正書。今在夏縣。"

《金石記》："温公祠堂碑，延祐六年。祭酒李稚賓撰。今在夏縣。"

《縣志·祠祀志》："延祐六年，河東簽事野仙不華暨縣尹李榮祖重繪神像，祭酒李稚賓記。"

按，準確地講，此碑應爲《叢編》所録的《司馬温國公祠堂壖像記》，時間爲元至治元年。然《金石記》、《縣志》均作《温公祠堂碑》，且將刻立的年代誤作"延祐六年。"《總目》更將其當作"壖像"與"祠堂"兩碑。今俱當糾正。

另，《叢編》爲全文著録，《縣志》則爲節録。故以下碑文據前者。

【碑文】

司馬温國公祠堂壖像記

集賢直學士[1]、朝列大夫兼國子祭酒李稚賓撰。

資德大夫、河東山西道肅政廉訪使[2]補化書丹。

集賢大學士、榮禄大夫、太子詹事加授太子賓客[3]清苑郭貫篆額。

祠堂[4]之設，蓋思其人而不得見，故立像以想其平生，歲時蒸嘗，薦其馨香，格於[5]神明，其誠意之所感孚[6]，焄蒿[7]悽愴如或見之，此皆出於人心愛慕之誠而然也。然其德有厚薄之殊，故其祠之也有遠近之異，非可强求也。陝州夏縣，今爲晉寧之屬也[一]，乃宋朝司馬温國文正公之故鄉[二]。縣西三十里曰鳴條岡，即公之先塋。縣學之左，祠堂在焉。郡人祀之，香火不絶，於今三百年矣。兵燼之餘，堂故[三]在而像貌不存。皇朝延祐六年[8]，河東簽憲野仙不華公按臨至縣，拜謁祠下，仰而嘆曰："有堂而無其像[四]，於人何所瞻仰，其於[五]典禮蓋有闕焉。"縣尹李侯榮祖聞其言，退而謀於縣之耆舊[9]，皆曰："此固邑人日夜所不忘而不敢請者也。侯既有命，敢不竭力以從事。”於是施財命工，選日興役，不閲月而墂[六]像焕然一新。慶成之日，人大和會[10]，遠近聞者，相率而來觀之，莫不咨嗟嘆息如公復生，以手加額，至於流涕，不減前日自洛赴汴之時也。噫！盛德之入人心也如此哉。李侯又欲紀其事於石，因憲幕李君鸎以記文爲請，予謝不敏，不敢承命。既不得辭，乃爲之言。嗚呼！盛德之士不出於世久矣。是以功業若此其卑[11]也，其故何哉？譬之規矩準繩，必先自治而後治人，故民之從之也，莫不中心悦而誠服。身不治而欲治人難矣。自唐虞三代以來，皋、夔、稷、契[12]之爲臣，載於書傳者可考也。殷之伊尹、傅説[13]，周之抡畢公、邵公[14]其人，莫不以德稱於天下。降及兩漢，蕭、曹[15]之徒，起於刀筆[16]之間，考其平生，雖僅能取稱一時，然皆一切以就功名而已，非可以德化言也。寥寥至於三國，唯有諸葛忠武侯[17]一人而止爾。唐有陸宣公[18]，而不盡其用。至宋，而司馬公出焉。其人可不難哉？公之爲人也，篤學力行，清修苦節，左規右矩，罔不如禮，故言而君信之，行而民悦之。不用，則獨善其身；用之，則功利被於天下。牛童馬走[19]，無不知其姓名；敵國遠方，莫不畏其威德。此豈聲音笑貌之所能得哉！其德積之也厚，故其及之也遠爾。是宜天下郡邑，莫不祀之，以爲師法[20]，而况於桑梓之邦乎？然而邑宰有賢愚，故其祠有興廢，自非野仙不華公唱之，邑宰李侯和之，其功必不能成之如此之易也。今既完矣[七]，邑之人歲時祭享，來拜堂下，仰而瞻公清苦[八]嚴厲之容，俯而讀公所著《資治》之書，如公在世而親炙[21]之，莫不修身慎行，不敢爲非。風俗一變，皆爲君子之儒，此則邑宰李侯之意也，豈不美哉！請書此於石以俟[22]。

至治元年[23]月日。

承事郎[24]晉寧路夏縣尹、兼管本縣諸軍奥魯勸農、知渠堰事李榮祖立石。

忠翊校尉、晉寧路夏縣達魯花赤[25]、兼管本縣諸軍奥魯勸農、知渠堰事教化，晉寧路夏縣尉布達識禮。

忠翊校尉、晉寧路夏縣前達魯花赤、兼管本縣諸軍奥魯勸農事也先不花。

從仕郎、晉寧路夏縣主薄郭德明。

儒學教諭毛質同立石。

儒人田居敬摸勒。

太平李世英刊[九]。

【校勘記】

[一]《縣志》作“解州夏縣爲晉寧屬邑”。當依《叢編》。

[二]《叢編》“國”作“□”。《縣志》則省“文正”兩字，而後又衍一“也”字。

[三]“故”，《縣志》作“固”。

[四]《縣志》作“有堂而無像”，缺“其”。

［五］《縣志》無“其”。

［六］“墣”，《縣志》作“塑”。二者通。

［七］《縣志》自“噫！盛德之入人心也如此哉”至“今既完矣”删節未録。

［八］《縣志》作“清古”。當是。

［九］《縣志》自“至治元年月日”以下均略去未録。

【注釋】

［1］直學士：官名。唐門下省弘文館、中書省集賢殿書院皆設有直學士。宋設有直學士院，總閣、龍閣、天章諸閣皆置學士、直學士之官。元因之。

［2］資德大夫：未詳。

廉訪使：元至元二十八年，改諸道提刑按察司爲肅政廉訪司。肅政，唐御史臺别名。司置使一人，副使二人，僉事四人。以分司一人監臨各路。

［3］太子詹事：官名。秦漢有詹事，掌皇后太子家事。太子家令、丞皆屬詹事。唐置詹事府，有太子詹事、少詹事，掌統三寺十率府之政。宋、遼、金因之。

太子賓客：太子官屬。後晉惠帝選衛瓘等五人與太子經常往來，稱“太子賓客”。唐高宗時，正式定爲官員。掌調護、侍從、規諫。宋、元、明沿例設置，多以他官兼任。明時太子賓客與三師、三少，皆爲東宫大臣。

［4］祠堂：舊時祭祀祖宗或賢能有功德者的廟堂。

［5］格：感通。

［6］孚：浮露，付與。

［7］焄蒿：香氣散發。《禮·祭義》：“衆生必死，死必歸土，……其氣發揚於上爲昭明，焄蒿悽愴，此百物之精也，神之著也。”注：“焄，謂香臭也；蒿，謂氣蒸出貌也。”引申爲死亡。焄，音 xūn。

［8］延祐六年：即公元 1319 年。

［9］耆舊：故老，年老的舊好。

［10］和會：協和會同。《書·康誥》：“周公初基，作新大邑于東國洛，四方民大和會”。

［11］卑：微也。

［12］皐、夔、稷、契：古代名臣。皐，又作“臯”。即臯陶，傳爲舜之臣，掌刑獄之事。夔，音 kuí。傳爲舜之樂官。稷、契，見前注。

［13］伊尹：商湯之臣。名摯，爲湯之妻陪嫁之奴隸，後佐湯伐夏桀，被尊爲阿衡（宰相）。湯死後，孫太甲破壞商湯法制，伊尹把他放逐到桐宫，三年後迎之復位。一説伊尹逐太甲，自立七年；太甲還，殺伊尹。

傅說：殷相。相傳傅説（yuè）曾築於傅岩（今山西平陸）之野，武丁訪得，舉以爲相，出現殷中興局面。因得之於傅岩，故命爲傅姓。今平陸有傅説廟。聖人澗傳爲其遺迹。

［14］畢公：即周之始封之君，周文王之子畢公高。邵公：即周邵公。

［15］蕭曹：即漢開國功臣蕭何與曹參。

［16］刀筆：爲書寫工具。古代記事，最早是用刀刻於龜甲或竹木簡，有筆以後，用于書寫於簡帛上，故刀筆合稱。後又指寫成的文字，或主辦文案的官吏。這種主辦文案的官吏，也稱“刀筆吏”。

［17］諸葛忠武侯：即諸葛亮（181—234 年）。字孔明，爲蜀漢立下汗馬之勞。年五十四而卒。謚爲“忠武侯”。

［18］陸宣公：即陸贄（754—805 年）。唐蘇州嘉興人。大曆六年進士，德宗召爲翰林學士。朱泚之亂時從帝至奉天，詔書多出其手，時號“内相”。官至中書侍郎、門下同平章事。後爲裴延齡所譖，貶忠州別駕。避謗不著書，惟考校醫方，撰《集驗方》五十卷。卒謚“宣”。所作奏議數十篇，指陳時病，論辯明徹，爲後世所重。

［19］牛童馬走：掌牛馬的人。走，自謙之詞。意謂趨走之僕。司馬遷《報任安書》：“太史公牛馬走”，自謂掌牛馬的僕夫。這裏指最低層階級的人。

［20］師法：效法。

［21］親炙：即“親近而熏炙之也”。意謂親承教化。

［22］俟：音 sì。等待。

［23］至治元年：即公元 1321 年。

［24］承事郎：奉行職務的官。

［25］達魯花赤：蒙語，譯言掌印官。成吉思汗十八年初置。元代漢人不能任正官，朝廷各部、院及各路、府、州、縣均置達魯花赤，由蒙古或色目人擔任，以掌實權，而别置總管、知府、州尹、縣尹、提舉等爲達魯花赤之副。

【附録】

《叢編》：“按，《夏縣志》：‘温公祠一在學左。元延祐六年，河東僉事野仙不華暨縣尹李榮祖重繪神像，祭酒李稚賓記。’即此碑。碑言：河東僉憲野仙不華按臨至縣，拜謁祠下，嘆無像。李侯榮祖聞而謀於耆舊，於是施財命工，不閲月而塐像焕然一新。是祠像已毀，自榮祖修祠始爲之像。碑爲河東山西道廉訪使補化書丹，太子賓客郭貫篆額《元史·職官志》國初立河東山西道肅政廉訪司。貫，《元史》有傳，字安道，保定人，不言何縣。碑題“清苑”，可補史闕。貫以才行爲樞密中書掾累遷。至大四年，除禮部尚書、歷翰林侍講學士、淮西廉訪使。延祐二年，召拜中書參知政事本紀：是年十月庚辰貫參政。

明年升左丞本紀：五月庚申升左丞、集賢大學士本紀：九月辛丑。五年，除太子詹事本紀：四年十二月，置太子詹事。六年，加太子賓客，謁告還家。至治元年，復起爲集賢大學士，尋致仕。碑所列官，在請告後至治元年未起前。又河東僉憲，據《元史·百官志》，即肅政廉訪司僉事。碑末所列銜名，如夏縣達魯花赤、教化、尉布達識禮，前達魯花赤也先不花，主薄郭德明，教諭毛質，皆足補邑乘之闕。元晉寧路總管府領解州，州領夏縣，故《記》謂夏縣爲晉寧屬邑。其曰陜州夏縣者，宋夏縣屬陜，追述温公之生云爾。李稚賓，見《元史·王磐傳》：‘無子，命稚賓爲東平判官，以便養’。據碑，則延祐末爲集賢直學士，可補史闕。鳴條岡，《一統志》：‘在安邑縣北，與夏縣接界，一名高堠原’。《尚書》：‘伊訓造攻自鳴條’。《書》序：‘湯伐桀升自陑戰於鳴條之野’。《孔傳》：‘安邑縣西有鳴條陌，即此地也’。”

又，“司馬光　像記，碑高五尺，廣二尺四寸，二十四行，行五十字，正書。今在夏縣。”

重修司馬光祠記[一]

【簡介】

明弘治三年（1490年），吕柟撰。

《縣志·祠祀志》："明宏（弘）治三年知縣姜洪改建於學右。巡鹽御史初杲因舊祠隘陋，重建於縣治東南。吕柟爲記。"

碑文見《縣志·祠祀志》。

【碑文】

夫夏，迺宋司馬温國文正公故里也，墓在城西鳴條岡高堠里。高宗[1]南渡，子孫盡室遷浙之山陰、蜀之叙州[2]矣。元大德間，張式始祠公於夏學之左。延祐間，李榮祖作塑像，歲時有司致祭。然規制隘陋，歲久屋敝，至使先生像貌皆被雨淋漓。巡鹽潜江初公按部至夏，憤然興懷，見所居察院深邃，而松柏茂密，則曰："是非栖神[3]所耶？"即欲移祠先生焉。及與巡按馬公、清戎儲公會議[4]，遂改祠於縣治東北。其基南北二十有六丈，東西十丈。正廳五楹，前東西廡各三楹，廳之後正寢，一五楹，其東西廂各三楹。廳之南，中爲二門三楹，左右爲角門，各一楹。又南建坊，以爲大門，而周垣高廣，視舊祠殆[5]十倍焉。其費皆初公發縣贖罪金二百餘兩，他無所取，蓋恐厲民，非先生所安耳。外又考得官地水田九十畝，則以實簿正祭祀，將俟他日司馬氏後至而歸之也。且落成，公謂柟："宜有記。"而夏縣單君文彪，實受委理又懇問焉。於戲！先生之道感天人、存誠一者，蘇子[6]嘗言之。其致用之德，庶幾乎仁、明、武者。余嘗言之，昔者神宗謂左丞蒲宗孟曰："如光，未論别事，只辭樞密一節，朕自即位以來，惟此一人。"斯則天子慕之矣。先生自洛赴闕庭，衛士見之，皆以手加額曰："此司馬相公也。"民遮道[7]呼曰："公無歸洛，留相天子，活百姓。"所在數千人聚觀之，斯則國人慕之矣。海内傳誦以爲真宰相，雖田夫野老，皆號"司馬相公"，婦人孺子，亦知其爲"君實"，斯爲天下慕之矣。遼、夏遣使入朝，與吾使至虜中者，必問先生起居。及爲相，遼人敕其邊吏曰："中國相司馬矣，慎勿生事開邊隙。"斯則夷蠻戎狄慕之矣。豈非其所謂"誠一"、"仁明"之著邪，而況於至其邑里者哉！夫龍鳳之爲物，人固知敬且慕，平居則或談笑而道之，及臨其淵，撫其巢，龍鳳雖往，而傾羡注嘆之情，視平居尤甚也。夫夏，其司馬氏之淵巢乎？至其祠，有不動六陽[8]九苞[9]之懷者哉?！且初公至晉，即委栴校刊先生之《傳家集》矣。斯舉也，又非止臨淵巢而嘆龍鳳者也。里之英傑俊髦，宜知所向往而不可後矣。馬公名録，字君鄉，信陽人。正德戊辰進士。儲公名良材，字邦掄，襄陽人，丁丑進士。公則諱杲，字啓昭，嘉靖辛巳進士。蓋以巡鹽數至先生邑里者也。

【校勘記】

［一］據《縣志》擬。

【注釋】

［1］高宗：即南宋高宗趙構。

［2］叙州：本漢犍爲郡地。南朝梁置戎州。宋政和四年改爲叙州，元爲路，明爲府，屬四川。清因之。公元 1913 年廢。故址在今四川宜賓市。

［3］栖神：同"栖真"。道家以性命之根本爲真。栖真，謂保其根本，養其元神。這裏作"安神"，即祭祀司馬光神靈之處。

［4］會議：集衆議事。

［5］殆：近，幾乎。

［6］蘇子：即蘇軾。

［7］遮道：攔路。

［8］六陽：中醫診脉，有手三陽、足三陽六脉，叫"六陽"。六陽脉都集中在頭部。故俗語稱頭爲"六陽會首"。

［9］九苞：不詳。

耆英會圖并詩刻石

【簡介】

原刻於宋元豐六年（1083年）。司馬光撰并書，鄭集繪。明天啓六年（1626年）重摹。

《金石記》："宋耆英會圖并詩石刻，元豐六年，司馬光書。今在夏縣。《山右金石録》：圖者十二人，或行或坐或立，幅巾杖履，有蕭然世外之致。惟温公據案握管，以方撰《資治通鑒》故也。前有序及會約，後有諸人唱和之作，皆公自書。小楷端謹，惜多剥蝕，不能得其精神耳。繪者，閩人鄭集。此爲明天啓丙寅十八代孫露重摹，有記"。

《叢編》："耆英會圖并詩石刻，共七石，均高一尺一寸。第一石廣二尺五寸，三十一行，行十五字；第二石廣一尺七寸，二十八行，行字不等；第三石廣四尺五寸，繪景元等十六像；第四石廣二尺八寸，五十二行；第五石廣三尺八寸，六十六行；第六石廣一尺七寸，二十七行；第七石廣二尺一寸，三十五行，行均十七字。正書。今在夏縣"。

著録并碑文見《叢編》、《文集》（僅爲序）。

【碑文】

耆英會序

昔白樂天在洛，與高年者八人游，時人慕之，圖傳於世[一]。宋興，洛中諸公繼而爲之者再矣[二]，皆圖形普明僧舍，樂天之故第也[三]。元豐中，潞國文公留守西都，韓國富公致[四]政在里第，皆自逸於洛者[五]。潞公謂韓國[六]公曰："凡所爲慕於樂天者，以其志趣高逸也，奚必文[七]與地之襲焉。"一日，悉集士大夫老而賢者於韓公之第，置酒相樂，賓主凡十有二人[八]，圖於妙覺僧舍[九]，時人謂之"洛陽耆英會"。孔子曰："好賢如緇衣取其敝，又改爲樂善無厭也。"二公寅亮，三朝爲國元老，入贊萬機，出綏四方，上則固社稷、尊宗廟，下則熙百工、和萬民，爲天子腹心、股肱、耳目，天下所取，安所取乎[一〇]？其勳業閎大顯融，豈樂天所能庶幾？然猶慕效樂天所爲，汲汲如恐不及[一一]，豈非樂善無厭者歟？又，洛中舊俗，燕私相聚，尚齒不尚官。自樂天之會已然，是日復行之，斯乃風化之本，可頌也。宣徽王公方留守北都，聞之，以書請於潞公曰："亦家洛[一二]，位於年不居數客之後，顧以官守不得執卮酒在坐席，良以爲恨，原寓名其間，幸無我遺!”其爲諸公嘉羨如此。光未七十[一三]，用狄監盧尹故事亦預於會。潞公命光序其事，光不敢辭。時元豐[一四]五年正月壬辰，端明殿學士兼翰林侍讀學士、太中大夫、提舉崇福宫司馬光序。以上第一石。

武寧軍節度使、守司徒、開府儀同三司、致仕韓國公富弼彦國[一五]年七十九。

河東節度使、守太尉、開府儀同三司、判河南府、潞國公文彦博寬夫[一六]年七十七。

尚書司封郎中、致仕席汝言君從[一七]年七十七。

朝議大夫、致仕王尚恭安之[一八]年七十六。

太常少卿、致仕趙丙南正[一九]年七十五。

秘書監、致仕上柱國劉幾伯壽[二〇]年七十五。

衛州防御使、致仕馮行已肅之[二一]年七十五。

太中大夫、充天章閣待制、提舉崇福宫楚建中正叔[二二]年七十三。

司農少卿、致仕王慎言不疑年七十二[二三]。

宣徽南院使、檢校太尉、判大名府王拱辰君貺年七十一[二四]。

太中大夫、提舉崇福宫張閏昌言年七十[二五]。

龍圖閣直學士、通議大夫、提舉崇福宫張燾景元[二六]年七十。

端明殿學士、兼翰林侍讀學士、太中大夫、提舉崇福宫司馬光君實年六十四

會　約

序齒不序官；

爲具務簡素；

朝夕食各不過五味，菜果脯醢之類共不過二十器；

酒巡無算，深淺自斟，飲之必盡，主人不勸，客亦不辭；

逐巡無下酒時作菜羹不禁；

召客共用一簡，客注可否於字下，不別作簡；

會日，早赴不待速。右有違約者，每事罰一巨觥。以上第二石。

景元 南正 肅之 昌言 伯壽 安之 君從 寬夫 君貺 君實 彦國 正叔 不疑

温公十八世孫露立。以上第三石。

耆英會詩

富　弼：

伏承留府太尉相公就敝居爲耆年之會，承命賦詩，謹録上呈，伏惟采覽：

西洛古帝都，衣冠走集地。

豈謂名利場，驟為耆德會。
大尹吾舊相，曠懷輕富貴。
日與退老游，臺閣并省寺。
予慚最衰老，亦許預其次。
遂欲肖儀容，爛然形繪事。
閩嶠訪精筆，鮫綃布絕藝。
人復崇宴衎，聊以示慈惠。
幽居近銅駝，荒弊仍湫底。
塞路移君庖，盈車載春醴。
獻酬互相趣，歡虞不知止。
商嶺有四翁，晉林惟七子。
較我集諸賢，盛衰何遠爾。
並事實可矜，傳之為千祀。

弼竊覽長篇有“十二人中第二人”之句，又賦一絶上呈：

顧我年齡雖第一，在公勳德自無雙；
不惟行業終無敵，富貴康寧亦可降。

文彦博：

九老舊賢形繪事，元豐今勝會昌春。
垂肩素髮皆時彦，揮麈清談盡席珍。
染翰不停詩思健，飛斛無塵酒行頻。
蘭亭雅集夸修禊，洛汭英游貴序賓。
自愧空踈陪几杖，更容款密奉簪紳。
當筵尚齒尤多幸，十二人中第二人。

彦博伏覩公詩有“第一無雙”之句，輒成二十八字上呈：

洛下衣冠今最盛，當筵尚齒禮容優；
惟公福壽俱勳德，今是人間第一流。

彦博代簡上君貺宣猷：

勿愛大名名，遂忘西洛樂。
銅駝本自佳，金鳳亦不惡。
二月三月春融融，千花萬華紅灼灼。
公子早歸來，莫負花前約。
同賞狀元紅，更對劉師閣。

席汝言：

繫國安危唐上宰，功成身退漢留侯。
二公間暇開高宴，九老雍容奉勝流。
共接雅歡恩意洽，不矜富貴禮容優。
賞心樂事人間盛，豈謂今稀古莫儔。

壯歲塵埃祿仕牽，老歸重到舊林泉。
曾無勳業書青史，偶向康寧養老年。
自分杜門居陋巷，敢期序齒預公筵。
更慚形穢才涼薄，不稱圖真接鉅賢。

王尚恭：

端朝風望兩臺星，珪組參差又十人。
八百喬年餘總數，一千熙運遇良辰。
席間韻語皆非俗，圖上形容盡得真。
勝事主盟開府盛，誤容衰薄混清塵。
服許便衣更野逸，坐從齒列佀天倫。
二公笑語增和氣，夜久盤花旋發春。

趙　丙：

新春鼎浴燕英髦，主禮雍容下庶寮。
二相比肩官一品，十人華髮仕三朝。
星階並列瞻臺耀，樽酒時行挹斗杓。
東穎庸大最無狀，也將顔面趍嘉招。以上第四石。

劉　幾：

司徒碩德今無比，太尉殊勳固絶倫。
偶以莫年陪盛宴，喜將白髮照青峕。
八公秪有山空著，四皓當衰志且伸。
元老相望踈躓在，不應此會愧前人。

制舉省元推二相，龍頭昔日屬宣猷。
人間盛事並遐筭，一席幾盈九百籌。

馮行已：

書稱五福壽為先，有德人方得壽延。
自愧櫟樗非遠器，誰應齒發亦遐年。
立身官未三公貴，推老名陪二相賢。

喜把衰容模梵宇，慚無纖效勒燕然。
當時遭遇承陶冶，今日光榮預讌筵。
從此洛城增勝概，又新重作畫圖傳。

楚建中：

自顧頹齡七十餘，久慚頑鈍費洪爐。
歸逢大老耆年會，衰朽形骸愧畫圖。

二相謨猷爛史編，諸公才業過前賢。
好圖儀像傳來世，何事頑疎亦比肩。

王謹言：

相印貂冠爍六符，華顛高位侍臣俱。
不將官職夸鄉里，惟尚年齡入畫圖。
履道清歡追故事，佇瞻陰德見訏謨。
叨陪幾席真榮觀，珪璧叢中間珷玞。

王拱辰：

西都山水天下奇，神嵩景室環清伊。
甫申間氣秀不絶，生賢會聖昌明時。
衣冠占數盛文雅，臺符卿月光離離。
魏京雄奥壓幽朔，宸宫御府嚴天威。
膏田千里翳桑柘，犀甲萬旅馴熊羆。
公當緩帶名三鎮，懸赤繼軫承保釐。
追惟契遇最深舊，加復雍孟交旌麾。

仁皇一在龍虎榜，桂堂先後攀高枝。
宦游出處五十載，鸞臺驥路俱騰夷。
三公極位固遼隔，五年以長猶肩隨。
公今復主鳳門鑰，僕亦再撫銅臺圻。
二京相望阻河廣，三徑不克陪游嬉。
忽聞千步踵門至，投我十二耆英詩。
整冠肅貌諷章句，若坐寶肆羅珠璣。
為言白傅有高躅，九君結社真可師。
欲令千載著風迹，亟就僧舍圖神姿。
詞宗端殿序篇目，滂灑大筆何淋漓。

眷言履道靡充詘，兔裘近邑將營歸。
報云繪素得精筆，願列霜壁如唐規。
退居舊相國元老，十年還政洛之涯。
康寧富貴備五福，靈寶盛氣如虹霓。
昔年大對繼晁董，登科賜第同一期。
紫垣步武既通接，金莎里閈還鄰比。
探禪論道劇訓對，摩軋太古窮天機。
二賢勳業冠朝省，爵齒宦學誰依稀。
今將圖畫表來世，詎可下客聯纓緌。
既蒙月品定人物，不敢循避違風期。
況承開閤厚賓客，富有景物佳園池。
銅駝坊西福善宅，修竹萬箇籠清漪。
天光臺亭未百尺，下眺林嶺如屏帷。
花王千品盡殊勝，風光綉畫三春暉。
六相街中潞公第，碧瓦萬木烟參差。
左隅廟室本經禮，右閣宸翰尊星奎。
婆娑青鳳舞松栝，焕爛素錦薰酴醾。
石渠飛溜漱寒玉，晝夜竽瑟鳴階墀。
伊予陋宇治窮僻，姑喜地廣為環溪。
樓名多景可曠望，臺號風月延清輝。
四時花蒻不外假，挐舟傲幘聊嬉怡。
懷歸撫事若饑渴，恨無羽翼西南飛。
人生交舊貴倫輩，情親意接心相知。
豈無晚秀負才藴，高談大笑拘禮儀。
洛中故事名義燕，二毛第一年相推。
濯冠登仕荷天寵，尊君報國當百為。
既嗟大耋盍知止，納禄謝事皆所宜。
顧方北道倚煩劇，未許解紱披荷衣。
長篇不令負花約，為指風什歌式微。
如羹甘露爽心骨，佀柄玉麈親顔眉。
蘭叢雖未長羅宅，菊英似亦思陶籬。
子山已著小園賦，彦倫猶愧鐘山移。
聊攄短引謝招隱，肯使猿鶴常驚啼。以上第五石。

張　問：

槐庭二老樂堯仁，盛集高年洛水濱。
華衮具瞻雖禮絶，白頭序齒却情親。
清閑幾席同禪院，山野巾裘似隱淪。
尊酒椒香纔過節，池塘草色已催春。
白公酣唱吟哦内，衛武康强笑語頻。
豈獨丹青傳不朽，潛欣風俗欲還淳。
芝田鶴戲調形健，蓮葉龜游納息勻。
商皓寂寥拘小畜，漢疏局蹙止家人。
莫因氣貌凝丹竈，自有光陰寄大椿。
復得兼謨為重客，恐遺元爽在編民。
神仙可學今方信，道術相忘久益真。
滿座交歡祝眉壽，群生五福託鴻鈞。

張　燾：

洛城今昔衣冠盛，韓國園林景物全。
功在三朝尊二相，數逾九老萃群賢。
當時鄉社為高會，此日俱留許款筵。
多幸不才陪履舄，更慚七十是新年。

司馬光：

洛下衣冠最惜春，相從小飲任天真。
隨家所有自可樂，為具更微誰笑貧。
不待珍饈方下箸，祇將佳景便娱賓。
庾公此興知非淺，藜藿終難作主人。

作真率會，伯康與君從年七十八歲，安之七十七歲，正叔七十四歲，不疑七十三歲，叔達七十歲，光六十五歲，合五百一十歲，口號成詩，用安之前韵：

七人五百有餘歲，同醉花前今古稀。
走馬鬥鷄非我事，紵衣絲髮且相輝。

經春無事聯翩醉，彼此往來能幾家。
切莫辭斟十分酒，僅從它笑滿頭花。以上第六石。

耆英會圖，司馬文正公居洛日，與一時名碩相會遺迹也。諸公各繪一卷，傳之子孫，且《序文》、《會約》皆司馬公親筆，迄今手澤存焉。公十八世孫子霈先生懼其久而或湮，鐫石以期不朽。拙逸子過而覽之，低徊不能去。因語及公之所以不朽者，夫人惟誠無息，惟真不滅，堯舜之心至今在，此真此誠也。個個人心有仲尼，此真此誠也。失誠則僞，漓真則妄。僞與妄不克終日。公之學曰“誠”，其會友也曰“真”。曰誠曰真，千古萬古。我輩自反寸心，苟得所爲真且誠者，儼與公等會晤一堂也。子霑君以寒素青衿，曩立公像，梓《年譜》，今又勒《會圖》，刻《家範》，可稱賢裔矣。倘由此仰公之像，更欲傳公之神；讀公之書，更欲肖公之心。則真、誠二字正一，點滴骨血也。鼻祖耳孫後先合符，不尤賢哉！不尤賢哉！爰述所言，附勒於左。

涑水後學拙逸裴鶴章拜手題。

先文正公洛社耆英會序約，屬先公手筆，畫工閩人鄭奐可奪天巧，一時盛事，千古奇珍。開國伯侍郎公奉圖扈蹕南遷，遂家浙之山陰，遞傳世守，距今五百餘祀。先孝廉君奉先人遺命，完璧歸故里，每於讀書之暇，焚香啓匭，曝之、簽之、什襲之，間出以示諸名公，諸名公必曰：“時久弗珍，得無有恙耶？詩曰：申錫無疆，子孫保之。”咸諄諄三致其語。不肖露即未能如先人固護周惜，又豈能必吾世世子孫能保其無虞耶？露所爲惓惓深懼，因倩善書繪摹、勒登之堅珉者，敢徒以資目玩，而彰遞守，實用以勤仰，止求世德，保舊物而詔方來耳。　天啓丙寅上元日。

十八世孫露盥手薰沐謹識。

十九世孫嘌、崍、嶧、巆、嵛、岐立石。

杜國卿摹。

裴吉利鐫。以上第七石

【校勘記】

［一］《文集》作“爲九老圖傳於世”。

［二］《文集》爲“……凡再矣”。

［三］《文集》“樂天之故第也”句前另有“普明”二字。

［四］“致”，《文集》作“納”。誤。

［五］《文集》爲“自餘士大夫以老自逸於洛者，於時爲多”。

［六］《文集》無“國”。

［七］“文”，《文集》作“數”。

［八］《文集》作“十一人”。誤。

［九］《文集》本句作“既而圖形妙覺僧舍”。

［一〇］“乎”，《文集》作“平”，於上下文意不通。

［一一］《文集》作“弗及”。

［一二］《文集》作“某亦家洛”。

［一三］《文集》作“光未及七十”。

［一四］《文集》無“元豐”二字。

［一五］《文集》作“武寧軍節度使、守司徒、開府儀同三司、致仕韓國公富弼、字彦國”。

［一六］《文集》作“河東節度使、開府儀同三司、守太尉、判河南府兼西京留守司事潞國公文彦博、字寬夫”。

［一七］《文集》作“司封郎中、致仕席汝言、字君從”。

［一八］《文集》作“太常少卿、致仕王尚官、字安之”。

［一九］《文集》作“太常少卿、致仕趙昺、字南正”。

［二〇］《文集》作“秘書監、致仕劉幾、字伯壽”。

［二一］《文集》作“衛州防御史、致仕馮行已、字肅之”。

［二二］《文集》作“太中大夫、充天章閣待制、提舉崇福宫楚建中、字正叔”。

［二三］《文集》作“司農少卿、致仕王謹言、字不疑，年七十五”。

［二四］《文集》無。據史載，洛陽耆英會共爲十二人，若加上《叢編》所例“宣徽南院使、檢校太尉、判大名府王拱辰（字）君貺”，則爲十三人。

［二五］《文集》作“太中大夫、提舉崇福宫張問、字昌言，年七十一”。

［二六］《文集》作“龍圖閣直學士、提舉崇福宫張燾字景元”。

【附録】

《叢編》：“按，《耆英會序》見《温公集》、《寰宇訪碑録》。耆英會圖并詩，富弼等十二人作，司馬光撰，元豐五年正月。明天啓中刻。據碑後題，此爲司馬公親筆。公十八世孫露鐫之於石。序後列諸人名氏官閥。富弼、文彦博、馮行己、楚建中、張問、張燾均有傳，見《宋史》。王尚恭，《温公集》作王尚官，趙丙作趙昺，王慎言作王謹言。序有‘宣徽王公方留守北都，以書請於潞公，願寓名其間。’以《通鑒長編》考之，元豐三年九月丙戌，判大名府。文彦博判河南、判應天；王拱宸判大名。元豐元年十月，拱宸自宣徽北院使遷南院使，宋人以府州爲差遣宣徽，其加官也。六年三月，拱宸加安武節度使，再任。序撰於元豐五年，拱宸銜爲宣徽南院使、判大名府。在未加安武前，與《長編》合。富弼結銜爲致仕韓國公，《宋史》、《長編》并同自鄭國進韓。而宋人著述多稱鄭公，不曰韓公。《宋史》彦博傳：在洛與富弼、司馬光等十三人，用白居易‘九老會’故事，置酒賦詩相樂，序齒不序官，爲堂繪像其中，謂之‘洛陽耆英會’，好事者慕之。即本此序。《宋詩紀事》：劉幾，字伯壽，洛陽人，第進士。神宗朝官秘書監，致仕上柱國、通議大夫。《風月堂詩話》：劉伯壽，洛陽九老之一也。築室嵩山玉華峰下，號‘玉華庵主’。有妾名萱草、芳草，皆秀麗，善音律。伯壽出入乘牛、吹鐵笛，二草以蘄笛和之，聲滿山谷。出門不言所之，牛行即行，牛止即止。其止也，必命壺觴盡醉而歸嵩前，人以爲地仙云。王尚恭詩下有自注：‘燭下盤花開，公即指目焉。’劉幾詩下有自注：‘十二老，共八百九十二歲。’碑見《通志·金石記》。”

【附一】

司馬温國公祠墓記

祠在縣城學宫左。公像：幅巾方袍[1]，清剛之體，眉目如生。右有碑，刻笏冕立像；左有碑，刻儒服立像。自題云："黄面霜鬢細瘦身，從來未識漫相親；居然不肯市朝住，骨相天生林野人"。正庭三楹，前爲"忠清粹德"坊，又前爲温公講堂五間，祠門亦有舊坊。院右有屋十餘間。祠中古柏四十餘株，逾於合抱。出西門，計二十五里，墓右祠堂一所，祀公四代，額曰："崇賢"。明嘉靖間，巡按御史曾公舜漁重修。中供神像：公考天章公面南，其東公兄伯康文忠公，西則文正公也。東姿爲公之子司諫公，西奥爲文忠孫尚書忠潔公。皆衮冕[2]巍峨，道貌[3]可欽。懸一聯云："父子祖孫聚一堂，儼若生前對話；禴祠蒸嘗[4]舉三獻[5]，依然膝下承歡"。院東，則巡按御史高安朱公實昌《修復温公碑祠記》，修撰高陵吕公柟撰，嘉靖二年五月立。又，巡按山西康公，動用支剩綱銀五十兩，買地三十畝零，給奉祀生員司馬露管業碑記，其碑萬曆三十五年閏六月立。康熙四十三年河東巡鹽御史劉公子章《重修祠堂碑記》，竪於東階。院西有《司馬故里坊碑記》，嘉靖二年即巡按朱公實昌撰。又，《司馬温國文正公祠碑》，萬曆戊申三月翰林編修、蒲坂韓公爌撰。院東西古柏各六七棵，皆蒼秀絶倫。祠前爲敕賜餘慶禪院，宋元豐間建，至今僧人守墓。山門已頹壞，蔽以墻，從祠前轉入禪院。祠之西稍後，有屋三楹，奉温公石刻小像。金皇統間，夏令朝散大夫王公廷直所建。乃取章惇毁《神道碑》斷石，斫[6]爲六塊，横刻字，嵌壁間，今所存爲五石，而御篆碑額，因嘉靖時重鐫碑取用，其屋亦傾圮未修，事詳錢宗伯記。再西百餘步，歷坂而登，即温公墳塋也，屹峙三塚，並高四丈餘。向南上天章公，右文忠公，左稍下爲文正公。而文正公墓頂，有古柏挺生若獨異者。地曰鳴條岡，望之頗高，履之則平。祭臺下周圍數百步墓門外，方圓平曠，可置萬家。左右峰嶺回抱奔赴，極自然之勢；後爲稷山擁護，後稷教稼處也。前則三峰突起，嶷厚均停[7]，儼若幾案横陳，冠裳拱揖，土人謂之"三臺峰"。又前，瑶臺對照，嶙峋特拔，朗朗如玉。其外爲中條山，千嶂森立，而涑水源出絳州，由聞喜縣南關石橋下至夏縣水頭，去墓道亦不遠。塋地延袤百餘畝。文正公墓東稍下，有一大塚，無碑記，不可辨識。又下有五塚，一碑衛尉卿浩，一碑比部郎中諮，俱文正公撰；一碑都官郎中沂，王介甫撰。一碑模糊，并植於墓外，亦不能確指其爲某祖某墓也。其西有十一穴，皆歲久低塌，蓋當年朝廷大葬温公，葬於晁村祖墓之側，此塋歷世久矣，後經子姪南遷，遂不復記憶其勢使然，是可深慨也已。墓前後古柏共百株，華表[8]、翁仲[9]、石獸等物，亦皆殘缺。文正墓之石臺下，有前令某公《老杏記》一碑，字半漫滅，其周圍墻垣，幾及三百堵，乃許侯新築。墻門外右，缺一柏樹，餘命姪衍補種之。又墓前水不環繞，余既捐三十金，命晁村民開西溝以補之。神道東約半里許，則《忠清粹德之碑》，巍然在焉。明巡按朱公購巨石重刊其碑，樓今許侯暨各大僚捐修，高五丈餘，照耀遠近，無異元祐規模。余另有記。再前一坊，椽瓦大半傾圮，其徑通餘慶禪院。當時往祠墓之正路，故建坊於此。惟征東墓去西一里，解元墓去東三里。征東大將軍陽，晉安平獻王裔，後魏時來夏，實爲始祖。其墳已漸微，碑碣僕没，尚有祖墓六七穴，亦塌毁。千年老柏六七樹，屢被剪伐，孤榦凋殘，頂發一枝獨秀。其墓前地，皆爲族人耕種，余亟止之。此城鄉祠墓古迹之大略也。

[文見《縣志·輿地志》“古蹟”（節略）司馬灝文撰]

【附二】

司馬氏先塋

“宋司馬氏先塋，在縣西三十里鳴條岡，十數塚尚存。又有温公遠祖大將軍司馬陽墓，在公墓東南半里許，石獸猶存。”

[文見《縣志·輿地志》“古蹟”]

【附三】

温 公 祠

“温公祠，一在學左，縣尹辛邦彦建。元大德間縣尹張式重修，侯均記。延祐六年，河東簽事野仙不華暨縣尹李榮祖重繪神像，祭酒李稚賓記。明宏（弘）治三年，知縣姜洪改建於學右。巡鹽御史初杲因舊祠隘陋，重建於縣治東南，吕柟爲記。國朝雍正六年，縣令許日熾重修。會稽後裔、沁州牧灝文賫金二百餘襄其事。光緒二年，知縣林本象重修，計祠堂三楹，左右耳房各三楹，左右齋房各三楹，堂下東西齋房各五楹，屏門一楹，正廳五楹，内藏碑碣。東西房各三楹，前廳五楹。中爲大門，外建牌坊一座。光緒二年，縣西郭村生員王肇基捐上王村地三十畝，收租備祭，歸邑紳經理。”

“一在縣西鳴條岡高堠里墓旁，後圮。乾隆二十七年縣令李遵唐移建於墓左餘慶禪院右。祠堂五楹，左右廊各五楹，‘崇賢’坊一座。規模宏敞，輪奂聿新。募修者餘慶禪院僧體元。”

［文見《縣志·祠祀志》“祠”］

【附四】

積德事狀

"司馬氏之先，本程伯休父之後。秦漢以上，世系綿遠，不可考矣。晉安平獻王孚，出封河內。唐、宋間，徙居夏之高堠里。故文正公封温國。上自天章，以至高、曾，皆如其官，系所自也。公子康，生植，植生伋，官禮部侍郎，扈從至越，子孫皆從之。未幾，卒於行寓，卜葬山陰之亭山。時方流離，其從行者，因家弗克，即還焉。至元之世，隱處草茅，亦不獲復至夏矣。迨我國朝，褒崇道學，既使從祀孔廷，仍録其後，百凡繇差，不使與編氓伍。訪之，夏無人焉。乃移文于浙，有司遵守如故。十一世孫竹，上請立廟專祀，蓋始有瞻依矣。竹之子恂，發解京闈，初任禮科給事中，封王潞州，獲一展墓。從弟軫，時在國子助教，欲與俱來，弗得。其子亜，以行人至焉。意猶未愜，復命次子埰入夏，取裴女，補邑庠生，以守祠墓。不久，埰以軫喪去，遂不果來。又數十年，相筮仕刑曹。丙戌冬，奉命決獄畿輔，馳入灑掃。自恂及相，凡四至耳。蓋水木本源，亦皆在念，但天各一方，艱難迢遞，此涑水、稽山，空望南北，而累累世塚，列叢棘中。士大夫過之，有'雲仍已盡'之嘆矣。嗚呼，可不爲之寒心哉！邇惟文運日昌，當道者懋隆，崧祀佳城，改觀神樓，儼若相始瞻拜，誠歿存所均感也。伋贈開國伯，宣議大夫，數傳而以八音紀名。至相，則從'木'，而八音始盡，上距温公凡十有五世矣。即今見存食指，在紹興及遷改廣右貴陽者，不過百數計，殊未蕃衍。恂，别號'白賁'，官國子祭酒，兼詹事府詹事。軫，别號'端齋'，終於助教。亜别號'思庵'，提學南畿，終於福建副史。埰，未第，卒。國朝以官守弗得至者，曰符、曰垚、曰學、曰公輊，皆鄉貢士也。相灑掃還僉，謂不可無紀，姑紀其事如此。"

［文見《縣志·藝文志》"文"司馬相撰］

【附五】

司馬氏後裔

“舊《志》：知縣高奎論曰，按，宋季，金虜挾温公姪孫兵部侍郎朴北去，悉取其孥，趙忠簡爲匿其長子倬於蜀，因家叙州。後高宗南渡，公曾孫吏部侍郎伋從遷，因家會稽。並夏縣之族，分爲三矣。宏（弘）治間，舊志謂公之子孫舉家自夏南遷，殆未之深考也。在夏子孫，今時猶有存者，王廷直《重立温公神道碑記》可見。迨元季，不知所終。在越者，元時隱居不仕。入國朝，自恂至相，凡四至夏，如《積德什》所云。相將還夏定居，以在獄事執法忤當道，解組弗果。相子曰初，登嘉靖癸丑進士，擬成先志，筮仕巴陵，卒。相之季子祉、初之子暐、晰，賫公影神、誥敕，並公手筆《耆英會圖》，狀元涇野吕公，手書送相還京，積德之什，諸名公題咏手卷，自浙來夏，蓋遵相之遺意也。晰至夏，營田宅，締子女婚姻，爲定居計，且白諸當道，修祠墓，舉廢祭，而夏復有司馬氏焉。若冥冥中無德之積，安能使十六七世之雲礽，不遠數千里，間關抵夏，而綿其蒸嘗若是乎？”

[文見《縣志·藝文志》“文”]

【附六】

祭司馬光文

故贈太師追封温國公司馬光安葬祭文

宋·趙 煦

嗚呼！元豐之末，天步維艱。社稷之衛，中外所屬。惟是一老，屏予一人。名高當世，行滿天下。措國於太山之安，下令於流水之源。歲月未周，紀綱約定。天若相之，又復奪之。殄瘁不哀，古今所共。知之者神考，用之者聖母。馴致其道，太平中期。長爲宗臣，以表後世。往奠其葬，庶知予懷。

[文爲蘇軾代筆，見《蘇軾文集》]

祭司馬君實文

宋·蘇 軾

左僕射贈太師温公之靈：

嗚呼！百世一人，千載一時。惟時與人，鮮偶常奇。公事仁宗，百未一施。獨發大議，唯天我知。厚陵之初，先事而規。帝欲得民，一導無私。母子之間，莫如孝慈。人所難言，我則易之。神宗知公，敬如筮龜。專談仁義，輔以書詩。枉尺直尋，原公少卑。公曰天子，舜禹之姿。我若言利，非天誰欺。

退居於洛，四海是儀。化及豚魚，名聞乳兒。二聖見公，曰予得師。付以衡石，惟公所爲。公亦何爲，視民所宜。有莠則鋤，有疾則醫。問疾所生，師老兵疲。和戎上策，決用無疑。此計一定，太平可基。譬如農夫，既辟既菑。投種未粒，矧獲而炊。賓客滿門，公以疾辭。不見十日，入哭其帷。天爲雨泣，路人垂涕。畫像於家，飲食必祀。矧我衆僚，左右疇咨。共載一舟，喪具緝維。終天之訣，寧復來思。歌此奠章，以侑一卮。嗚呼哀哉。尚饗！

［文見《蘇軾文集》］

祭司馬温公文

宋·范純仁

嗚呼！天祚有邦，畀之元龜。篤生我公，爲世父師。夷齊之清，淵騫之德。子産之惠，叔向之直。人擅其一，居以成名。公□衆德，乾乾不寧。九流百家，金匱石室。鉤索沉隱，裁其失得。根抵治亂，經綸皇極。作爲文章，有書秩秩。玄圭大衷，望之蕭然。冬暘夏水，赴者爭先。仁英兩朝，鍠鍠厥聲。國有正人，折姦於萌。荏染柔木，求直於繩。我公盡規，君心則寧。烈烈神考，體貌有德。公獻有可，巖巖翼翼。言有未用，不敢受爵。深衣幅巾，歸休於洛。君則休矣，四方顒顒，君子野人，洎於他邦。聞風懷歸，於父於兄。天施不濟，惑怨寒暑。公獨何施，四海一譽。元豐二年，國有大事。穆穆文母，宥我麟趾。爰立作相，媚於神人。我公在庭，其重萬鈞。士賀於朝，民歌於廛。農慶於野，兵休於邊。燠爾慄寒，養其饑孱。無痏於饑，無休於田。培其本根，枝葉則茂。豈曰我作，憲章惟舊。於赫聖者，左右上帝。休公於家，實遺聖子。卷耳思賢，夙夜周京。不惑不疑，成此太平。公之去來，人之戚嬉。帝之從違，豈人事耶？天實爲之。純仁不才，辱公之深。人之相知，貴相知心。惟公我知，洞達表裏。採其所長，謂或可使。申結義好，丘山不移。匪我則然，公實取之。泚泚清洛，獨樂之園。嘉華春敷，修竹瘦寒。清酌修然，我招我從。琅琅嘉言，有銘在躬。朝偶乏人，備位樞機。入與國論，獲親風規。六七年間，爲益不貲。私祈白首，從公以歸。憂勞傷生。公既遘疾，庶幾有瘳。卒相王室，國祠既誓。公以喪聞，我心之悲。不獲至門，入哭於室。公既大斂，終天之情，不一見面。人生有死，如旦夜耳。曾子將歿，知免而喜。公身既修，公志既畢。既壽令終，無有其失。有如公者，古今萬一。任重道遠，税駕兹日。庶幾念此，以紓我悲。猶有鬼神，實聞我辭。

［文見康熙版《夏縣志·藝文》］

祭司馬温公文

宋·程　頤

嗚呼！公乎誠貫天地，行通神明。徇己者私，衆口或容於異論；合聽則聖，百姓曾無於間言。老始逢時，心期行道，致君澤民，雖有志而未終，救弊除煩，則爲功而已大。何天乎之不弔斯人也，而遽亡。普天興殄瘁之悲，明王失倚毗之望。如其可贖，人百其身。死生既極於哀榮，名德永高於今古。藐兹羸老，夙被深知，撫官序哀，聊陳薄奠。

［文見康熙版《夏縣志·藝文》］

温公祠告文

明·司馬恂

維景泰四年六月十六日，十二世孫恂致祭於宋太師温國文正司馬公曰：人之有祖，猶木之有本，水之有源也。本之大者，其未必茂；源之深者，其流必長。烈烈我祖，起宋中葉。爲世巨儒，有功聖門；職當揆路，有功社稷。立言垂□，□功萬世。聲名振動於夷夏，恩澤滲漏於子孫。是以瓜瓞綿綿，愈久不替。奈何播遷江南，去遠宗國，而於我祖之□□不能修，而追遠之禮不能舉。此恂等爲子孫者之罪□□，而水木本源之念未嘗忘於心，而涑水嗚傺未嘗不□□於懷。恂之父庭芳，已嘗請於上建祠宇於山陰，像我祖□奉祀之矣。恂也不肖，忝官朝著，奉使於潞，遂得請命恭謁祠下，奠我一觴，陳我心曲，拜瞻德容，悲喜交集，然又拘以法制，不可久留，明當辭去豈勝戀慕。尚饗。

［文見康熙版《夏縣志·藝文］

祭温公墓文

明·司馬垔

維成化十年歲次甲午八月癸未朔初七日己丑，十三世孫賜同進士出身、行人司行人垔，謹潔牲醴，庶修致祭於文祖宋太師温國文正公曰：

於皇昊天，降福下民。篤生文祖，秉德之純。維我文祖，天與周還。自强不息，轉坤回乾。維宋之祚，幾絶而繼。亦既絶只，復偏以系。曰誰使然，文祖之德。文祖在天，宋享其澤。豈徒宋人，功在萬世。廉貪□薄，久益無弊。嗟予小子，獲續文傳。仰鑽之功，實自幼年。□我文祖，爰錫繁祉。既壯而仕，爲世所齒。兹承朝命，出□□邊。乃得潔觴，恭奠墓前。穹窿佳城，文祖在兹。精神在天，□余之思。小子孱弱，朝夕敬守。順於文祖，求善厥後。况我□父，規畫素成。文祖相之，歆兹明誠。

［文見康熙版《夏縣志·藝文》］

祭温公墓文

明·司馬相

維嘉靖六年歲次丁亥春正月己卯朔越三日辛巳，十五世孫刑部主事相，謹以牲醑香帛之奠，致祭於宋太師司馬温國文正公之神曰：

維公精誠貫天地，而出處一節；孝行昭神明，而不可磨涅；勳業映古今，而丹青爲烈；清白□子孫，豈容迹熄而澤竭。公嘗言“積德冥冥之中，以爲子孫長久之計”，而今歷數百年，更十餘世，何一綫之相承，僅綿綿而不絶。公平生不喜釋老，而今守祠墓者，一二□□，歲奉頻繁；而子姓南遷，未有振世之傑。嗚呼！鳴條之陽，涑水洋洋。安平世系，彼天一方。鞅掌王事，灑掃松楸，其在根之蹇劣也耶。嗚呼，尚饗！

[文見康熙版《夏縣志·藝文》]

司馬光塋祠碑誌的價值及意義

司馬光，作爲我國歷史上一位重要人物，有關他的文獻史料自然不少，研究者歷來也很多。不過，遺憾的是，至今完好保存在他的塋祠以及地方史乘中的許多相關石刻文獻，却很少有人整理，以至往往被人遺忘或忽略。碑誌爲石史，是正史的外史。其中蘊藏着豐富的歷史文化内涵，涉及社會政治、經濟、文化、藝術等方方面面，説它是一部古代社會的“百科全書”，亦不爲過。因此，司馬光塋祠所遺存的這批碑誌文獻，也應視作我們研究司馬光及其相關問題的一份珍貴史料。根據整理過程中的感受與體會，筆者試就其價值和意義作以初步探討，以供同道參考，誠望方家指教。

爲便於行文，我們首先來看看司馬光塋祠碑誌的概況。

據清光緒版《夏縣志》記載，在司馬光的故里，其主要紀念地有兩個地方，一爲縣學之左的“温公祠”（已毁），一爲縣西鳴條岡上的塋地並祠堂。筆者文中所稱的“塋祠碑誌”，即分屬這兩個地方。

據搜集整理，目前所見和所知兩地現存與散佚（包括未出土）的碑誌，共五十一通（碑陽碑陰均刻文字但内容不同者按二通統計）。其中，現存者三十六通，均在今塋祠；散佚者十五通，今塋祠和縣城内原“温公祠”各有。時代始自北宋，迄至民國。其中宋碑現存者七，散佚者十；金碑現存者二，散佚者一；元碑現存者二，散佚者二；明碑現存者十，散佚者二；清碑現存者十；民國碑現存者三；無年或年、月、日俱無但仍存者二。碑誌的内容涉及政治、典章、人事、建築、地畝、祭祀等等（見下表1—2）。

司馬光塋祠現存碑誌一覽表1

序次	碑志簡稱	時代	内容	備注
1	司馬炫墓碑	宋景祐三年（1036年）	生平事蹟	
2	司馬池輓詩	宋嘉祐元年(1056年)	緬懷悼念	
3	司馬沂墓表	宋嘉祐元年(1060年)	生平事蹟	
4	司馬諮墓表	宋熙寧三年(1070年)	生平事蹟	
5	司馬浩墓表	宋熙寧八年(1075年)	生平事蹟	
6	敕賜餘慶禪院	宋元豐八年(1085年)	請建墳寺餘慶禪院并賜額	
7	牒司馬康	宋元祐元年(1086年)	准餘慶禪院剃度行者	刻於碑6之陰

序次	碑志簡稱	時　代	內　容	備　注
8	摹刻柳氏家訓	金皇統九年(1149年)	戒子弟節儉	
9	重立司馬光神道碑記	金皇統九年(1199年)	《神道碑》被仆與重刊經過	
10	謁司馬光墓詩	元至正四年(1267年)	緬懷悼念	
11	司馬光神道碑	元至正十二年(1352年)	生平事蹟	四石
12	老杏圖詩	明正德十五年(1520年)	贊頌護衛被仆《神道碑》的老杏樹	
13	忠清粹德之碑	明嘉靖二年(1523年)	同碑11	
14	修復司馬光碑祠記	明嘉靖二年(1523年)	修祠堂、建廊廡、安神像、復宋碑	
15	司馬故里坊記	明嘉靖二年(1523年)	建"司馬故里"坊	
16	謁司馬光祠詩	明嘉靖四年(1525年)	緬懷悼念	刻於碑14之陰
17	謁司馬光祠墓詩并序	明嘉靖四年(1525年)	緬懷悼念	刻於碑15之陰
18	司馬光像贊刻石	明嘉靖八年(1529年)	司馬光深衣小像一幅,并《自題寫真》詩	
19	薛瑄像贊刻石	明隆慶五年(1571年)	薛瑄像一幅,並《臨終口號》詩	刻於碑18之陰
20	司馬光祠碑	明萬曆三十六年(1608年)	修祠堂、治塋封、置田地等	
21	司馬光祖塋周垣記	明萬曆四十二年(1614年)	修築塋垣	
22	重修司馬光祠堂碑記	清康熙四十三年(1704年)	重修祠堂	
23	臨濟宗序贊	清乾隆四年(1739年)	臨濟宗承襲關係及修正殿、創建觀音客等	
24	重修水口碑記	清乾隆五年(1740年)	雍正、乾隆間兩修青龍溝水口	碑陰刻復修後土廟記
25	重修餘慶禪院記	清乾隆十一年(1746年)	修佛殿、墳門等	刻於碑23之陰
26	餘慶禪院妝聖像記	清乾隆十一年(1746年)	募捐金飾禪院神像	碑陰刻捐助花名
27	歸暘并張謙墓序	清乾隆二十八年(1763年)	記歸暘、張謙因慕先賢而卜居、從葬於墓地之側	
28	司馬光香火院碑記	清乾隆三十八年(1773年)	僧人與司馬後裔爭産業判決書	陽、陰兩面
29	移建司馬光祠堂記	清乾隆三十九年(1774年)	移祠於墳、寺之間	碑陰刻捐助花名
30	重刊禮祀先賢事碑	清同治十一年(1872年)	置奉祀地畝及其坐落、四鄰、長闊等	原刻於明萬曆三十五年
31	重建忠清粹德樓記	清同治十一年(1872年)	修碑樓並彩繪神像、正殿等	刻於碑30之陰
32	重修餘慶寺記	民國三年(1914年)	修葺寺院齋房、神閣、墻垣、彩繪神像等	碑陰刻布施花名
33	陳文恭格言碑	民國十一年(1922年)	處世箴言	
34	謁司馬光祠詩	民國十四年(1925年)	緬懷先賢	
35	香花供養司馬光	元年有日	詩	
36	司馬光墳地界石	無年、月、日	僅十字	

司馬光塋祠散佚碑誌一覽表 2

序次	碑誌簡稱	時代	內容	備注
1	司馬池碑銘	宋慶曆二年（1042 年）	生平事蹟	文載《縣志》
2	司馬沂墓誌銘	宋嘉祐六年（1061 年）	生平事蹟	文載《司馬温公文集》
3	司馬里墓誌銘	宋治平三年（1066 年）	生平事蹟	文載《司馬温公文集》、《縣志》
4	司馬宣墓誌銘	宋熙寧九年（1076 年）	生平事蹟	文載《司馬温公文集》、《縣志》
5	司馬光妻張氏墓誌銘	宋元豐六年（1083 年）	生平事蹟	文載《司馬温公文集》
6	司馬光墓誌名	宋元祐元年（1086 年）	生平事蹟	文載《縣志》
7	修墳記	宋元祐元年（1086 年）	奉詔爲司馬光修墳治壙	文載《縣志》
8	忠清粹德碑樓記	宋元祐三年（1088 年）	奉詔修建《神道碑》樓	文載《縣志》
9	布衾銘刻石	宋元祐三年（1088 年）	范純仁銘、光書以示子孫，俾節儉	文載《山右石刻叢編》、《縣志》
10	司馬康墓誌銘	宋元祐五年（1090 年）	生平事蹟	文載《范太史集》著録見《金石記》
11	知足齋刻石	金大定十七年（1177 年）	文彦博、司馬光像及詩	著録見《金石記》
12	司馬光祠記	元大德間（1297—1307 年）	增修城內孔廟及“温公祠”	在縣城原“温公祠”文載《縣志》
13	司馬光塑像記	元至治元年（1321 年）	塑司馬光像	在縣城原“温公祠”文載《縣志》
14	重修司馬光祠記	明弘治三年（1490 年）	改建縣城祠堂	在縣城原“温公祠”文載《縣志》
15	重摹耆英會刻石	明天啓六年（1626 年）	圖文彦博、司馬光等十二人，并有酬詩	原刻於宋元豐六年文載《山右石刻叢編》

從中我們可以看出，除了表 1 中第 19 碑和 33 碑，無論其時代早晚，都與司馬光本人及其家族有着至緊至要的關係。它不僅承載着大量與史書同等重要的文獻史料，反映了一定歷史時期內人們的歷史觀、文化觀等問題，具有至可寶貴的價值和意義，同時，也給我們傳遞來許多鮮爲人知的歷史文化信息。從而擴大我們審視、研究司馬光的學術視野和範圍，並爲我們從石刻文獻學的角度，去探討、挖掘司馬光塋祠的歷史文化內能與潛力，服務於當今社會的文化與經濟建設，提供了十分積極有益的借鑒和啓迪。

下面，筆者即從六個方面入手，來着重探析一個它的歷史文化價值問題。

(一) 補史書之闕。司馬光塋祠現存和散佚碑誌中，涉及的重要人物有司馬炫、司馬池、司馬浩、司馬沂、司馬諮、司馬光、司馬旦、司馬里、司馬宣、司馬康十個人。其中除池、光《宋史》有專《傳》，光之兄旦及從兄里、從孫朴附於池《傳》，其子康附於光《傳》之外，其餘的人《宋史》均無立《傳》。這對我們研究司馬光及其有宋一代較爲興旺的司馬家族，多少都是一個遺憾，而碑誌資料却正好彌補了這一環。儘管這些碑誌文章有近乎一半是出自司馬光之手，但在史學家司馬光的筆下，終究不會失去多少真實與客觀。

再以司馬光爲例，我們試將《碑》、《傳》作以比照，也能説明補史之闕的問題。如：

1. 關於司馬光的先祖世次與封贈。由宋哲宗敕命翰林學士蘇軾所撰的《司馬光神道碑》(以下簡稱《神道碑》。在未另引用其他碑刻時，則稱《碑》。) 云："其先河内人，晉安平獻王孚之後。王之裔孫征東大將軍陽，始葬今陝州夏縣涑水鄉，子孫因家焉。曾祖諱政，以五代衰亂不仕，贈'太子太保'。祖諱炫，舉進士，試秘書省校書郎，終於耀州富平縣令，贈'太子太傅'。考諱池，寶元、慶曆間名臣，終於兵部郎中、天章閣待制，贈'太師温國公'。曾祖妣薛氏，祖妣皇甫氏，妣聶氏，皆封'温國太夫人'。"

又，"公(光)娶張氏，吏部尚書存之女，封'清河郡君'。先公卒，追封'温國夫人'。子三人，童、唐皆早亡，康今爲秘書省校書郎。孫二人，植、桓，皆承奉郎。"

《司馬光傳》裏，既無孚、陽和其曾祖、祖及曾祖妣、祖妣、妣等人的名諱與姓氏，又無三代之"封贈"，亦未提及光之童、唐二子和植、桓二孫(《司馬池傳》中亦僅提及孚、陽兩人)。

2. 關於司馬光的歷職。《碑》謂："事英宗皇帝，爲諫議大夫，龍圖閣直學士"。《傳》則只提"進龍圖閣學士。"神宗之時，《碑》謂："爲翰林學士，御史中丞。……爲樞密副使，……爲端明殿學士，出知永興軍。遂以留司御史臺及提舉崇福宫，退居於洛十有五年。"《傳》則没有"提舉崇福宫"。哲宗時，《碑》謂："起公爲門下侍郎，遷正議大夫，遂拜左僕射。"《傳》則未及"正議大夫"。

3. 關於司馬光的卒葬情況。《碑》謂："以元祐二年正月辛酉，葬於陝之夏縣涑水南原之晁村。上以御篆表其墓道曰'忠清粹德之碑'，而其文以命臣軾。臣蓋嘗爲公行狀，而端明殿學士范鎮取以誌其墓矣……。"既有準確的葬期與葬地，又有詳明的碑誌撰書人。而《傳》中只是籠統地交代"歸葬陝州"和"賜碑曰'忠清粹德'"。至於其他有關人事詳情，史書則略而未提。

在司馬光的姪兒司馬富及姪孫司馬桂先後於元祐元年(1086年)和元祐三年撰寫的《修墳記》與《忠清粹德碑樓記》(以下簡稱《碑樓記》)裏，將當時司馬光的"葬儀"也交代得十分具體詳細。既有當朝大臣奉命相吉地、卜幽宅，及調卒募夫治墓壙、做喪具、建碑樓、繚垣墻等工程之盛況，又有營建的規制、布局及用工、花費等事目之詳。

4．關於《神道碑》的仆立軼事。該碑自元祐初立不到十年，章惇、蔡卞等便借“紹述”之名，以司馬光“誣謗先帝（神宗），盡廢其法”之罪而奏請仆毁。約五十餘年後，即金皇統九年（1149年），夏縣令王庭直在僧人圓珍及司馬光後裔幫助下，訪得斷碑，予以整治，依原拓摹刻爲四石。又過了三百七十餘年，即明嘉靖二年（1523年），御史朱實御昌乃訪採巨石，歷經艱辛，重勒蘇軾之文，依宋碑之制重鐫而立。終使豐碑再起，巨制重現。其中既充滿悲壯神奇之色彩，又有許多曲折生動的故事。可惜的是，元脱脱等主持修撰的《宋史》對該碑宋金時期情況的記載還不足五十字。至於明代的重立之事，正史中更無記述。但從金代王庭直的《重立司馬光神道碑記》和明代吕柟的《修復司馬光碑祠記》（以下簡稱《碑祠記》）等碑刻裏，我們便可清晰地看到該碑與司馬光本人，在歷史的褒貶毁譽紛爭中，兩者存毁與共、休戚相關的因果關係和複雜軌蹟。

當然，碑並非史，史亦並非碑。兩者的記述手法不一，作者的取捨標準也不一，各有長短詳略而已。因此，史書對碑誌文獻的補正作用我們也是不可視而不見的。

如，司馬光於哲宗元祐元年爲相後，《神道碑》謂：“公首更詔書，以開言路。”衹是提綱挈領式地交代了高太皇太后詔求國政於司馬光的史事。而《宋史》司馬光本傳中，則記載了他“更詔書”所針對的六條具體内容。另如司馬光賣田葬妻、奉兄如父、長安石工安民被役鐫刻蔡京所撰“元祐黨人碑”等事實，《碑》中則闕如。

再如：關於《司馬旦墓誌銘》的撰者。《金石記》謂：“太常少卿司馬旦墓誌銘，治平二年（1065年）。今在夏縣涑水南原。《夏縣志》：‘在天章閣待制司馬池墓側，温公兄也。公（光）撰志’”。按，古代爲逝者撰、立碑誌，碑額或首題均稱其生前或死後最高官職和封贈。《宋史》謂，旦“以熙寧八年致仕。歷官十七遷，至太中大夫。元祐二年，卒。年八十二。”是知旦的最高職官爲“太中大夫”，而非“太常少卿”。而且旦是卒於元祐二年，也就是説旦後光一年而亡。雖然古代也有預作墓誌的先例，但讓逝者司馬光爲生者司馬旦於亡故前十二年即撰寫墓誌，這怎麼可能呢？足見《金石志》和《縣志》記載之誤。

（二）勘文獻之誤。這從以下兩方面看得出：

1．字句方面。收入本書的司馬光塋祠碑誌凡五十一通，其中大部分著録於清版《山西通志·金石記》（以下簡稱《金石記》）、《山右石刻叢編》（以下簡稱《叢編》）和光緒《夏縣志》（以下簡稱《縣志》），也有一部分見於《司馬温公文集》（以下簡稱《文集》）一書。由於碑誌本身質地的優劣、年代的遠近、自然的侵蝕程度不一，以及抄録、刊刻、翻印中的人爲原因等等，致使所録的碑文與碑誌原文多有出入。據統計，經筆者在《司馬光塋祠碑誌》這本書中發現和勘補的地方，即達一百九十餘處（當然，筆者也不敢確定，自己的校勘不會出現同樣的錯誤）。

2．史實方面。主要有：

①關於《司馬諮墓表》的撰寫時間。此《墓表》的作者爲司馬光。諮爲光之從祖兄，約年長光二十六歲。

《文集》謂，此《墓表》作於"天聖元年三月"。而《墓表》則謂："諮以天禧四年六月辛卯終於家，"夫人王氏"以熙寧三年七月壬寅終"。諮"以天聖六年三月乙巳葬於先塋。及夫人之歿，以其年十月辛酉祔於兄墓。"諮之子司馬京深怕"歲時之久，不可以莫之識也，泣請於光爲之表"。并於"熙寧三年十月四日"立石。顯然，此《墓表》是在王氏祔葬之年即熙寧三年而爲之。如果再稽諸司馬光在《墓表》上所署當時的官職，則更見《文集》所説之誤。

②關於《司馬浩墓表》的撰寫時間及其封贈等。此《墓表》亦爲司馬光所撰。浩爲光之從父。

《文集》謂"慶曆二年作"。《墓表》則云："熙寧八年九月庚辰"。如此簡單明了的事，却爲何會出現這樣大不相同的説法呢？筆者認爲，這純屬《文集》的編定者斷章取義所致。因爲他們衹是簡單地注意了司馬浩的卒年和葬期，即："天聖八年四月癸巳終於家，年六十三。慶曆二年癸酉葬西墓，"却根本無視《墓誌》的作者司馬光在下文中的關鍵性叙述。其中明確説道，是"今致仕居家"的司馬宣（浩之子，光從兄）"命光直叙其實，以表於府君之墓道。時熙寧八年九月庚辰也"。撰碑的原由和時間交代的可謂一清二楚。

關於司馬浩的封贈，《墓表》作"衛尉卿"，《文集》却誤作"衛尉少卿"。

另外，文中涉及的司馬池封贈也有錯誤。《墓表》作"太尉"，《文集》則作"司徒"。

③關於首舉"導涑水溉田"之事。《縣志》認爲："引涑水以灌民田，傳温公開浚。"以《司馬浩墓表》考之，可知當在司馬浩之前，鄉人即行此善事。至浩時"岸益深峭，水不能復上"，遂由浩"率鄉人言縣官，請築埭於下流，水乃復行田間，爲民用至"。可見，"引涑水溉田"之功，並非是司馬光所成。

④關於《神道碑》初立的具體時間。目前，文獻記載有兩種觀點：一是元祐元年；二是元祐二年。"元年説"見《金石記》："太師温國公司馬光墓碑，元祐元年"。理由自然是：司馬光卒於此年。"二年説"居多數。因爲蘇軾《神道碑》中即言：光"以元祐二年正月辛酉，葬於陝之夏縣涑水南原之晁村。上以御篆表其墓道曰'忠清粹德之碑'，而其文以命臣軾"。而前述司馬光姪孫司馬桂《碑樓記》則云："丞相司馬公既葬之明年，天子敕翰林學士蘇公撰公隧碑之文，論次大節元勳而銘之。上親爲篆字，以表其首

曰‘忠清粹德之碑’”。其中所説的“既葬之明年”，雖然在年份上没有確指，但只要我們稍加推算，便知它應爲元祐三年。這可以説是筆者從司馬桂的記述裏得到啓示，而引發出來的又一種觀點。

那麽，以上三種觀點究竟哪一種比較正確呢？筆者認爲，“元年説”首先絶對不可據。因爲蘇軾《神道碑》“(光)以元祐二年正月葬”的記載已成鐵的事實，絶不會是人還未葬而墓碑已立。而“二年説”的觀點，證據不足，值得置疑。蘇軾是該碑的撰文書丹人，對此以及他所記載的司馬光下葬時間，我們並不懷疑，但值得考慮的是，宋哲宗是不是於司馬光卒世的當年即詔命他撰書，並届時完成，於次年司馬光埋葬時將碑竪起呢？碑文中交代的很籠統，而且没有明確的時間界定。儘管我們也不想排除它的這些可能性，但從文獻中還找不到足以維持這種可能的有力佐證。

相反，在與塋祠有關的一些碑刻文獻中，我們却能找到如下幾條依據和理由，來支持和驗證筆者“元祐三年説”的這一立論和觀點：

其一，《碑樓記》的撰者司馬桂，既是當時的見證者，又是碑樓的首建人。作爲當時當事親歷人，他對該碑的有關事情不會不知悉。

其二，《碑樓記》的文字表述，雖簡潔但清楚。

按照古漢語的理解，“既”者，已，已經。表示過去時間。古文中這樣的成語和句子屢見不鮮。如成語“既往不咎”；“既來之，則安之”；“霜露既降，草木盡脱”（蘇軾《後赤壁賦》）等。“既”就是表示過去完成，都是“已經”或“業已”的意思。“葬”者，埋藏，掩埋尸體。《禮記·檀弓上》：“葬也者，藏也；藏也者，欲人之弗得見也”。可見，“既葬”就是“已經埋葬”。《禮記》上這兩字合用最多、出現得也最頻繁。如《檀弓》：“始死，充充如有窮。既殯，瞿瞿如有求。既葬，皇皇如有望而弗至”。“魯莊公之喪既葬，而絰不入庫門。”等等，都是“葬畢”或“葬後”的意思。再説“明年”，意即“今之次年”或“下一年”。大家熟知的范仲淹《岳陽樓記》里即有：“越明年，政通人和，百廢俱興”之句。因此，司馬桂所説的“司馬公既葬之明年”，從文字上講，無疑是元祐三年。

其三，在清乾隆《夏縣志》收録的錢謙益《記温國司馬文正公神道碑後》這篇文章裏，我們也能爲“元祐三年説”這個推論找到一條有力的文字證據：“公以元祐元年卒於位……於是，以十月甲午掘壙。十一月，復命公之從子富提舉之。十二月丙戌墓成。其葬也，以二年正月辛酉。既葬之明年，敕翰林學士蘇軾撰碑，上親爲篆字，以表其首”。從時間先後、事情的次序上看，環環相扣，有條不紊，令人無可置疑。

綜合以上所述，筆者認爲《神道碑》初立於元祐三年，應該是符合情理與實際的。

（三）正世人之聽。通過對塋祠碑誌的整理與分析，我們至少可以澄清兩個以往人們在對一些問題認識上的誤解和差異：

第一，是關於司馬光與王安石二人的關係。由於歷史的原因，世人嘗以“變法”之事，而誤以爲司馬光與王安石的關係水火不容。事實上，二人原本是一對相交素善的知友。宋仁宗之時，二人書札往來，交義甚合，名重天下，並與吕公著、韓維號稱“嘉祐四友”。司馬光伯父司馬沂《墓表》，就是嘉祐五年（1060 年）司馬光躬請友人王安石所撰。在當時司馬光提供給撰寫人的司馬沂事蹟素材（《故處士贈都官郎中司馬君行狀》）中即稱，他要以此“請於今之德行文辭爲人信者，以表其墓，庶幾傳於不朽”。司馬光最終選擇了王安石而爲之，足見司馬光對王安石的敬重。至于後來二人因在“變法”問題上有所爭議，但仍不過政見分歧，並没有像有些人認爲的那樣，成爲你死我活的政敵。因爲，無論誰在主政，他們都是從朋友角度各自相勸，即便言語過激，其爲鞏固封建統治的目的也是一致的。而且從私人感情上講，也是有情有義的。當王安石先司馬光而死時，正中病中的司馬光，還急忙修書信給吕公著，建議給王安石優厚一些的贈恤。既不失政治家的風度與胸臆，也能看出司馬光對王安石至死不渝的情誼。可笑的是，後來心懷叵測的蔡京、蔡卞等姦人，居然把王安石所撰的《司馬沂墓表》從《荆公文集》中删去。誠所謂度君子之腹以小人之心！然而，“史策俱存，尋緒自己，後人亦烏可欺哉！”前人此論，可謂至當矣。

第二，是關於現存分作四石的《神道碑》摹刻年代及相關問題。

據塋祠現存碑記，我們可知悉，宋哲宗時所竪的《神道碑》於紹聖初爲章惇、蔡卞等仆毁後，又先後三次摹刻重立：

第一次爲金皇統九年（1149 年）王庭直主持摹刻（俗稱“杏花碑”，刻有碑文者爲四石。事詳《神道碑記》）；

第二次爲元至正十二年（1352 年）孫安重刊（仍爲四石）；

第三次爲明嘉靖二年（1523 年）朱實昌選石重鐫并親自書丹，立於舊趺，冠以原額（即“忠清粹德之碑”）。

目前，人們對其中的嘉靖碑無任何異議，惟對金、元二碑認識不一。多數人認爲，現存於塋地祠堂碑亭内的《神道碑》，即是金王庭直當年所摹立。但事實是，在此碑末却明顯署有“大元至正歲次壬辰七月吉日，山東順德路唐山孫安重刊”一行字迹，這就令人不能不加以考慮。對此，《叢編》也曾有過置疑。並考證説：“宋無唐山縣，明無順德路，其爲元時無疑”。理由是：“元《地理志》‘順德路’，唐刑州。宋爲信德府，金改刑州，元初置元帥府，中統三年升順德府。至元二年，以順德府爲順德路，總管府縣九。……疑元時已重刻。”據此，我們可以肯定元時重刊的事實。但是，金代王庭直所摹立的那通碑又何去呢？在諸多金石及有關志乘文獻中，至今尚未發現一點有關它的蛛絲馬蹟。那麽，我們是不是可以這樣推測，即那位名叫孫安的人有没有在金碑原石上對文字加以勾勒、深刊的可能呢？

帶着這個疑問，筆者再次到實地作過詳細考察，結果，驚奇地發現，碑石上確實至少有近百個文字都有明顯的重刻痕迹，即現存的文字筆畫粗重，而未被覆蓋住的原來文字的一些筆畫，則相對細瘦。説明原來摹刊就比較輕淺，再經自金至元二百餘年間金石、書法愛好者椎拓，致使字迹愈淺或多有模糊，故又在原石基礎上予以“重刊”。對此，不論就學術探討還是從文物知識而言，我們都有必要瞭解和明確這一點。

附帶要指出的是有關《著録》中的錯誤問題。事實上，這也是長久以來造成人們思想混亂、認識不清，以訛傳訛的根本原因：

一、《金石記》：在記述宋碑初立與被仆經過之後，其緊接着説：“皇統中……邑令王庭直謁墓，驚嘆其異，因出斷碑於深土，分爲四，并其額趺共六石，嵌壁間，而未及别鐫。至明嘉靖三年，侍史朱實昌乃選石摹刻，重立墓所，已非蘇公遺蹟矣。今土人猶呼爲‘杏花碑’。”

其中應糾正的地方有二：①朱實昌選石摹刻的時間，碑上署爲“嘉靖二年歲次癸未”，並非嘉靖三年。②“杏花碑”所指不確切，概念太寬泛。

二、《叢編》：“按，此碑元祐時王磻奉聖旨摹刻，紹聖初僕。現存者爲明嘉靖三年御史朱實昌摹刻。然碑末有‘山東順德路唐山縣孫安重刊’一行”。

其中應糾正的地方有三：①自始至終没有一字提及金代摹刻之事。②明碑的年份與《金石記》一樣有誤。③提出在朱實昌碑後署有“孫安”等字樣，明顯將元、明二碑混爲一談，實爲大謬。

三、《碑帖叙録》：“司馬温公碑，宋蘇軾撰并書。在河南省夏邑縣。原石早毁，金皇統八年夏邑令王庭直重刻，斫爲四石，……今第四石横斷，斷處皆侵損，然皆可見……”在這段僅五十餘字的記述中，也明顯有三處舛誤：一是該碑的存地不應爲“河南省夏邑縣”；二是楊震方所言之碑不確，他所説的應是筆者上述“金皇統”和“元至正”合刊者；三是王庭直“重刻”的年代。據王庭直《神道碑記》，他是“皇統戊辰秋八月行令夏臺”後，首謁墳所，“問諸守墳僧圓珍，俱道始末”，遂了解情况並積極命人挖出斷碑，訪尋舊本，整治原石，籌措摹刊的。“大金皇統九年六月二十日”“謹記并立石”。可見，王庭直刊立《神道碑》並非“皇統八年”之事。

（四）訂司馬之譜。據有關譜牒文獻記載，如今散聚在浙江紹興、江蘇無錫和河南洛陽等地的司馬氏，均爲司馬光的後裔。洛陽《司馬氏世系譜》即云，儘管其徙散的原因和時代不同，他們的開山始祖亦各有所尊，“宗支之蕃，徙居之遥，然其源皆出於夏縣涑水鄉之高堠里矣”。

作爲水源木本，涑水司馬氏的宗支所自及先世名諱，其源流世次應該是較之各地詳盡的，但遺憾的是，夏縣世譜中的記載却不是那樣一如人意（如，始祖只是從司馬光記起），而且個别地方（如康之子）還存有爭議問題。

據碑誌稱，涑水司馬氏的先世，最早者可上溯至西晉皇族安平獻王司馬孚（孚的哥哥就是大名鼎鼎的司馬懿），原籍河内（今河南沁陽）。至北魏時，孚的裔孫征東大將軍司馬陽，死後葬於夏縣涑水鄉高堠里，其子孫便在此定居，遂爲夏縣人。後來，由於司馬家族政治地位下降，家道也漸趨式微。故以至於五代，司馬族人世代爲農，鮮有顯者。在這期間，司馬氏子孫究竟有幾代，碑誌與世譜均無載。

不過，從五代起，止於宋金時期，碑誌中基本上是記載有序的。

據稱，司馬光的祖輩名諱爲：高祖林、曾祖政，雖因五代戰亂不仕，以布衣終身。但耕讀傳家，子弟勤奮。直到北宋初年，司馬光的祖父司馬炫考中進士，重得仕進，司馬氏家族又漸漸中興，其子孫也由此冠冕世替。炫官至秘書省校書郎，贈太常少卿。有兄弟二人，曰炳、曰珂（據無錫譜，還有一位叫作“熾”），亦爲好學之士。但爲了振興家室，維持司馬氏累代聚居、食口甚衆這個大家庭，他們放棄仕途，帶領兒子司馬浩、司馬沂等專以治家爲事，支持子弟求取功名。

宋景德二年（1005年），司馬光的父親司馬池不負衆望，中取進士，官至天章閣待制，三司副使。池有伯叔兄弟三人，名浩、名沂（父炳）、名鬲（父珂），雖均未仕，但浩以子司馬宣贈衛尉卿；沂以子司馬里贈尚書都官郎中（無錫譜中還有熾之子江、洛；炳又一子沆。）

司馬光同輩，有同胞兄弟三人：長兄旦，官至太中大夫；次兄望，早秀而夭。從祖兄弟四人：宣（父浩），以叔父司馬池蔭入官，官至駕部員外郎；詠、里（父沂），詠早亡；里，進士及第，官至太常少卿；諮（父鬲），以子司馬京贈官比部郎中（無錫譜還有沆之子奎；江之子呈）。

司馬光的子輩，有子三：童、唐均早亡；康官至右正言，贈右諫議大夫。從子三人（均旦之子）：良，爲試將作監主簿；富，爲承議郎、陝州通判。宏，官職不詳（該資料時間截止於元祐元年）。其中的司馬良，無錫譜中不載。司馬富其人，從許多文獻史料裏，可發現他與叔父司馬光過從甚密，光多次寄詩書於他。現存於上海博物館的書法名蹟《寧州帖》，就是司馬光臨終前（約六十七歲前後）寄示他的書札之一。當其叔父司馬光卒後，富曾奉詔爲叔父修墳（見《修墳記》碑）。光另有再從子七人：齊、庭、廣、房（父宣）、雍、應（父里）、京（父諮。以叔祖司馬池蔭入官）。從無錫譜中，可知還有奎之子元、育、爽、奕；呈之子亮、稟、方、衮、章、裔。

自此而下，司馬光的孫子輩中，據碑誌可知者有嫡孫植、桓和親姪孫朴、桂、槮。另外，尚有曾孫作、通、倚等。

關于司馬光的嫡孫，譜與碑的記載無論是在人數上還是名字上均有明顯舛異：前引蘇軾《司馬光神道碑》中即確指：“（光）孫二人，植、桓。”《司馬康墓誌銘》中亦稱其有二子，曰植，曰桓。而無錫譜則載“（康）子二，植、楨”。夏縣譜中更謂“康生三子”，即除了“植”、“槙”二人，又多出一個名“威”的人。

按，“威”者，僅見於夏縣譜，不知據何而來。“桓”者，以上兩譜中均不載，不詳何故。筆者推測，或是在蘇軾所說的“植、桓”二人中，由于抄印的原因，將“植”筆誤寫作“槙”，而丢失了“桓”，或是爲了避宋欽宗趙恒或某人之諱而改“桓”爲“槙”？但這種推測又覺得難以服己服人。因爲，清版《梁溪司馬氏宗譜》“涑水源流世表”中即把“温公冢孫植”和“温公次孫槙”交代得明明白白，鑿鑿有據：

“植，康長子，字子立。……元豐二年己未（1079年）生。元符庚辰（1100年）帝崩，端王入繼大統，又荷召見期大用，而疾又大作，賫志以歿。年二十二。”並説，因爲其妻范氏（系范祖禹之女）未能生育，而將其再從兄司馬樞（父司馬富）的第四子司馬宗召作爲嗣子。靖康初，宗召佐於無錫，遂定居於那裏。

“槙，康次子，字子幹。自童丱至壯，有室祖、父、兄相繼謝世，獨立支持相國門户，宗黨咸稱其才。……植疾革，檢宗譜及遺像、誥敕盡屬弟槙收貯。故明時山陰裔孫獨得珍藏。”有子二人，長名伋，次名佑。

夏縣譜則謂“植無後”；但“槙”的兩個兒子與上述相同。

《建炎以來系年要録》（以下簡稱《系年要録》）卷一O四中也有一條關於“植”、“槙”二人的記載，但他們並非上述的親兄弟關係：“初，光孫植既死，立其再從孫槙爲嗣”。“從”者，同一宗族次於至親者之謂也。又次者，叫再從、三從。從孫，當即姪孫；再從孫，即血緣關係又遠者。説明“槙”是以遠房、同輩兄弟關係的身份爲“植”來頂門立户的。這雖與夏縣、無錫譜中所説的“司馬植無後”是吻合的，但又與無錫譜中所説“司馬植將司馬宗召立爲嗣子”是相矛盾的。

總之，碑中所説的“桓”爲何譜中均不載，看來還是一個待解之謎。而“槙”的出現，也需探討它的原因。但不論怎么説，筆者認爲，我們還是當以蘇軾之碑和范祖禹的《司馬康墓誌銘》爲據。因爲，作爲司馬光的同僚和好友，蘇軾絶對不會不清楚司馬光的家事而致誤。即便有所疏忽，當立碑之際，司馬康尚健在人世，怎麽能對自己有幾個兒子叫何名字發生那樣大的錯誤反而熟視無睹呢？再退一步説，還有當時爲其叔父、叔祖修墳立碑的司馬富和司馬桂等人，難道他們也没有發現這樣的錯誤而聽之任之？同樣，范祖禹與司馬康“同修《資治通鑒》，同爲正字著作，同修《實録》，同侍經筵，相與猶一體也”（見《司馬康墓誌銘》）。也絶對不可能對司馬康有幾個兒子叫何名字，而一無所知。

碑誌裏提到的司馬光親姪孫司馬朴與司馬桂，就是司馬光之兄司馬旦的親孫子。其中朴爲宏之子，桂爲富之子。

另據無錫譜，我們還可知：富有子四，除長子桂外，尚依次有檦、棫、樞；宏有子三，除朴（位居三）外，另有長兄椐、次兄楫。

談到司馬光的曾孫輩，歷經子孫兩代繁衍，毋庸説已是枝茂葉繁。但由於靖康之變、宋室南遷，子孫隨之播散南北，因而要詳細地梳理出他們的名字及其所出，相對來説較難。從《摹刻柳氏家訓》（金）碑末所題“先公侍郎手澤，以戒作、通，俾終身行之”可考知，“先公侍郎”即司馬光親姪宏之子朴，光從孫。《宋史》有記，謂：朴嘗“貽書請立趙氏，金人憚之，挾以北去，且悉取其孥。開府儀曹趙鼎，爲匿其長子倬於蜀，故得免。”據此，倬、作、通當爲朴之子無疑焉。作、通二人，在金王庭直《神道碑記》中也凡幾見，如“尋訪舊本（即蘇軾《神道碑》拓本），乃公（即光）曾姪二孫曰作曰通家得之”；“將以候作、通之來而訂論之”等。

在《神道碑記》裏，王庭直還透露，在參與摹立《神道碑》諸人中還有“公族姪孫曰倚者”和“監刊人”“親姪孫司馬槮”二人。據無錫世譜可知，司馬倚爲司馬㬌之重孫、亮之孫、極之子。司馬槮，譜中查無此人。既然槮是以“親姪孫”自稱，則必是司馬旦之裔孫，也可補譜之闕。

綜合上述有關史料，我們基本上可以理出三條有關司馬光後裔宗支的行踪，即一在會稽，一在蜀，一在故里。

據《宋史》、《宋會要》和《繫年要録》等書記載，南宋初年，司馬光南下的家族曾“存養”在衢州一個名叫范冲的人家中。衢州，於唐武德四年（621 年）置，治所在信安（咸通中改名西安，今衢縣）。轄境相當於今浙江衢縣、常山、江山、開化四縣地。范冲，則是當年司馬光修撰《資治通鑒》時的得力助手之一范祖禹的兒子，司馬光孫子司馬植的内弟。紹興間，宋金講和，金使問宋，朝廷是否能擢用司馬光子孫。對司馬光還比較敬重的宋高宗，始尋訪其子孫在江南者，後來終得司馬光之曾孫司馬伋。由此司馬光子孫復出再顯。伋，據司馬光山陰十五世孫司馬相《積德事狀》云：“公（光）子康，康生植，植生伋，官至吏部侍郎，扈從至越，子孫皆從之，未幾，卒於行寓，卜葬山陰之亭山。”故被尊爲“山陰始祖”。《夏縣志》：“靖康後，曾孫吏部侍郎伋南遷，僑居浙江之山陰”。清《梁溪司馬氏宗譜》則云：“……植復歿。植系冢孫，有承祧之重，不可無後。宗老與朝紳集議，奏立富之孫曰宗召爲植後。”我們暫且不論司馬伋是否是司馬植之子，但伋爲“山陰始祖”無疑。這一宗支最爲蕃昌有爲。現浙江紹興一帶，司馬光後裔猶存。

在蜀的司馬光後裔，就是當金人滅掉北宋，把司馬光的從孫司馬朴俘虜北去，且要“悉取其孥”的時候，趙鼎匿於蜀中叙州的那個司馬倬的子孫。叙州，宋政和四年（1114 年）改戎州置，治所在宜賓（今宜賓市東北）。這一宗支大概没有山陰那邊顯聞，後裔裏較有名望者名叫司馬夢求，其事蹟見《宋史》卷四百五十二“忠義”。

至於在夏縣的後裔，《叢編》記云：“舊《夏縣志》：知縣高奎論温公在夏子孫，金時猶有存者，王庭直《重立温公神道記》可見。”

根據上述文獻資料，至此，我們至少可以將碑誌中涉及的司馬氏主要人物，通過歸納、梳理，進而勾勒出自五代至宋金時期司馬光這一宗支源流世系的大致輪廓（上下各三代，共七世）：

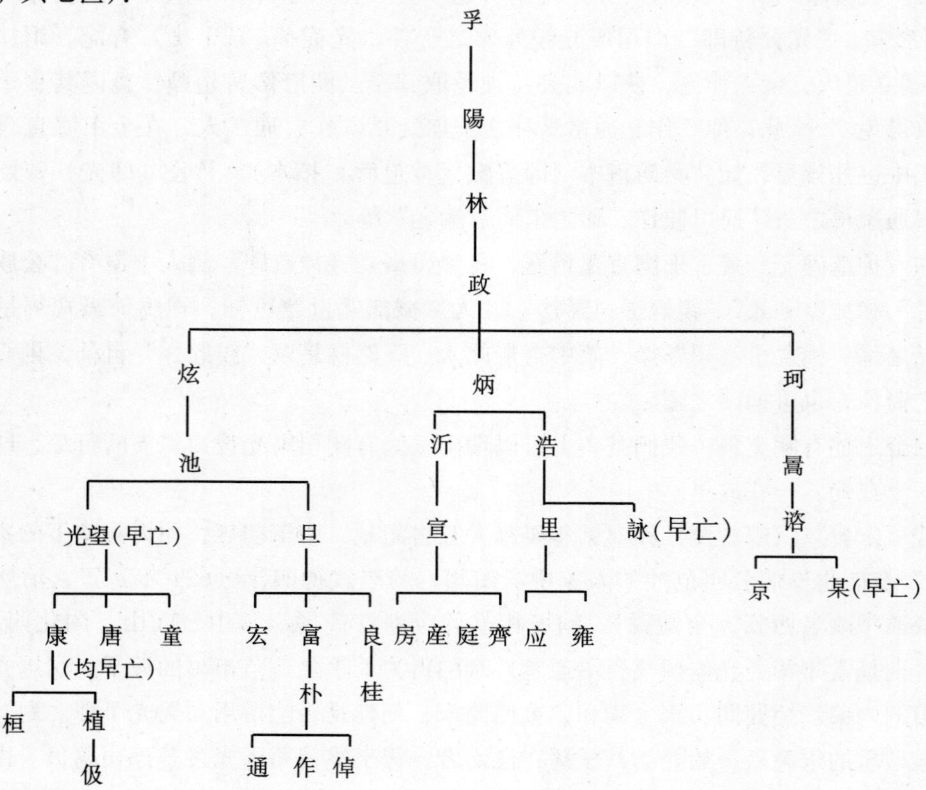

元至明中葉，在會稽的司馬氏子孫，繩緒不斷，支分派衍，宗譜具詳；在叙州者，限於文獻，無從考稽；而在夏縣的司馬氏子孫，不知所終。明司馬相《積德事狀》有云："國朝褒崇道學，既使從祀孔廷（言將光從祀孔廟），仍録其後，訪之，夏縣無人焉（見《縣志》）。"清乾隆十一年（1746 年）《重修餘慶禪院碑記》亦云："自宋室南遷，臣僚盡徙浙，夏邑遂無司馬氏子孫矣。金（確切地説，應爲金皇統以後）、元及明初，供司馬公掃除者，衹僧人耳"。

明成化間，司馬光山陰後裔、十二世孫恂，不遠千里，始來夏展墓。緊接着，恂的弟弟司馬軫之子、十三世孫司馬垔又來。至成化十二年（1476 年），司馬垔之弟司馬垺再來夏縣，修奉祠事，并娶妻於此，計劃長期定居。未幾，因父喪而南還，但開江南後裔來夏奉祀定居之先。嘉靖間（1522—1566 年），司馬相"欽差山右（即山西），經過聞喜"，知先人塋地距此不遠，即登墳祭典，并打算從山陰還鄉奉祀祖先。結果年壽不永，不久即死。臨終，他叮囑子孫後人："有能還夏奉祀者，即吾孝子慈孫也。"這樣，時至隆慶元年（1576年），他的兒子祉（十六世孫）、孫子晰（十七世孫），叔姪二人遂來到夏縣。後來二人同登科第，祉爲進士，宦游回浙；晰則永留於夏。由此而始，在夏子孫繁衍生息，以迄於今。

兹將碑誌中提及的司馬光在夏裔孫之世次及人名開列於此，供有志者考訂續之［明萬曆四十二年（1615年）—民國三年（1914年）］

十八世孫：露（見《司馬光祖塋周垣記》《耆英會刻石》）。

十九世孫：嘌、崍、嶧、巘、崘、岐（見《耆英會刻石》）。

二十世孫：沅（見《重修餘慶禪院碑記》）。

二十一世孫：詔、訓（見《司馬光香火院碑記》《移建司馬光祠堂碑記》。

二十二世孫：衜、衎、衜、衡、衍、衙（見《司馬光香火院碑記》《移建司馬光祠堂碑記》）。

二十三世孫：躂、軀、軀、躬、躴、軀、躶（見《司馬光香火院碑記》《移建司馬光祠堂碑記》）。

二十四世孫：願、懋（見《重建碑樓記》《重刊禮祀先賢事碑》）。

二十五世孫：鯉、鯨（見《重建碑樓記》《重刊禮祀先賢事碑》）。

二十六世孫：鴻（見《重建碑樓記》《重刊禮祀先賢事碑》）。

世次不詳者：鮎、鳳、梟、雙鎖（見《重修餘慶寺碑記》）。

（五）豐塋祠之史。司馬光塋祠的始建年代、發展沿革及布局規模等，歷來邑乘記載簡略，現在的一些介紹文章裏更是語焉不詳。據碑誌可知：

1. 塋地。大約成於宋仁宗之時。據《縣志》記載，北魏時始葬於夏縣的司馬陽墓，是位於今司馬光塋地東半里許。由於墓地狹小，後亡者没有從葬於此，而於宋時又辟新的塋地。司馬光在寫給他的伯父《司馬浩墓表》裏曾這樣談及，浩在世時，由於家貧，以致"祖墓迫隘，尊卑長幼前後積若干喪久未之葬"。因"以學究舉，凡八上終不遇"而絶意進取、"專心治家爲事"的司馬浩，等到家裏有了積蓄，方於"祖墓之西相地爲新墓，稱家之有無，一旦悉舉而葬之。"時間當爲宋仁宗天聖八年（1030年）之前，因爲此年是浩去逝的時間。由司馬浩所葬人中，可能有光之祖、浩之父炫，光之伯父、浩之弟沂，光從祖兄、浩之姪諮等，因爲這幾人都是先浩而亡（見下表）：

亡　者	生 卒 年	葬　年
炫	?	?
沂	975—1006年	1013年
諮	993—1020年	1028年
浩	968—1030年	1042年

自浩而後，司馬氏便一代代相繼葬於此塋。塋地的葬者中，除上表所列四人，明確知道的還有池、旦、光、康祖孫三代四人及其近支里、宣等。

2. 祠堂。有二：一在塋地，一在縣城。金皇統九年（1149年）《神道碑記》：守墳僧人圓珍於《神道碑》摹刊完後，"出其私帑，於墳院（即餘慶禪院）法堂之後，特創一堂，中設公像，周圍置朱龕以立之。……專署巨碑，號曰'温公神道碑堂'"。此乃碑誌中關於塋地祠堂建制的最早的文字記載。其中的設置，顯然是一堂之内既供光，又置碑。至於它的規模大小，不詳。舊址即在今餘慶禪院正殿後空地上。

逮至明嘉靖初（1523年），山西監察御史朱實昌拜謁司馬光墓祠時，祠堂的情形是："祠二：一祀公之父待制池暨公；一祀公之子右正言康。祠皆卑隘，而餘慶禪院又前障之。"於是"乃遵詔例，命夏令鼎建其祠爲一宇，正堂爲三楹，折東舊祠附以材作兩廡，廡皆三楹。廡南作應門，匾曰'崇賢。'……斷寺殿之北要樀用廠門，除又辟路於院西之外爲先門，匾曰'仰德'。改西祠爲士大夫謁憩之所，匾曰'誠一堂'。"爾後，又"坐待制（池）於祠中南向，坐公之兄太中大夫（旦）於左西面，坐公（光）於右東面，坐正言（康）於太中之後邇窔，坐公之猶孫兵部侍郎朴於公之後邇奥。父子祖孫，萃於有廟，弗相戾也。"（見《修復司馬光碑祠記》）。

從這段文字記載裏，至少給我們傳遞了四條重要的信息：一是塋地祠堂的規模在金皇統到明嘉靖朱實昌來之前三百七十多年間，曾經有人擴建過，祠堂的建築分東、西兩座，而且被奉祀者也由金皇統間司馬光一人增加爲司馬池、司馬光、司馬康祖孫三人。但究竟是何時何人所爲，年淹代遠，久已無聞。元大德（1297—1307年）和至元祐年（1321年）的《司馬光祠碑》和《司馬光塑像記》兩碑中，雖然記有修祠奉像之事，却都說的是縣城内的"温公祠"；二是自金以來塋地祠堂的位置並未變動；三是嘉靖初，朱實昌又在塋祠原址上除舊布新，擴地重修。設正堂（三間），作兩廡（各三間），辟"崇賢"、"仰德"二門，增"誠一堂"；四是於塋地祠堂中增設了受祀對象。即由嘉靖初舊祠中的池、光、康三人，於新祠建成後又增入旦、朴，聚父子祖孫於一堂。

另需説明的是，明《修復司馬光碑祠記》之末有："咸淳（宋度宗年號。時在1265—1274年）間，且令天下從祀孔子廟庭，若是其盛也。然自惇、卞欲毁其冢，而墓祠實廢。"若無誤，則可略知在金皇統九年祠堂創建後不久的興廢情況。

萬曆三十一年（1603年），經分巡大夫詹思虞、御史曾舜漁等倡儀捐資，由夏縣令姜承德、胡桷主持，將自嘉靖修建以來長達八十年的塋地祠堂予以整葺，同時作了油飾，咸一新之（見《司馬光祠碑》）。

清康熙四十三年（1704年），御史劉子章又加重修。乾隆間，鑒於祠堂已頽圮不堪，且設於餘慶禪院大殿之後、布局不合理等原因，僧人體元與司馬光後人一起規劃地方，籌措資金，自乾隆二十五（1760年）至乾隆三十九（1774年）歷經十餘年努力，終將塋地祠堂遷建於墳、寺兩界之間（即今地）。建築計有祠堂五楹，左右廊各五楹，“崇賢”坊一座（故碑文中有稱祠堂爲“崇賢祠”者）。規模宏敞，輪奐聿新（見《移建司馬光祠堂碑記》、《縣志·祠祀》）。祠堂内的供奉情況，乾隆間司馬光二十一世孫司馬灝文《祠墓記》有云：“中供神像，公考天章公面南，其東公兄伯康文忠公，西則文正公也。東窔爲公子司諫公，西奥爲文忠孫尚書忠潔公。皆衮冕巍峨，道貌可欽，懸一聯云：‘父子祖孫聚一堂，儼若生前對話；禴祠蒸嘗舉三獻，依然膝下承歡。’”

司馬灝文者，爲光之會稽後裔，乾隆間曾任職於山西沁州等地，經常假便來夏，僧人體元亦每每來往於署中。塋祠凡有修葺事宜，灝文即分俸贈之，體元也很是盡心竭力，因此，二人關係甚密。體元這位僧人不僅辦事得力，而且很有學問，頗識道理。他常說：“吾爲僧，得守司馬先賢墓，勝於參禪受戒多矣。”因而灝文深服其功德，曾書贈“釋而儒”三字，以顔其居。

至於縣城内的祠堂，因現已蕩然無存，且碑文、《縣志》俱詳，從略。

3. 禪院。創建於宋元豐八年（1085年），神宗敕賜“餘慶禪院”之額，爲司馬光生前請建的祖塋香火院，大殿五間（今猶存）（見《敕賜餘慶禪院》）。《重修餘慶禪院碑記》：“餘慶禪院，乃宋太師司馬温國文正公爲先世征東大將軍陽塋并陽以後諸賢塋俱在院右，無人看守，因奏請宋神宗皇帝敕建禪院。名‘餘慶’者，取司馬氏積善之謂也”。自宋而後，興廢不一，詳情文獻缺佚。至明弘治五年（1492），僧人臨潭募化重修。乾隆四年（1739年）、乾隆十一年（1746年），餘慶禪院僧人續興又先後補葺正殿，創觀音閣三間（見《臨濟宗序贊》）。在《重修禪院碑記》裏還透露，於“人佛殿後觀音一尊，面文正公祠堂，嫌不合款，建閣於金剛殿基址，而移觀音於其上。”這雖然説明了觀音閣的來歷，但此尊觀音爲何時何人所置，無從考知。同時也説明，在禪院内舊時還有一座金剛殿的建築。乾隆十一年間，禪院重飭竣工之後，續興等又四處化緣，金妝衆神，不數月而工告竣，“不惟神殿重新，而神像亦焕然生光彩矣”（《餘慶禪院妝聖像記》）。

乾隆三十八年（1773年）間，由於僧人常瑞與司馬光後裔因産業和香火之爭，引起一場訴訟。經縣令紀在譜實地詳察而後判決：餘慶禪院“原係宋太師司馬温國文正公香火院，與僧人常瑞等毫無干涉。着常瑞仍照前敬奉香火，修理祠墓。至從前常瑞等所欠之麥，即作如今移修祠堂之費（事見上述“祠堂”）。俟祠堂造就，依舊每年出麥拾石，以爲春秋修補祠墓之用。”並“大書深刻‘宋太師司馬温國公香火院’，立石於寺院，以使後之行者知禪院所自來，謹奉香火，修葺祠墓，世守勿替”（見《司馬光香火院碑記》）。

碑載禪院的最後一次重修，爲民國三年（1914年），經理人爲吉星輝等。修葺的項目有大殿、齋房、神閣、圍墻、照壁等。同時新建井塔、倉聖神閣各一座，磨房三楹（見《重修餘慶寺記》）。

4．附屬建築。主要有二：一是“忠精粹德”碑樓，一是“司馬故里”牌坊。

“忠清粹德”碑樓，創建於元祐之初，歷時七個月而成。據當時奉詔修建此樓的光之從孫司馬桂所撰《碑樓記》：“樓之大制，基極凡四丈五尺，上爲四門，門二牖，下爲二門，門一㙮。復閣周於碑，回廊環於閣。繚垣四起，爲之蔽衛。此其大略也”。

紹聖間，碑爲章惇等人仆毀，而此樓究竟是隨之摧毁還是後來圮廢，已無從詳矣。但從明《修復司馬光碑祠記》可知，嘉靖初將是碑重立之後，朱實昌“仍作亭以居之。亭四柱，柱高三丈有五尺。四面皆横桴，而洞虚懸達，視司馬桂之碑樓亦無遜焉。”前後歷時五月而營建（參見《司馬光祠碑》）。

清同治十一年（1872年），司馬氏後裔願、鯉、鴻等（二十四—二十六世），因是樓“歷年久遠，被風雨漂摇，幾於傾圮，”用了一年的時間，將其重修（見《重修碑樓記》）。此爲碑誌上有關碑樓記載之下限。

“司馬故里”牌坊，始建於明嘉靖初，稍晚於御史朱實昌實施重建祠堂、碑樓系列工程之後。因爲當時並列而三的禪院、祠堂、塋地均已成制，勢貌稱雄，惟缺一座標志性的建築景觀來作點綴，以壯觀瞻。朱實昌於是“取蒲州官木四株作柱，鳩工集材，建坊牌一座於‘仰德門’之前，匾曰‘司馬故里’”。並分别於寺之東端和墓墻之盡作牌門二座，題額爲“鳴條發秀”（因“地據鳴條岡之勝”）、“涑水鐘靈”（因“涑水望而環焉”）。

其餘有關營建之事，與上述相比自當次之，恕不贅述。但不妨將以上所述營建大事，列表繫此，以便明瞭：

司馬光塋祠修建大事簡表

分類名稱	修建項目	修建時間	工程主持
塋地	修墳治壙	元祐元年（1086年）	内侍李永言、後裔司馬富
祠堂	始建。正堂一，立司馬光像，並竪《神道碑》	皇統九年（1149年）	縣令王庭直、僧人圓　珍
	重建。設正地，兩廡均三間，辟“崇賢”“仰德”二門，增“誠一堂”，奉池、旦、光、康、朴	嘉靖二年（1523年）	御史朱實昌、縣令榮　蔡
	整葺、油飾殿宇、坊表等	萬曆三十一年（1603年）	御史曾舜漁、縣令姜承德
	重修	康熙四十三年（1704年）	御史劉子章
	移建祠黨五楹，左右廊各五楹，“崇賢坊”一座，堂内供奉仍如明嘉靖	乾隆二十五年（1760年）至三十九（1774年）	僧人體　元等

分類名稱	修建項目	修建時間	工程主持
禪院	始建。法堂五間，宋神宗賜“餘慶禪院”額	元豐八年（1085年）	
	重修	弘治五年（1492年）	僧人臨　潭等
	補葺正殿，創建觀音閣三間	乾隆四年（1739年）	僧人續　興等
	重修	乾隆十一年（1746年）	僧人續　興等
	金妝佛像衆神	乾隆十一年（1746年）	僧人續　興等
	擴建。創倉聖神樓，蓋井塔，建磨房，修大殿，彩繪神像	民國三年（1914年）	邑人吉星輝等
碑樓	創建。樓高四丈五尺，上下辟門，並有閣、廊	元祐三年（1088年）	内侍李永言、後裔司馬桂
	恢復。亭四柱，柱高三丈五尺，四面達視	嘉靖二年（1523年）	御史朱實昌
	重修	清同治十一年（1872年）	裔孫司馬頤等
牌坊	創建。匾曰“司馬故里”。並分别於塋祠東西作“鳴條發條”、“涑水鐘靈”牌門	明嘉靖二年（1523年）	御史朱實昌

（六）藏藝術之珍。司馬光塋祠碑誌不僅具有上述重要的文獻價值和意義，而且也是碑刻藝術的物質載體。尤其是它的書法藝術和雕刻工藝，同樣是其價值中不可忽略的内容之一。

1. 書法。在塋祠現存的三十六通碑石裏，我們且不説碑誌文章的體裁、種類與文字如何，僅以書體而論，真、草、行、隸、篆俱有，其中不乏名輩手蹟。

由蘇軾撰文并書丹的《司馬光神道碑》，被歷代金石、書法家奉爲“神品”。雖然是後人摹刊，然猶不失其風采神韵。清孫承澤《庚子銷夏記》即有贊云：“文既宏肆，琳琅其音。書法端謹，大存晉唐遺法，文忠第一妙蹟也”。在20世紀80年代由國家文物局公布的“中國書法藝術名碑”金册上（僅公布這一次），該碑即在其列。

由王安石撰文、雷簡夫書丹的《司馬沂墓表》，也堪稱文、書“雙璧”。我們從中不僅能切實體味到作爲文學家的王安石那深厚的文學功力，也能領略到作爲書法家的雷簡夫那不凡的柳家風采，還有名輩楊南仲的額篆，也確實令人駐足徘徊。《金石記》云：“簡夫純用柳法，南仲博通古籍，皆一時選也。”雷簡夫，《宋史》有傳。今陝西合陽人。字太簡，初隱居不仕。後經人推薦爲校書郎，累遷職方員外郎等職，書碑時官階近三品。而當時的楊南仲，本身就是“知國子監書學”，也就是北宋最高學府中教授學生學習書法者。

由司馬光撰文的《司馬諮墓表》，爲鈕天錫書丹并篆額。其人史雖無傳，但從書碑之時（即熙寧三年）司馬光官居翰林學士兼侍讀學士、朝散大夫、右諫議大夫，知制誥、充使館修撰，判尚書都省，提舉萬壽觀公事等（官階三品）身份上看，可想而知鈕天錫也一定是當時一位善書名家，而且手筆不凡。還有《司馬浩墓表》（係光撰文），爲范正民書丹。范正民，范純仁之子，范仲淹孫。名賢之後，於書不能不善。

《司馬池挽詩》的書者雷憲，《金石記》有記並評價説："雷憲書勁險絶倫，當時無書名，僅見此碑"。

金皇統九年摹刊的《柳氏家訓》，係司馬光姪孫司馬朴所書。朴爲范純仁的外孫，自幼育於外祖家。後仕爲兵部侍郎，曾奉使於金。"工書翰，有晉人筆意。(金）章宗萬機之暇，嘗購其遺墨學之"（《金石記》引《中州集》)。可見，朴亦能書。

金以後的碑刻，雖然書者中名輩不多，但多爲進士出身的官員。"楷法遒美"是古時官員必備的素質。爲了入仕，他們少不了勤學苦練，故其書也應有可學可鑒。

2. 雕刻。可以説，塋祠現存的早期碑石不論平面的或立體的，雕刊的都極精美。就像撰文書丹必請名人而爲一樣，想必也是當時較有名望的行家裏手之作。如宋曹知白、亢文德、亢遇泉、王誠、王震，金李璵等，可能都是當時當地之高手。由司馬作摹刻的司馬朴書《柳氏家訓》和王庭直撰寫的《神道碑記》，即均出李璵之手。另外，值得注意的是王磻這個人。由北宋元祐年間所立的《司馬光神道碑》和現佚的《布衾銘》等重要刻石，都是他一手摹刊。從他的題銜"玉册官臣王磻奉旨摹刻"看，他當時是一位負責皇帝祭告、封禪，或朝廷册命皇太子及後妃這類事情的官員。由於常常要在玉册上書刻文命，雕琢技術嫻熟，故爾宋哲宗命他參與司馬光的這類活動，當在情理之中。

明嘉靖八年（1529）由石匠裴廷朝所鐫的《司馬光真像》，綫條流暢，儀型逼真，生動傳神。與司馬光《自題寫真》五言詩結合起來欣賞，珠聯璧合，相得益彰。

墓碑的額、趺也是頗受人們關注的。它既反映一個時代的墓葬制度和審美情趣，又體現一定歷史時期的石雕藝術水平。在司馬光塋祠的所有碑石中，最爲精采的立體石雕，是北宋元祐初雕刻、遺存至今仍完好無缺的"忠清粹德之碑"的螭首和龜趺。螭首爲高浮雕。高172、寬180、厚54厘米。趺爲圓雕。長384、寬180、高135（頭部爲162）厘米。祥龍繞額，盤桓飛動；靈龜負石，憨實可敬。贔屓下爲一塊方平座石，長310、寬250厘米，厚度不詳。石面爲浮雕圖案，海波翻滚，龜魚游戲。静中寓動，精美絶倫。此碑的形制雖屬一般，但其螭首之大，龜趺之巨，加之碑身之高（5.16米），一派雄風浩氣，懾人心魂。

當然，塋祠碑誌的價值還不止於此，其中尚涵蓋有或體現出多種史料和文獻價值，比如，從司馬光故里的地名與隸屬上，可以看出它的歷史區劃及沿革；從塋祠的地望與環境的描述裏，可以遥知它的歷史地理和風貌；從宋哲宗對司馬光的葬儀和敕賜的牒文上，可以了解北宋的牒符文書和政治典章；從置田買地的記述與存照上，可以洞悉當時的塋祠奉祀和土地管理情況；從僧人與司馬光後裔的産業爭議判決書裏，可以略知古代的訴訟制度等等，都確實值得我們去重視和研究。

二〇〇三年六月

引用書目及簡稱

1.《山西通志》“金石記”（重印本，全二十二册）。清光緒間纂修，今人高可等校點。中華書局 1990 年第 1 版。簡稱《金石記》。

2.《山右石刻叢編》（影印本，共六册）。清胡聘之撰。山西人民出版社 1988 年第 1 版。簡稱《叢編》。

3.《夏縣志》（全四本），清光緒黄縉榮纂修。簡稱《縣志》。

4.《司馬温公文集》（二十四本），清康熙蔣起龍等補葺。簡稱《文集》。

5.《三晉石刻總目》（運城地區卷），吴鈞編著，山西古籍出版社 1998 年第 1 版。簡稱《總目》。

6.《碑帖叙録》，楊震方編著。上海古籍出版社 1982 年第 1 版。簡稱《叙録》。

後　記

春去秋來，時日嬗遞。當我將案頭《司馬光塋祠碑誌》這部書稿整理完結之時，不覺已是金菊飄香、碩果壓枝之際。

秋天，是農民們收獲美麗的時節，也是我收獲喜悦的時節。只不過，我所撒下的這粒種子，發芽得早，耕耘的懶，成熟的慢。因而，當它呈獻在同仁和讀者面前的時侯，已是十年後的今天，的確令人不無愧憾！

只有躬耕田畝的人，方知收獲之喜悦；大凡伏案勞作的人，更懂筆耕之艱辛。所以，當他們從心底裏慶賀自己那份來之不易的獲得時，其中的酸甜與甘苦，唯有自知。

爲了把這部書結集好，使它具有一定的史料性、學術性和可讀性、鑒賞性，在重檢舊稿的最近一年時間内，我幾乎將全身心都投入到了這項工作裏。寒暑不避，矢志不息。多次走訪夏縣司馬光塋祠，核實所有存、佚碑誌；曾經身赴上海圖書館，尋檢有關史乘譜志；幾番拜托北京的專家、朋友，搜求珍貴的相關文獻；時常往來於圖書館、書店，翻閲同類書籍，一蹲就是一天。還有標點、校勘等，費力勞神，不用盡言。在内容編排上，務求資料豐富翔實而特色突出，文圖並茂而不失於淺浮流俗，既給人以史的凝重，又給人美的享受。爲今人、爲後世提供和保存一份較爲可靠而詳備的司馬光研究之文獻。如能得到方家和讀者的認可，則我心欣然。

這部書的完成，從資料搜集到編撰付梓，雖出本人一手，但我一刻也未曾敢忘，那些爲此書出版給予鼎力襄助的有識之士與各位領導和同志。運城市石刻研究會吳鈞先生、夏縣司馬光塋祠文管所王在京所長，爲本書提供了所有拓片資料；尤其是吳鈞先生，年逾古稀高齡，且疾病加身，對本書的編寫極盡幫助，其甘爲人梯、熱愛石刻之精神令人欽敬。河東博物館楊高雲同志，對碑誌校勘工作給予大力協助；李林泉、楊晉平、郭永貴、王永健、李軍、周曉萱等同志，爲拓片整理與拍照等也做了大量工作。張培蓮、寇淑娟、陶向開兩位同志不辭辛勞，承擔了本書書稿的打印任務。更爲感動的是，中國國家圖書館研究員、碑學專家徐自強先生，不僅於百忙之中欣然爲本書賜序，還從國家圖書館查找到了歷久難覓、彌足珍貴的《司馬康墓誌銘》。上海大學教授、歷史系主任張童心，故宫博物院研究員施安昌兩位先生，不辭煩勞，協助筆者查閲文獻資料。文物出版社社長蘇士澍先生，對本書出版給予鼎力相助。運城市政府董洪運常務副市長、運城市文物局趙參軍局長，識卓見遠，以宣傳、弘揚河東歷史文化，推進兩個文明建設爲當任之責，不僅時時關心本書的編寫，並且慨然資以經費。在此，特真誠地向諸位致以崇高的敬意與深深之謝忱！

多年來，尚有不少領導及同仁，亦曾給予我很多的關懷和鼓勵。家中年逾古稀的老父老母、辛勤撫兒育女的妻子，爲了支持我的工作和事業，也付出了極大的心血。然一介書生，位微人輕，身無長物，愧無以報，唯記恩情。故不避煩冗，借此以表心意，並權將此書作爲誠摯答謝他們的一份薄禮！

在這裏，有一件奇異的事情，我想告訴給這部書的讀者朋友們：那是今年國慶前夕的一天，我又去一家書店。當信手打開一部圖書時，一件印刷精美、但被廢弃了的《資治通鑒》宣傳品彩條，從中飄忽落地。我一看，居然是一幅彩繪司馬光頭像！只見他衣冠齊楚，正襟危坐，手執笏板，氣和色莊，神情宛然。我不禁爲之驚詫：在一個經人無意裁割、寬僅約五公分的紙條上，這位哲人竟然絲毫未傷，像貌俱全！是事出偶然，還是天意使然，我無從知斷。我猜想，這也或許是冥冥之中的司馬光，對上述爲此書出版給予支持和幫助的同志，以及所有沒有忘記人的人們的一種無言的感念……

楊明珠

二〇〇三年金秋十月

封面設計：周小瑋
責任編輯：李　穆
責任印制：陸　聯

圖書在版編目（CIP）數據

司馬光塋祠碑誌/楊明珠編．－北京：文物出版社，2004.3
ISBN 7-5010-1552-X

Ⅰ.司…　Ⅱ.楊…　Ⅲ.①-碑文-研究-中國-古代②司馬光（1019～1086）-人物評論
Ⅳ.K877.42②K825.81

中國版本圖書館 CIP 數據核字（2003）第 113239 號

司 馬 光 塋 祠 碑 誌
楊明珠　編
*
文 物 出 版 社 出 版 發 行
（北京五四大街 29 號）
http://www.wenwu.com
E-mail:web@wenwu.com
北京美通印刷有限公司印刷
新　華　書　店　經　銷
787×1092　1/16　印張：18.25
2004 年 3 月第一版　2004 年 3 月第一次印刷
ISBN 7-5010-1552-X/K·783　定價：118.00 元